Friedrich Kirchner

Gründeutschland

Verlag
der
Wissenschaften

Friedrich Kirchner

Gründeutschland

ISBN/EAN: 9783957009395

Auflage: 1

Erscheinungsjahr: 2017

Erscheinungsort: Norderstedt, Deutschland

Hergestellt in Europa, USA, Kanada, Australien, Japan
Verlag der Wissenschaften in Hansebooks GmbH, Norderstedt

Cover: Foto © Joujou / pixelio.de

Verlag
der
Wissenschaften

Gründeutschland.

Gründeutschland.

Ein Streifzug

durch die jüngste deutsche Dichtung

von

Prof. Dr. Friedrich Kirchner.

Mag die Welt vom Einfach=Schönen
Sich für kurze Zeit entwöhnen,
Nicht gelingt's ihr auf die Dauer
Schnöder Unnatur zu fröhnen.

E. Geibel.

Wien und Leipzig.
Verlag von Kirchner & Schmidt.
1895.

Gustav Freytag,

dem Meister des Stils,

dem Muster gesunder Realistik,

in

herzlicher Verehrung

zugeeignet

vom Verfasser.

Vorwort.

Die vorliegende Schrift will keine Polemik gewöhnlicher Art sein, welche den Gegner mit einigen Phrasen und Schlagwörtern abthut, sondern ein Versuch, die modernen Dichter vom litterarhistorischen Standpunkte aus zu würdigen. Ich habe nach möglichster Gerechtigkeit gestrebt. Darauf deutet auch der Titel „Gründeutschland"; denn in ihm liegt nicht etwa Ironie, sondern die Anerkennung, daß die deutsche Poesie durch die Jüngstdeutschen grüne, d. h. frisch und fröhlich treibe. Hat doch jedes Neue an sich schon etwas Herzerfreuendes und ein Recht auf den Beifall jedes Menschen, der nicht einseitig das Alte bewundert.

Freilich, das junge Grün schießt manchmal zu üppig in's Kraut, manches Bäumchen, das mit Blüthen übersät ist, trägt nur spärlich Früchte. Sache des Kritikers ist es daher, hier und da die Scheere anzulegen, um Auswüchse abzutrennen und dadurch das Wachsthum des Bäumchens zu befördern.

Jeder Abschnitt der Geschichte ist ein Uebergang — ob zu etwas Besserem? Im letzten Ende jedenfalls, denn die Bahn des deutschen Volkes geht aufwärts. Und gerade die jüngste deutsche Dichtung beweist es; denn wir haben, trotz mancher Uebertreibung, Verirrung und Verzerrung doch eine so große Zahl tüchtiger Leistungen darin gefunden, daß wir dem alten Goethe freudig beistimmen, wenn er sagt:

> „Schon seh' ich neue Sonnenaare fliegen!
> Und wenn sich meine grauen Wimpern schließen,
> So wird sich noch ein mildes Licht ergießen,
> Bei dessen Widerschein von jenen Sternen
> Die späten Enkel werden sehen lernen,
> Um in prophetisch höheren Gesichten
> Von Gott und Menschheit Höh'res zu berichten!"

Berlin, im Mai 1893.

Friedrich Kirchner.

Inhalt.

Autoren- und Sachregister.

An die Modernen.

Im Schein des Wesens liegt der Reiz des Schönen,
Nach nackter Wahrheit strebt die Wissenschaft,
Und ernst und hart und häßlich ist das Leben;
Ihr Dichter sollt, was es versagt, uns geben:
Begeisterung und Liebe, Lust und Kraft,
Uns mit dem Kampf um's Dasein zu versöhnen!

Friedrich Kirchner.

I.

Die Vertreter Gründeutschlands.

Am 29. Januar 1891 wurde in München der erste öffentliche Vortragsabend der „Gesellschaft für modernes Leben" abgehalten. Diese beabsichtigte „die Pflege und Verbreitung modernen, schöpferischen Geistes auf allen Gebieten: des socialen Lebens, der Literatur, Kunst und Wissenschaft." M. G. Conrad erläuterte an jenem Abend die Ziele der Gesellschaft *): Durch Vortragsabende, durch Errichtung einer freien Bühne, durch Sonderausstellungen moderner Kunstwerke und Herausgabe einer Zeitschrift soll der moderne Geist im Volke verbreitet werden. „Die Starken und Gleichmüthigen sollen sich zusammenfinden, damit die Angst- und Heulmeier die Versuche mit der neuen Kunst und Literatur nicht stören." Conrad erinnerte an ein Wort Taine's: „Auf freiem Felde begegne ich lieber einem Schaf als einem Löwen; aber hinter einem Gitter sehe ich lieber einen Löwen als ein Schaf. Die Kunst ist solch' eine Art von Gitter; sie beseitigt den Schrecken und läßt nur das Interesse übrig."

---

*) Vgl. „Die Moderne" von Dr. M. G. Conrad. Münchener Flugschriften. Verlag von M. Pößl. München, 1891.

Nun, wir halten Herrn Taine's Satz für falsch. Erstens verstehen wir nicht, warum man einen Löwen lieber sehen soll als ein Schaf; es kommt jedenfalls dabei auf die Stimmung an. Sodann hört der Schrecken bei der Kunst keineswegs auf, mag man an psychologischen oder moralischen Schrecken denken. Im Gegentheil, das Drama z. B. will Schrecken und Mitleid erregen.

Immerhin, Herr Conrad knüpft an Taine's Wort die Mahnung: „Also lassen wir einmal in Kunst, Literatur und Theater die guten alten Schafe laufen und sehen wir uns die jungen Löwen an!" — Ich möchte wohl wissen, wer die guten alten Schafe sind; leider weiß ich es aus den Schriften von K. Bleibtreu, E. Steiger, A. Holz, H. Bahr und M. G. Conrad's Zeitschrift „Die Gesellschaft": es sind mehr oder weniger alle von uns hochgeschätzten Dichter, vor allem Schiller, Grillparzer, Hebbel, Geibel, P. Heyse, Scheffel u. a.

Wer kann es uns daher verdenken, wenn wir uns „die jungen Löwen" einmal ansehen, um zu erfahren, ob ihre Werke ihren großen Worten auch entsprechen.

Nun werden ja wohl manche von denen, die wir besprechen, dagegen protestieren, zum jüngsten oder grünen Deutschland, zur „Modernen" oder zur naturalistischen Schule gerechnet zu werden. Sie gehören, meinen sie, gar keiner Schule an, sondern sind selbstständige Dichtercharaktere. — Gewiß, von einer Schule im engeren Sinne ist nicht die Rede, wie etwa bei einer theologischen oder philosophischen Secte. Aber wenn sie die Pflege des modernen Geistes vereinsmäßig anstreben, wenn sich alle diese jungen Löwen auf dieselbe Art dräuend vernehmen lassen, wenn sie bei bestimmten Verlegern „moderne Dramen, moderne Belletristik" u. s. f. herausgeben, wenn sie sich zu besonderen Zeitschriften (Das Magazin für Literatur, Die Gesellschaft, Freie Bühne) vereinigen, um das Publikum über das Ziel und Streben der jüngeren Talente und „die hohle, phrasenhafte Afterkunst der abgewirthschafteten alten Schule" aufzuklären — so sind wir gewiß berechtigt, von einer Gemeinsamkeit der hier besprochenen Schriftsteller zu reden.

Wir sind Gegner des extremen Naturalismus. Dennoch gestehen wir gern zu, daß die neue Richtung mit ihrer Offenheit gegenüber einem süßlichen Idealismus und einer verhüllten Leichtfertigkeit nach Art des „Fall Clemenceau", der „Marquise" u. s. w. ihre Berechtigung hat. Auch haben wir unter der Fülle verfehlter Versuche manchen Treffer gefunden. Dies werden wir an seinem Orte rückhaltslos anerkennen, um so dem Leser ein sachlich begründetes Urtheil zu ermöglichen.

Besser als alle theoretischen Auseinandersetzungen machen uns ihre Werke mit dem Wollen und — Können der jüngsten Dichter bekannt. Da ist 1891 in München (bei M. Pößl) „Modernes Leben" erschienen, ein Sammelbuch der Münchener „Modernen." Wir finden darin Beiträge in Prosa und Versen von Otto Jul. Bierbaum, Julius Brand, M. G. Conrad, Anna Croissant-Rust, Hanns v. Gumppenberg, Oskar Panizza, Ludw. Scharf, Georg Schaumberg, Jul. Schaumberger, R. v. Seydlitz und Fr. Wedekind, also von einer Dame und 10 Herren. Herausgeberin ist, wie aus J. Kürschner ersichtlich, eben jene Dame.

Wir haben das Buch aufmerksam gelesen: der Eindruck des Ganzen war ein überaus unerquicklicher. Und zwar nicht nur was den Inhalt und die Form der meisten Beiträge betrifft, sondern auch hinsichtlich des poetischen Gehalts. Wegen solcher Gaben hätte keine Gesellschaft für modernes Leben gegründet zu werden brauchen! Wir werden es sogleich sehen.

Da erzählt zunächst Bierbaum*) eine „Wäschermadlhistorie." Es sind 8 Briefe des Juristen Colline (das ist des Verfassers Pseudonym) an den „Gottesgelehrsamkeitsbeflissenen" Marcel, welche uns in Prosa und Vers die Liebelei eines fidelen Bruder Studio mit Jeannette schildern. In seinem Liebesglück macht er 19 Ausrufungszeichen hinter dem Ach und ruft aus:

*) Von ihm rührt eine „Charakteristik des D. v. Liliencron." 1892, „Erlebte Gedichte" 1893, und der „Moderne Musenalmanach für 1893" her.

„Sieh sie genau an! Es sind Symbole der Waden meiner Jeannette." Dann erzählt er in schwungvollen Reimen, wie er sie fand, das holde Kind. — „Das hat mir seine Liebe geschenkt, Und hat mir gelacht, Zum Lohn bei der Nacht, Zur Seite geschmiegt mir im Bette!" Unter der grünen Linde interessierte sie beide nichts, „als unser warmes Beieinander, das Beinanbein und Brustanbrust und Mundanmund, Auginaug." Seinen Freund, der sein hohes Glück nicht fassen kann, betitelt er: „Du Rauhbein, langstieliges Ungeziefer, Säckchen!" Seine Geliebte hingegen heißt: „eine mollige Katze, ein süßer, lieber, herzensguter Kerl" u. s. w. Ihre Liebeserweisungen werden mit drastischer Natürlichkeit ausgemalt (besonders S. 20), bis sie plötzlich, als der Schneider den Examenfrack „das schwarze Aas" (S. 21) bringt, allen Humor verliert. Sie hat von Anfang an gar nicht an's Heiraten gedacht, dazu war das Münchener Madl viel zu gescheit. „Pfüati God! Wie schön dies Abschiedswort. Auch ich sagte so, und unf're Augen tranken sich noch einmal. — O diese großen, braunen Wäschermadlaugen! Ich weiß, jeder Gedanke an sie wird mich beglücken. Sammtweiche Fraulichkeit und kindliches Blicktauschen und der lebendige Flackerschalk Übermuth — Jeannette, du Meine, Meine!.... Ich bekomme übrigens keine Briefe von ihr und schreibe ihr keine. Nur, wenn wir heirathen, wollen wir's uns melden!" — Im 8. Briefe theilt dann Colline seinem Freunde mit, daß seine Jeannette einen Specereiwaarenladeninhaber geheirathet, einen Sohn bekommen und ihn zu Ehren des 12. oder 13. Mai, wo sie ihren flotten Studio kennen gelernt, Pankratius Servatius genannt habe.

Die beiden anderen Beiträge Bierbaum's handeln von Aehnlichem. „Ein Mennett" besingt das Tête-à-tête mit einer Geliebten und beginnt:

„Nestwarmweiche Lagerstätte,
Himmelblaues Himmelbette,
Seidenkissen, Spitzenzier,
Rosawolken, mullgebauschte,
Hinter denen Amor lauschte,
Unf'rer Liebe, Dir und mir,
Kräuselte der Tapezier."

Das ist Poesie, nicht wahr? — Der 3. Beitrag behandelt des Dichters „Sonne a. D.," welche er als Kometen in chinagelber Seide wiedersieht, einen zitternden Schweif von Verehrern hinter sich — er scheidet von ihr, um auf die Sternensuche zu gehen.

Julius Brand (Pseud. für J. Hillebrand) erzählt zuerst vom buckeligen Toni; ein armer verkrüppelter Bauernbursch voller hochfliegender Träume verliebt sich in die schöne, stolze Lehrerstochter, belauscht ein Gespräch zwischen ihr und dem frechen, reichen Sohne des Sonnenbauern, der sie verführt hat, und erwürgt ihn. Er wußte nicht, wie es gekommen war, aber er habe nicht anders gekonnt; er habe die göttliche Gerechtigkeit, die mit Füßen getreten worden, wieder herstellen wollen! — Von den Gedichten ist das erste „Lucifer" eine matte Erklärung von Stuck's gleichnamigem Gemälde; „Gleiches Schicksal" tröstet eine Dirne, die dem Dichter klagt:

> „Meiner Mutter Fluch
> Verfolgt mich in's Grab.
> Sie deuten auf mich
> Mit höhnischem Finger,
> Dirne nennen sie mich! —
> Sei ruhig, mein Kind,
> Nun lehn' Dich an mich,
> Wir kennen die Welt!
> Verachtet ich, verachtet du,
> In Staub getreten wir beide,
> So passen wir trefflich zusamm'!"

Anna Croissant-Rust, die Herausgeberin, berichtet in ziemlich verworrener Darstellung von „Gertraud," oder richtiger von Ernst Dietrich, einem schwankenden, feigen, jungen Manne, der im Conflict zwischen den berechtigten Wünschen eines alten, armen Vaters, der ihn zu einer reichen Heirath zwingen möchte, und einem von ihm verführten, verlassenen Mädchen Frieden sucht in einem verfallenen Hause. Durch Mondschein, Mitternacht und die Lectüre einer alten Chronik wird er dazu veranlaßt, zu ihr zurückzukehren. Die Schreibweise der Erzählerin erhellt aus folgenden Zeilen (S. 43):

„Es mußte sein. Sie mußte geopfert werden.

Wochenlang hatte er das Elend zu Hause gesehen und sich in ein Entsagen hineingelogen.

Ganz ruhig war es in ihm geworden. Er hatte ihr ein letztesmal geschrieben, aber ihre Briefe nicht mehr gelesen, nicht beantwortet.

Er sah sie nicht.

Todt war es in ihm.

Nicht todt, in einsamen Nächten wachte die Sehnsucht auf, leise, leise, mit Katzentritten kam sie auf ihn zu — — schüttelte ihn — —

Fort, fort, stark werden.

Vergessen.

Sie vergessen?

Er stierte vor sich hin.

Immer wieder dies Drehen im Kreise, das nie endete.

Der Kranke, die Fremde, an die er sich verkaufen mußte, Gertraud, das Kind — — er konnte nicht.“

Der zweite Beitrag unter der Ueberschrift „Sommer,“ zeigt uns „Packelwaar,“ d. h. eine arme Familie, die auf elendem Karren dahinzieht, die kranke Frau mit dem Kinde darin, der Mann den Klepper vorwärtstreibend, „die humpeln weiter auf der weißen, öden, einsamen Straße, in den Abend, in die Berge hinein.“ Es ist ein Stimmungsbild, aber trüb und abstoßend, ohne einen versöhnenden Hauch.

M. G. Conrad, der bekannteste Münchener Moderne, steuerte zunächst die „novellistische Seelenstudie“ Jenseits bei. Er berichtet von der Ermordung Magdalenas und Hallodris durch einen eifersüchtigen Musikanten. Sie ist mit grausiger Realistik beschrieben (S. 54): „Erst kollerte der Leib (Magdalenas) nach einem jähen Absturz wie eine kugelige Masse die Böschung hinab mit den knirschenden Begleittönen des springenden, rutschenden, rinnenden Gerölls, dann auf eine Felskante aufschlagend, sich streckend, im Nu wieder hinausgeschnellt in die Luft, dann mit einem Platsch ins stillfließende, im sanften Mondlicht glitzernde Wasser der Isar." Der Verbrecher hatte von Hause nicht viel Gutes mitgebracht (S. 60): „Der Vater war nicht viel Rechtes gewesen, ein Trinker und Raucher (?!) und exaltierter Kopf, ein leichtsinniger Verschwender alles Guts...., dann wieder ein Frömmler und religiöser Brünstling, mit der Kerze in der Hand hinter jeder Processionsfahne her, wie vorher hinter jedem Unterrocke." Und die Mutter war weder als Gattin, noch als Hausfrau ein Muster. „Unerquicklich war ihr Wesen in allen Stücken, ohne den Goldgrund der Liebe, voller Risse und Sprünge und trübseliger Launen. Aber was ging das ihn an, der nach dem frühen Tode der Eltern in grader Linie ununterbrochen seinen Weg gegangen, von den niederen Schulen zu den hohen, und dem herrlichen Gefühle und der tiefsten Empfindung für das Schöne in der Brust, gleich einem himmlischen Leitstern folgend?" Den Geistlichen, der ihn zur Hinrichtung vorbereiten will, empfängt er mit den Worten: „Weißkragiger Aasgeier, was suchst du im Horste des Adlers?" Verworren erzählt er dann, wie er Magdalena gewann, Hallodri sie ihm abspenstig machte, doch verfällt er alsbald in Hallucinationen. Die Hinrichtung beschreibt Conrad mit schauriger Deutlichkeit. Weltentrückt kommt der Delinquent an den Block — erst als ihn die Henkersknechte ergreifen, binden, niederwerfen, schreit er: „Was mordet Ihr mich? Wahnsinnige, Wahn — —" Es ist vorüber. Im Seciersaal beweist der Professor, „daß man wieder einmal einem Narren den Kopf abgeschlagen."

Während diese Novellette den Leser verwirrt und peinlich berührt, erfreuen ihn Conrad's Gedichte, welche an seine Mutter, seinen Vater und seinen Sohn Erwin gerichtet sind. Die ersten drei in fränkischem Dialect. Schön ist die Mahnung an sein Söhnchen, das sich zur Winterszeit der „schönen Sonne draußen im Wald" gefreut hat:

„Stehst einst, mein Sohn, im lauten Daseinskampf,
Umbrüllt von Ungewittern,
Im Kugelsaus, im Lanzensplittern,
Und, schlimmer noch, im stillen Elendskrampf,
Im Alltagskrieg, mit Niedertracht, Gemeinheit, Noth,
Wo's Herz nur stückweis bricht und still verblutet,
Kein jauchzend Heldenthum die Schmerzen überglutet,
Des Sprüchleins denk' bis in den Tod:
„Die schöne Sonne drauß' im Wald" —
Die schöne Sonne Gottes, des Hochsinns und der Liebe,
Die ewig leuchtet, geseh'n und ungeseh'n im dunklen Weltgetriebe,
Sie weihe deinen Sieg, sie heilige deinen Frieden,
Sie bleib' dein stolz Panier dein Leben lang hienieden!"

Das ist poetisch und — ideal gesprochen! M. G. Conrad ist ein Dichter, trotzdem er „modern" ist!

Die novellistische Skizze aus dem Arbeiterleben: „Die gute Haut" zeichnet das Heimweh des braven Xaver, der sich in London aufhält. Trotz des Abmahnens seiner Genossen kehrt er nach seiner Heimat zurück, und findet Elend, Armuth, Krankheit, Stumpfheit, Zwist und Schande in seiner Familie. Sein Vater, ein stoischer Philosoph auf dem Schusterstuhl, hatte zum zweitenmale geheirathet: „Die Stiefmutter," schreibt Conrad (S. 85): „konnte die Kinder erster Ehe nicht schnell genug vom Halse haben; sie erleichterte ihr Herz in noch wüsteren Schimpfereien, als ihre Vorgängerin zu thun pflegte. Da war alles „Bankert" und „Schwein" und „Aas" und „Schindluder" — und der philosophische Vater selbst auf seinem Schusterstuhl bekam täglich seine Portion von Ehrentiteln von der geliebten Gattin in's Gesicht gespuckt: „Trobbel,"*) „Schafskopf," „Rindvieh," „Esel," „alter Gauner," „Pazzi." Er duckte sich, zog die Schultern auf und murmelte: „Es muß sein!" - „Lene, die Tochter von Xavers Firmpathen und Lehrherrn, die damals fünfzehnjährig und frisch wie Milch und Blut und als einzige Tochter voll Uebermuth und das verhätschelteste Wesen im ganzen Haus, wie fand er sie bei der Rückkehr nach neun Jahren? Abgelebt, mit runzeligem Gesicht,

---

*) soll heißen: Trottel.

trüben Augen und gelben Zähnen — und einem dicken Bauch." Um dem Vetter, der Xavers Familie unterstützt, einen Gefallen zu thun, heirathet dieser die Entehrte! — Die Geschichte ist recht widerlich, wenn sie auch vielleicht die Wirklichkeit photographiert. Aber wozu solche Naturtreue?

Hanns v. Gumppenberg, Verfasser einer Tragödie „Messias" hat „Die arme Mila," eine Lebensstudie, beigesteuert. Es ist ein wildes, üppiges Mädchen, welches durch ein langes Krankenlager veredelt, dann aber, als sie genesen, wieder ausgelassen und oberflächlich wird, bis sie auf's Neue in langes Siechthum verfällt, wodurch sie still, sanft und sinnig wird. Die ganze Schilderung hat wenig Wahrscheinlichkeit. Ob „die Entdeckung," ein „Seelenstand, von einem Schüler Hermann Bahr's" (S. 103) Ernst oder Satire gegen den Naturalisten Bahr sein soll, tritt nicht ganz deutlich hervor. Jedenfalls ist die Darstellung, wie ein Jüngling endlich entdeckt, daß er eine Cigarre zu rauchen Lust hat, seltsam. Hören wir ein paar Zeilen:

„Aber dann blieb er dennoch stehen. Denn jetzt wußte er es immer deutlicher.

Das heißt: es wollte kommen. Es keimte herauf, mit ersten, weißgrünen Hoffnungsspitzen, durch die schweren Schollen seiner Empfindung, zerbröckelnd, siegreich.

Es war ein Wunsch, ja. Ein Verlangen, beinahe.

Und da war es wieder, wahrhaftig.

Und wuchs immer höher.

Höher.

Leider. Denn es war ihm noch nicht klar.

Und doch war es etwas. Und schon da, beängstigend, beinahe.

Und er wußte noch immer nichts.

Nichts, ganz unzweifelhaft."

In diesem unsinnigen Hin und Her geht es weiter — höchst langweilig.

Auch **Oskar Panizza** hat mit seinem „Verbrechen in Tavistock-Square" keinen Treffer gezogen. Denn abgesehen

davon, daß die Einleitung der kleinen Erzählung länger ist als
²/₃ des Ganzen, erscheint uns der Stoff so absurd und läppisch,
daß wir weiter kein Wort darüber verlieren möchten — es han=
delt sich um die Annahme, „der Selbstbefleckung der Pflanzen!"
(S. 117). — Auch das Gedicht „Beelzebub" ist matt und ohne
Pointe, in der Form aber ungeschickt. Man höre:

> „Um das Kirchlein zwo Gestalten
> Eilen wie im Sturmschritt; und es (!)
> Klirrt das Schlüsselbund des Einen,
> Von dem Andern schlappt (?) der Chorrock..."

Nun treten sie „schweißgebadet" in das stille Kirchlein, „um
sich im Gebet zu stärken," da erblicken sie zu ihrem Schrecken den
Beelzebub auf der Kanzel; er studiert das Evangelium vom letzten
Sonntage, welches vom Unkraut im Acker handelt. Dabei bricht er
in schluchzendes Klagen aus: „O Gemeinheit, o Gemeinheit, das
da denken die vom Teufel, Während jeden der Gedanken tausend=
fach wir überlegen! Und mit äußerster Beschränkung Grad und
Menge fein abmessen, In das Herz der Menschen säend, Was an
Bösem bringendst noth thut!" Beelzebub ärgert sich also „gallig
blutroth" darüber, daß im Gleichnis gesagt wird: „Etliches fiel
auf den Weg," wobei der Verfasser noch zwei Gleichnisse mit
einander vermengt hat.

Ludwig Scharf feiert in dem Liebesintermezzo „Wild=
rose" die Liebesgeschichte mit einer Dirne. Zuerst war sie des
Sängers Schatz, dann that sie schön mit dem Eberhard, hierauf
mit einem Metzger:

> „Trompetengewirbel (?) und Pfeifenschall,
> Da wogt der lustige Metzgerball!
> Zwei Huren kauern wohl vor der Thür,
> Sie suchen ein billiges Nachtquartier!"

Zwei Monde werden trotz ihrer unsicheren Haltung lustig
verlebt. Als sie fürchtet, er werde sie verlassen, wie früher Colline
seine Jeannette, spricht er:

> „Nicht weinen, mein Lieb! gab mein Wort ich dir nicht?
> Ich bin Germane und lüge nicht!
> Noch eh' des Jahrhunderts Wende graut,
> Bist du verblüht und mir eh'lich getraut!"

Aber er kommt nach München und findet sie im Begriff zum Altar mit einem andern zu gehen. Was thut die Braut?

> „Wie der Glühwurm schwirrte, das Dürrgras roch,
> Und die wilde Rose, wie flammte sie noch!
> Noch einmal schleicht sie zu mir sich ein,
> Noch einmal wollen wir unser sein!
> Am Morgen, dem letzten, den Scheidekuß —
> Dann folgt sie dem Mann, dem sie folgen muß:
> Zum Kindergebären, zum Gütererwerb —
> Zu unf'rer Liebe stillem Verderb!"

Gegen diese Wildrose ist ja Jeannette noch eine Tugend-heldin! Wenn man's so treibt, wie hier berichtet wird, so kann man sich über die pessimistische Stimmung nicht wundern, die sich in den andern Gedichten ausspricht.

Julius Schaumberger, der Redacteur der „Modernen Blät-ter," ist durch „Eu—Eu—Eulaliah" vertreten, eine Wahn-sinnsgeschichte, der Conrad'schen (Jenseits) ähnlich. Ein Bräuti-gam erfährt die Lebensgefahr seiner Geliebten, er eilt aus Paris herbei, kommt aber zu spät; denn sie ist bereits todt. Um seinen furchtbaren Gram zu mildern, führt ihn ihr Bruder zur Salon-komiker-Gesellschaft „Papa Geis" in München. Anfangs theil-nahmslos, wird er durch die Parodie eines Komikers auf die sentimentale Liebe gefesselt, der mit „eckig-tragischen Gesticulationen der maßlos ausschweifenden Gliedmaßen," bleichem Leichenbitter-gesichte und langer Nase sang: „Eu—Eu—Eulaliah, du bist mein Ideal — aahh!" Diese lächerliche Fratze und Melodie verfolgt ihn nun, beim Schlafengehen und Aufstehen, zur Todtenfeier und zum Leichenbegängniß, ja er singt die Melodie immer vor sich hin. Während die Schollen auf den Sarg seiner Heißgeliebten hinabdonnern, muß er es wieder pfeifen! Da glaubt er toll

geworden zu sein, er reißt das Pistol, das er zufällig von der
Reise noch im Paletot hat, heraus, erschießt sich, und das offene
Grab empfängt eine zweite Leiche..... Wir müssen gestehen, die
Darstellung ist durch Kraft und Lebenswahrheit ausgezeichnet und
zeugt von Talent. — — Ebenso der zweite Beitrag, wenn dessen
Stoff auch überaus widerlich ist. Scharf bezeichnet ihn selbst als
„einen Beitrag zum Specialstudium der Münchener Kaffeehaus-
hebe!“ Er stellt zwei Kellnerinnen gegenüber: Die saubere, relativ
anständige Resi und die liederliche, schmutzige, gemeine Poldl.
Jene macht sich zum Ausgange mit dem „schönen Alfons“ zurecht (S. 144): „Sie streifte das schwarze Kleid ab, die sauber
gehaltenen Unterkleider, die niedlichen glanzledernen Schuhe, die
so oft wegen ihrer Kleinheit bewundert wurden, die roth und weiß
gestreiften, bis über die Knie reichenden Strümpfe und trat endlich, nur noch mit zwei Ohrringlein bekleidet, an den Waschtisch.
— Nachdem sich Resi sauber und nett angekleidet, kommt Poldl,
die schon auf der Treppe ihr Kleid vorne aufriß, unbekümmert,
daß dabei ein Paar Knöpfe absprangen. Im nächsten Augenblick
flog die Taille nebst der Schürze in einen Winkel, das Kleid
wurde einfach abgeschüttelt und mit dem Fuß in eine andere Ecke
geschleudert; dann vor dem Spiegel ein paar Striche mit dem
Kamm durch den krausen Ponny-Stirnbüschel, wobei Resi, da ihr
jene den Rücken zuwandte, eine aus wollenen Strümpfen, Taschen-
tüchern und Servietten zusammengepfropfte Tournüre hinten bau-
meln sah, was ihr übrigens nichts Neues war.“ Als hernach
die beiden Freundinnen im Gespräch herausbekommen, daß der
schöne Alfons sie beide zum Ausgang bestellt hat und Resi der
Poldl sein billet-doux entreißt, entspinnt sich ein furchtbarer
Kampf zwischen den beiden Heben, bis sich jede in bejammerns-
werthem Zustande befand. „Zerkratzte, geröthete Gesichter, zer-
quetschte Hüte, zerrissene Kleider, ein Bild zum Erbarmen.“

Das ist auch Poesie, moderne Poesie!

Georg Schaumberg hat außer Stimmungsbildern „Mü n ch e -
n e r Luft,“ worin er (S. 151) „die Menschheit, die verpfuschte,“

geschmackvoll mit einem „alten, stets wachsenden Sumpf" bezeichnet, „Dichterkrönung," eine „Märchenreminiscenz" beigesteuert. „Es war einmal ein Dichter, der war 70 Jahre alt geworden — und es war ein deutscher Dichter, das war das Merkwürdige. Er war nicht zuvor verhungert, hatte nicht durch Selbstmord geendet oder war im Elend untergegangen, das ist noch merkwürdiger. Und er war nicht einmal einer von den literarischen Heiligen der höheren Töchterschule, er war nicht ganz süß lilafarbig, er hatte sogar in seiner Jugend Verse geschrieben, in denen etwas von Leidenschaft durchschimmerte, und das war das Merkwürdigste. Aber als das Jugendfeuer verlohte, da schwamm er auch in dem großen, wasserreichen und doch so seichten Strom der deutschen Dichtung älterer Ordnung." Man setzte nun den oft bewährten Jubiläumsapparat in Bewegung, und das übliche Festmahl mit schlechten Versen und Reden begann. Der Beherrscher der kurulischen Stühle (?) hielt einen langen Sermon. Er sprach vom Volke der Dichter und Denker, von dem bekannten, „Kainsmal," und von dem Danke der Nation und in jedem seiner Sätze betonte er dreimal das Wort deutsch. „Die Lieder, die das deutsche Volk auf der Straße singt, das ist die echte deutsche Poesie!" — Als unser Verfasser das Festmahl verläßt, begegnet ihm ein Trupp „Leute aus dem deutschen Volke." Sie sangen im Marschschritt, mit lauter Stimme ein Lied: „Allons, enfants de la patrie!" (Sehr unwahrscheinlich.) „Die Lieder, die das deutsche Volk auf der Straße singt, das ist die echte deutsche Poesie," fügt Schaumberg hinzu — eine beißende, ganz ungerechte Satire.*) — Ebensolche ist das Gedicht „Procession," in welchem das Erröthen einer betenden Jungfrau, die ihren Geliebten plötzlich erblickt, als Instanz gegen die Frömmigkeit aufgestellt wird. „Auf der Auer Dult," einer Kirmeß, erfaßt den Dichter Ekel —

> „Lag ja das ganze Philistervolk
> Drin auf den schmutzigen Bänken.

—

*) Aehnlich ist Bierbaum's Gedicht „Zum Lingg-Jubiläum."

> Confectioneusen und Handlungscommis,
> Behäbige Bauspeculanten,
> Metzgermeister, Privatiers
> Und grinsende Kuppeltanten (?) —
> Soffen und fraßen, daß das Fett
> Lief über die schwulstigen (?) Lippen,
> Preßten den Arm in wilder Gier
> Um ihrer Weiber Rippen".....

Ich frage: haben alle, auch Confectioneusen und Kuppeltanten, „schwulstige" Lippen und pressen diese ihren Arm „um ihrer Weiber Rippen;" und ich frage weiter: verdient die einfache, harmlose Freude des Bürgers, den unser feiner Poet am Ende des Gedichts für glücklicher hält als sich selbst, solche widerliche Beschreibung? — In seinem letzten Beitrag vergleicht er einen Zug von Jesuitenzöglingen mit einer „schwarzen Schlange" — „die Recruten des Klerus! Die zukünftigen Bannerträger des Zelotismus! Falsche Propheten, die die Liebe predigen sollen und den Haß säen werden."

R. v. Seydlitz hat eine kleine Studie geliefert: „Der Tod des Friedens," etwas dürftig. „Des Friedens Vater war der Erfolg, seine Mutter die Erschöpfung." Sein Erbe ist der Krieg.

Franz Wedekind beschließt die Sammlung mit acht Gedichten. Als Probe dienen einige Zeilen aus „Gespenst:"

> „Gestern dacht' ich eines Kusses,
> Wie ihn deine Mutter gab.
> In Erinn'rung des Genusses
> Leckt' ich mir die Lippen ab."

Oder aus „Pech:"

> „Wenn mir dereinst von dieser Seuche
> Genesung wird im kühlen Grab,
> Dann sei, daß Jung und Alt entfleuche,
> Mein Denkmal eine Vogelscheuche,
> Mein Hut auf meinem Bettelstab!"

Das möge genügen! Sapienti sat. Fragen wir, wie diese Samm=
lung, welche unzweifelhaft ein authentisches Zeugnis der Moder=
nen in München ist, ihrem Programm entspricht, so vermissen
wir fast durchweg die Erfüllung ihrer Verheißung: „Pflege und
Verbreitung des modernen schöpferischen Geistes." Wir we=
nigstens vermögen in jenen zahlreichen Geschichten von Wäscher=
mädeln, Kellnerinnen und Dirnen nichts „Schöpferisches" zu er=
blicken, ebenso wenig in jenen pessimistisch=öden Confessionen.

Als Parallele zu dem eben betrachteten Buche bietet sich uns
die von Wilh. Arent, Herm. Conradi und Karl Henckell 1885
herausgegebene Sammlung: „Moderne Dichtercharaktere"
dar.*) Es enthält Beiträge von nicht weniger als 20 Dichtern,
nämlich, außer den Herausgebern: Oskar Linke, Julius und
Heinrich Hart, Fritz Lemmermayer, Fr. Adler, Joh.
Bohne, K. A. Hückinghaus, Arno Holz, Osk. Jerschke,
Osk. Hansen, Erich Hartleben, Alfr. Hugenberg,
Georg Gnadnauer, Rich. Kralik, Jos. Winter, Herm.
Ed. Jahn, E. v. Wildenbruch und Wolfg. Kirchbach.

Sofern hier zum erstenmal eine Schaar von gleichgesinnten
Dichtern sich um dasselbe Banner sammelte, muß man dem Buche,
als dem Eröffnungssignal der neuen Richtung, besondere Beachtung
schenken.

Edgar Steiger schreibt darüber:**) „Was bisher der Einzelne
dunkel empfunden hatte, das wurde in der Vorrede zu diesem
Buche zum erstenmale mit vollem Bewußtsein und mit uner=
hörter Keckheit von einer jungen Dichterschaar, die noch niemand
kannte, programmartig ausgesprochen. Der offene Bruch mit der
alten, überlebten, gekünstelten, kraft= und saftlosen Modepoesie

---

*) Die zweite Auflage trug den Titel „Jung=Deutschland." Berlin und
Leipzig bei Fr. Thiel, 1886.

**) Der Kampf um die neue Dichtung. Leipzig, 1889. S. 65.

wird laut verkündet und zum erstenmal der Schwerpunkt moderner Dichtung nicht mehr in die Vergangenheit, sondern in die Zukunft verlegt. Der Classicismus gilt fürder als überwundener Standpunkt, die Zukunft gehört dem deutschen Realismus!..... Natur, Kraft, Phantasie und Leidenschaft — mit einem Wort: der poetische Gehalt war unserer Lyrik abhanden gekommen, und diesen führte ihr das „jüngste Deutschland" wieder zu. Seien wir daher nicht kleinliche Schulmeister, welche die Läuse auf des Löwen Nacken zählen, sondern freuen wir uns, wenn uns das neue Jahrhundert ein paar Löwen geworfen hat!" (S. 67.)

Der Sammlung voran gehen zwei Vorreden, welche uns gut über Inhalt und Tendenz derselben orientieren, von H. Conradi und Karl Henckell.

Unter dem Motto: „Die Geister erwachen!" (Hutten) schreibt Hermann Conradi „Unser Credo." Er erhebt darin den Anspruch, endlich die Anthologie geschaffen zu haben, mit der vielleicht wieder eine neue Lyrik anhebt; durch die vielleicht wieder weitere Kreise, die der Kunst untreu geworden, zurückgewonnen und zu neuer, gluthaufflammender Begeisterung entzündet werden; und „durch die alle die Sänger und Bildner zu uns geführt werden, die bisher abseits stehen mußten, weil sie kein Organ gefunden, durch das sie zu ihrem Volke in neuen, freien, ungehörten Weisen reden durften, weil nur das Alte, Conventionelle, Bedingte, Unschuldige, oder das Frivole, Gemeine, Schmutzige — nie aber das Intime, das Wahre, das Natürliche, das Ursprüngliche, das Große und Begeisternde offene Ohren und gläubige Herzen findet!"

Wir sehen also, Conradi und Genossen bekämpfen das Alte, Conventionelle — gut, das ist ihr Recht, das hat jede neue Richtung gethan, das thut jeder individuelle Geist. Aber ist es denn wahr, was weiter behauptet wird, daß nur das Bedingte (was heißt das?) und Unschuldige, oder das Frivole, Gemeine, Schmutzige in Deutschland geboten und gesucht worden ist? Das Intime, Wahre, Natürliche, Ursprüngliche, Große, Begeisternde niemals? Conradi selbst nimmt bald darauf Draumor,

Lingg, Grosse, v. Schack und Hamerling selbst von seinem Ver=
dammungsurtheil aus. Aber gibt es nicht noch viel mehr solche
Dichter? Wir nennen nur Scheffel, C. F. Meyer, K. Stieler,
W. Jordan, H. Kruse, Anzengruber und G. Keller!

Aber hören wir weiter: „Wir brechen mit den alten,
überlieferten Motiven.“ Das klingt ganz schön — aber
ist das wahr? ist das wohlgethan? ja, ist das möglich? Sind es
nicht immer und immer dieselben Probleme, welche wirkliche
Dichter besungen haben, nämlich Lust und Leid der Liebe, Natur-
genuß, Sturm und Drang der Leidenschaften, Kampf für Freiheit,
Licht und Recht, Sehnsucht nach dem Schönen und Guten, Freundschaft, Vaterland, Gottheit? Anderes, denke ich, werden auch die
modernen Dichtercharaktere nicht behandeln! Oder doch? „Der
Geist,“ sagt Conradi, „der uns treibt zu singen und zu sagen,
darf sich sein eigenes Bett graben. Denn er ist der Geist
wiedererwachter Nationalität. Er ist germanischen We=
sens, das all' fremden Flitters und Tandes nicht bedarf.....
dann werden wir endlich aufhören, lose, leichte, leichtsinnige
Schelmenlieder und unwahre Spielmannsweisen zum Besten zu
geben — dann wird jener selig-unselige, menschlich-göttliche, ge=
waltige, faustische Drang wieder über uns kommen, der uns all'
den nichtigen Plunder vergessen läßt; der uns wieder sehgewaltig,
welt- und menschengläubig macht; der uns das lustige Faschings=
kleid vom Leibe reißt und dafür den Flügelmantel des Poeten, des
wahren und großen, des allsehenden und allmächtigen Künstlers
um die Glieder schmiegt — den Mantel, der uns aufwärts trägt
auf die Bergzinnen, wo das Licht und die Freiheit wohnen,
und hinab in die Abgründe, wo die Armen und Heimathlosen
kargend und duldend hausen, um sie zu trösten und Balsam auf
ihre bluttriefenden Wunden zu legen. Dann werden die Dichter
ihrer wahren Mission sich wieder bewußt werden, Hüter und
Heger, Führer und Tröster, Pfadfinder und Wegeleiter, Aerzte
und Priester der Menschen zu sein.“

Wenn hier Conradi fordert, daß unsere Poesie den Geist
wiedererwachter Nationalität athmen soll, so stimmen

wir ihm freudig zu. Auch uns schmerzt es tief, unsere Bühne mit jenen französischen Ehebruchsdramen überschwemmt zu sehen. Aber hat der nationale Geist unserer Literatur seit Anfang dieses Jahrhunderts, hat er ihr besonders seit 1870 gefehlt? Wir verweisen auf unseren „Synchronismus der deutschen Nationalliteratur" (Berlin 1885), wo wir die hervorragenden Werke nebeneinander klassifiziert haben: wie viel Gedichte hat nicht der große Krieg gezeitigt, die voll patriotischer Begeisterung sind! Und zeugen nicht G. Freytag's „Ahnen," W. Jordan's „Nibelungen" (1875), R. Gottschall's „Im Banne des schwarzen Adlers," E. v. Wildenbruch's märkische Dramen, W. Jensen's, „Um den Kaiserstuhl," F. Dahn's „Kampf um Rom" u. a. m. vom Erwachen des germanischen Geistes, lange bevor die Stürmer und Dränger eine Feder angesetzt haben? — Gewiß, auch wir sind Gegner von Baumbach's „leichtsinnigen Schelmenliedern und unwahren Spielmannsweisen", wie von Jul. Wolff's „Flitter und Tand," aber hat es uns an „gewaltigem, faustischem Drange" bisher gefehlt, wenn wir an Sallet's „Laienevangelium," Al. Jung's „Elixiere," W. Jordan's „Demiurgos," Schönbach's „Weltseele," R. Hamerling's „Ahasver," St. Milow's „Lied von der Menschheit," Dranmor's „Requiem," Heyse's „Kinder der Welt," Ellissen's „Nirwana" u. a. erinnern? — „Welt- und menschengläubig" will Conradi unsere Dichter wieder sehen, warum nicht auch gottgläubig? Daran fehlt es vielfach unserer Poesie, und doch thut ihr und uns der lebendige Gottesglaube, ach, allzu noth! — Das einzig Neue in seinen Ausführungen ist bisher, daß die Dichter auch in Abgründe hinabsteigen sollen, wo die Armen und Heimathlosen hausen Und doch, auch in diesem Punkte können wir nur ein Mehr von den zeitgenössischen Dichtern verlangen, denn vernachlässigt haben sie die sociale Frage durchaus nicht, wie die Werke von Raabe, Möllhausen's „Hyänen des Capitals" (1875), Spielhagen's „Sturmfluth," R. Gottschall's „Goldenes Kalb" (1880), P. Lindau's „Verschämte Arbeit" und „Arme Mädchen," J. Conrad's „Brot oder Tod!" (1868) beweisen. Daß sich aber gerade jetzt die Poeten mit der socialen Frage mehr beschäftigen,

billigen wir durchaus; steht sie doch heutzutage im Mittelpunkte
des allgemeinen Interesses. Freilich zu „trösten und Balsam
auf die bluttriefenden Wunden der Elenden zu legen" haben sich
die „modernen Dichtercharaktere" bisher wenig bemüht, wie
unsere später gegebene Analyse ihre Hauptwerke zeigen wird. Wo
sie sich bisher mit der socialen Frage beschäftigt haben, waren sie
leider einseitig beschäftigt, den Klassen-Gegensatz zu schärfen, und
sie haben dadurch wenig segensreich für die „Armen und Heimathlosen" gewirkt!

Ebenso wenig finden wir durch die That bewahrheitet, was
H. Conradi weiter sagt: „Und vor Allem die (werden sich ihrer
Mission bewußt werden), denen ein echtes Lied von der Lippe
springt — ein Lied, das in die Herzen einschlägt und zündet;
das die Schläfer weckt und die Müden stärkt; die Frevler schreckt,
die Schwelger und Wüstlinge von ihren Pfühlen wirft — brand-
markt und wiedergeboren werden läßt! Vor Allem also die
Lyriker!" — — Aber wer die uns vorliegende Anthologie der
modernen Dichtercharaktere durchblättert, der findet wohl manches
Lied, das „in die Herzen schlägt," weil seine Sprache kraftvoll,
seine Bilder anschaulich, seine Worte großartig sind; aber „die
Müden stärkt" diese Sammlung wenig, denn ihr Grundzug ist
ein lebenssatter Pessimismus; noch weniger wirft sie die Schwelger von ihren Pfühlen, denn gerade die Schwelgerei wird mit
sinnlicher Gluth ausgemalt. Wir kommen darauf noch zurück.

„Schrankenlose, unbedingte Ausbildung ihrer
künstlerischen Individualität ist ja die Lebensparole dieser
Rebellen und Neuerer!" — Das ist doch deutlich gesprochen. Ob
dies jedoch ein besonderer Charakterzug Gründeutschlands ist,
möchten wir lebhaft bezweifeln. Darnach haben, wie uns die
Geschichte der Literatur zeigt, alle Dichter „von Gottes Gnaden"
gestrebt, unsere Klassiker am meisten und mit dem besten Erfolge.
Gerade sie wollten, ganz so wie die Modernen, „das reine
unverfälschte Menschenthum" darstellen. Die neue Richtung, „will mit der Wucht, mit der Kraft, mit der Eigenheit und
Ursprünglichkeit ihrer Persönlichkeiten eintreten und wirken; sie

will sich geben, wie sie leben will: wahr und groß, intim und konfessionell. Sie protestiert damit gegen die verblaßten, farblosen, alltäglichen Schablonennaturen, die keinen Funken eigenen Geistes haben und damit kein reiches und wahrhaft verinnerlichtes Seelen= leben führen. Sie will die Zeit „der großen Seelen und tiefen Gefühle" wieder begründen." — — Ganz so haben die Stürmer und Dränger vor 120 Jahren, ganz so haben Schiller, Goethe, Herder in ihren Briefen und Kritiken, ganz so die Romantiker und das junge Deutschland geredet. Das Ziel ist immer dasselbe — denn es ist löblich. Aber — es ist ein Ideal. Die Hauptsache sind die Mittel und Wege, wodurch es angestrebt wird.

Auf H. Conradi's „Credo" folgt „Die neue Lyrik" von Karl Henckell. Auch er stellt fest, daß diese Anthologie bestimmt sei, „direct in die Entwickelung der modernen deut= schen Lyrik einzugreifen." An der übrigens fehle es uns völlig; denn wie auf allen übrigen Gebieten der Poesie herrsche auch in der Lyrik der Dilettantismus, sei es „der feine, geschickte und gebildete," sei es „sein gröberer, ungeschickter und ungeschlif= fener Mitsproß...." Ja, liebes Publikum, die anerkanntesten und berühmtesten Dichter unserer Zeit, die vortrefflichsten und bedeutendsten Autoren, wie die kritischen Preßwürmer sie zu be= speicheln pflegen, sind nichts weiter als „lyrische Dilettanten." — Nun wahrhaftig, das Urtheil ist scharf. Daß Alb. Träger und Jul. Wolff keine Gnade finden, verdenken wir Herrn K. Henckell nicht; aber sind denn E. Geibel, C. F. Meyer, Dranmor, H. Lorm, W. Jordan, M. Greif, K. Stieler, H. Seidel, Kl. Groth und Jul. Sturm wirklich Dilettanten?

Wenn Henckell im Namen „der jungen Generation des erneuten, geeinten und großen Vaterlandes" gelobt, daß die Poesie wieder ein Heiligthum werde, zu dessen geweihter Stätte das Volk wallfahrtet, um mit tiefster Seele aus dem Born des Ewigen zu schlürfen und, erquickt, geleitet und erhoben, zu der Erfüllung seines menschheitlichen Berufes zurückzukehren" — so sprechen wir dieser Aufgabe, diesem Vorsatze der Stürmer unsern vollen Bei=

faß aus, behaupten aber, dies ist seit dem Auftreten unserer
Klassiker schon immer so gewesen. Unsere Poesie ist, was jene
fordern, schon seit 100 Jahren gewesen, „ein charakteristisch ver-
körpertes Abbild alles Leidens, Sehnens, Strebens und Kämpfens
unserer Nation“. — Wir können es daher nur als Anmaßung
und Selbsttäuschung bezeichnen, wenn Herr Henckell seine Einleitung mit den Worten schließt: „Auf den Dichtern des
Kreises, den dieses Buch vereint, beruht die Literatur, die Poesie der Zukunft, und wir meinen, eine
bedeutsame Literatur, eine große Poesie.....“

Prüfen wir jetzt den Inhalt dieser Anthologie etwas näher.
Zunächst tritt uns, abgesehen von der wiederholten Hervorhebung,
etwas Neues, Modernes zu bieten, eine pessimistische Auffassung
aller Dinge und Verhältnisse entgegen, welche wie ein Alp auf
den meisten Gedichten lastet. W. Arent schildert seine Zeitgenossen so (S. 1):

> „Ein freudlos, erlösungheischend Geschlecht,
> Des Jahrhunderts verlorene Kinder,
> So taumeln wir hin! Weß' Schmerzen sind echt?
> Weß' Lust ist kein Rausch? Wer kein Sünder?“

Hermann Conradi (S. 91) dagegen singt:

> „Was wir vollbringen, thun wir nach Schablonen,
> Und unsre Herzen schrei'n nach Gold und Dirnen —
> Und keinen gibt's, der tief im Herzen trüge
> Den Haß, der aufflammt gegen diese Lüge —
> Wir knieen alle vor den Götzen nieder
> Und singen unsrer Freiheit Sterbelieder!“

Oscar Linke ruft (S. 44):

> „O schnöder Zeitgeist, welcher gefangen hält
> In dumpfem Bann, ach alle Gemüther — ha,
> Wie Kaiser Nero möcht' ich heute
> Sitzen und richten vom goldenen Thronstuhl!“

Karl Henckell schildert im „Psalm“ (S. 286) die Gegenwart in den schwärzesten Farben:

„Der Knechte traf ich ein zahllos Heer;
Und fand der Lügner und Heuchler noch mehr.
Im Bethaus sah ich vor Gott sie knien
Und sah, wie sie heimlich den Heiland bespien
Und lachten verborgen und trieben Hohn —
Und leckten doch hündisch (?) an Kreuz und Thron.
Und ich sah, was mir höllisch die Sinne gepackt,
Sie die Wahrheit nothzücht'gen und peitschen sie nackt!“

Ein anderes Thema, welches in dem Buche mit Vorliebe behandelt wird, ist der Sinnentaumel.

So berichtet **K. Henckell** (S. 286):

„Ich habe die Tiefen des Elends geschaut,
Und es hat mir in Tiefen der Seele gegraut,
Ich sahe lebendiger Todten Skelett
Und stand an der Buhlen entweihtem Bett,
Ich nahte gefallenen Engeln viel,
Der süßesten Sünde entsetzlichem Spiel.“

H. Conradi erzählt (S. 107):

„In wilden Wollustschauern
Liegen wir staubbesät (?)
Und stammeln an schwellender Dirnenbrust
An die Venus ein Gebet.“

und weiter:

„Wir schlürfen den Becher hintaumelnder Lust
In seligem Ueberschwang!“

Oder S. 102 ruft er seinen Genossen zu:

„Ihr habt geschwelgt in Sünden,
In Sünden sonder Zahl,
Aus euren Augen grinst der Tod,
Und euer Wort ist schal!
Und euer Schwert zerfrißt der Rost,
Dieweil mit Dirnen ihr gekost;
Da rangen wir, vom Sturm umtost
Im nächt'gen Todesthal!“

In geradezu abstoßender Weise berichtet (S. 98) H. Conradi unter dem Titel „Das verlorene Paradies," wie ihn die Dirne geküßt habe, er „von bacchantischer Brunst erfaßt," ihr unter Schluchzen zu Füßen gesunken sei, aber nun auch gefühlt habe, daß er seine Seele verloren!

H. E. Jahn beschreibt (S. 237) unter „Sphinx" einen Besuch bei einer Hetäre, welcher den Eindruck der Lebenswahrheit macht. Die Phryne ist, trotz aller Liebesschwüre des Poeten, für nichts empfänglich als Armband und Seidenkleid.

Aehnliche Erfahrungen scheint Josef Winter (S. 231) gemacht zu haben, wie sein „Abschied" von der „tödtlichen Mänade" beweist.

Auch Heinrich Hart*) hat manchmal mit seinen Genossen wild geschwärmt; man höre „Die letzte Nacht" (S. 85)

> „Ich hab' zu Nacht gesessen
> Mit euch im goldnen Saal,
> Aus blanken Römern schoß (?) der Wein,
> Süß duftete das Mahl;
> Die Luft ging schwer, die Ampel warf
> Trüb' ihren letzten Schein, —
> Die Fenster auf! und kühl und scharf
> Schlägt Morgenwind herein.
> Aufschreckt vom Schoß des Buhlen
> Die leichtgeschürzte Dirn',
> Der Bursch springt auf und stößt (?) die Faust
> Hohnlachend an die Stirn.
> Die Dirne reißt er dann empor
> Und küßt sie lang und heiß,
> Schwarz fällt sein Haar wie Trauerflor
> Auf ihres Nackens Weiß."

*) Uebrigens hat Heinrich Hart und sein Bruder Julius in den „Kritischen Waffengängen" 1882 ff. „allem Cliquenwesen, allem Reklamethum, allem Greisenhaften, allem Dilettantismus und aller Ideallosigkeit" den Krieg erklärt, um „eine echt nationale, realistische und ideenstarke Dichtung" zu fördern.

Wohl fühlt H. Hart, daß solch ein Leben unwürdig ist, ja er empfindet es als eine Knechtschaft, wie das Gedicht (S. 180) zeigt:

> „Fluch diesem Leibe,
> Dem unersättlich lüsternen,
> Mit seinen Banden
> Schnürt er die Seele ein
> Und reißt in den Koth
> Die Sonnendurstige.
> Aus allen Poren (?)
> Schrei ich nach Freiheit!"

Aber er verkennt, daß nicht der Leib schuld ist an solchem Zustande, dessen Ende (S. 179) ist „müde zu hassen, müde zu lieben," sondern der Mangel an Charakter, an Selbstzucht. Dabei ist H. Hart ein Idealist, wie sein „Lied der Menschheit" bezeugt, dessen prachtvoller „Vorgesang" (S. 171 ff.) abgedruckt steht.

Das Gröbste in jener Art von „Liebeslied" (?) aber hat Wilh. Arent (S. 18) mit „à la Makart" und (S. 19), „à la Gabriel Max" geleistet, wobei ihn gewiß das Streben, Zola zu erreichen, geleitet hat. Höchst naiv bekennt er im zweiten Liede „der blassen Dirne, dem so heiß begehrten, so schnöde verdammten Kinde der Sünde," daß er eine andre liebe, sowie, daß er nicht ihre Seele gesucht.....

> „Nur deines Leibes
> Jungfräulich herber
> Berauschender Dufthauch
> Trieb mich fiebernd
> In deine weichen Arme,
> Daß ich wild an mich preßte
> Deiner weißwogigen Brüste
> Schimmernde Fülle,
> Zu sättigen der Sinne
> Ewig rege Dämonen!"

Und mit solchen Buhlliedern wollen die Jüngstdeutschen wirklich, wie H. Conradi (S. IV) verheißt „die Zeit der großen Seelen und tiefen Gefühle wieder begründen"?!

— Ja, ihre Anthologie hat nicht nur literarischen, sie hat, was sie will, „auch kulturellen Werth"; denn sie zeigt uns, wie beschaffen die Welt ist, in der die Gedanken unsrer jungen Dichter am liebsten weilen!

Gern ergehen sie sich ferner in der Schilderung des sozialen Elends, wobei sie natürlich die grellsten Farben auftragen. Freilich steigen dem Leser gelinde Zweifel an dem Ernste ihres Mitleids mit den „Enterbten" auf, ... wenn er an so mancher Stelle von dem üppigen Leben liest, dem sie selbst fröhnen.... Einige soziale Gedichte sind markig und ergreifend, so K. Henckell's „Lied vom Arbeiter" (S. 280) mit dem Schlusse:

> „Und wenn ein Gott im Himmel nicht
> Den bangen Ruf versteht,
> Dann stürm' herein, du Weltgericht,
> Wo alles untergeht!
> Der Hammer sinkt, die Esse sprüht
> Das Eisen in der Flamme glüht." *)

Erich Hartleben beginnt (S. 204) eine Ode:

> „Wohin du horchst, vernimmst du den Hilferuf
> Der Noth! Wohin du blickest, erschrecken dich
> Gerung'ne Hände, bleiche Lippen,
> Welche des Todes Beschwörung murmeln."

Besonders feurig wendet sich **Oskar Jerschke** (S. 168) an die oberen Zehntausend; sie sollen „die blutarmen Nähterinnen" im 4. Stock und den armen Schuster im Keller besuchen: —

> „Es wird Euch grausen und in Eure Stirnen
> Käm' flammengleich das Krösusblut (?) gerollt,
> Und durch den Puder Eurer feilen Dirnen
> Bräch' sich die Schamgluth um das Sündengold,
> Und wie wenn Eis sich mit Feuer mischen,
> Würd' Euch das Herz in frost'gem Schaudern zischen."

---

*) Von Henckell rührt auch das Gedicht „Weltmai" her, das als „Gedenkblatt zur Maifeier 1892" erschien.

Er droht (S. 167) denen, die die heutige Zeit nicht verstehen, mit den Greueln der sozialen Revolution:

> „Auf daß sie gewarnt, noch eh' es zu spät,
> Eh' die Wogen des Aufruhrs stürmen,
> Eh' die rohe Gewalt wie die Sense mäht,
> Und die Barrikaden sich thürmen;
> Der hungernde Haufe mit Pechkranz und Blei
> Ertrotzt, daß das Glück auch ihm hold nun sei."

So schrecklich solch eine Erschütterung der Gesellschaft auch sein mag, so übertreibt Jerschke doch sehr, wenn er schließt:

> „Dann gilt nichts Heiliges mehr auf der Welt,
> Es stürzen Kirch' und Kapellen.
> Die Liebe verroht und der Glaube zerschellt,
> Das Mitleid begraben die Wellen.
> Die Massen nur raufen sich um das Gold.
> Das über die dampfenden Trümmer rollt (?)."

Aber H. Conradi denkt sich diese bald zu erwartende Umwälzung nicht minder gräßlich (S. 109):

> „Aufbrausen die Meere im Sturme,
> Es bebt der Berge Granit,
> Und durch die ganze Schöpfung wogt
> Ein einz'ges Sterbelied! (?)
> Da wird sie über Euch kommen,
> Die Angst der Rächerin!
> Und mit verglasten Augen starrt
> Ihr zu dem Galgen hin!
> Hernieder steigt vom Kreuze
> Der Gott im Glorienkleid
> Und spricht: Du bist verflucht, o Welt,
> Verflucht in Ewigkeit!"

Auch Julius Hart malt (S. 67) die soziale Revolution mit blutrothen Farben:

> „In dunklen Schaaren drängt es finster an,
> Mit Beil und Hammer wogt es dumpf heran.
> Zerlumpte Haufen, wie vom Sturm verwirrt
> Das Eisen dröhnt, das blanke Messer klirrt u. s. w."

Wir wollen übrigens nicht leugnen, daß die Sammlung auch schöne Gedichte enthält, die uns nach Form und Inhalt gefallen haben. Wir nennen nur E. v. Wildenbruch's bekanntes „Hexenlied" (S. 245), Wolfg. Kirchbach's „Die todten Götter," (257), K. Henckell's „Der Väter Werth" (277), Osk. Jerschke's „Forsthaus in den Vogesen" (291), H. Hart's schon oben erwähnten „Vorgesang" zum „Liede der Menschheit" (171), Osk. Hansen's „Lied" (198), W. Arent's „Fata morgana" (22), Osk. Linke's „Atlantis" (34), Fr. Adler's „Pythagoras" (82).

Nach Allem, was wir an den einzelnen Gedichten, ihrer Tendenz, Stimmung und Ausführung bemerkt haben, müssen wir unser Urtheil über diese Sammlung dahin zusammenfassen, daß sich hier eine Schaar begabter Jünglinge zusammengefunden hat, die das Leben, gemäß ihrer geringen Erfahrung, sehr einseitig auffassen. Viel Phrasen und unklare Vorstellungen, viel Selbstbewußtsein und guter Wille, aber auch viel gefährliche Ideen in Brauseköpfen. Von der Reform dagegen, welche sie in der Literatur herbeiführen wollen, merkwürdig wenig! Neben manchem wirklich Echtpoetischen findet sich Prosaisches genug, neben wahrhaft Schönem manches recht Abstoßende. —

In diesen beiden Anthologien sind freilich nicht alle „Modernen" enthalten, hauptsächlich weil sie nicht Lyriker sind, wie z. B. G. Hauptmann, Bahr, Tovote, Sudermann und Kretzer. Einen besonderen Typus der jüngstdeutschen Lyrik stellt Detlev v. Liliencron dar, der sich erst in seinem 40. Jahre durch seine „Adjutantenritte und andere Gedichte" (1884) in die Literatur einführte. Große Frische und Kraft zeichnen die meisten dieser Gedichte aus, von denen nur der letzte Abschnitt, (S. 143—158), Adjutantenritte enthält, nämlich Erinnerungen aus einer Januarschlacht (1871), halb in Prosa, halb in Versen. Wie keck in Ton und Rhythmus Liliencron sein kann, zeigt z. B. „Bruder Liederlich" (S. 93), welcher beginnt:

> „Die Feder am Sturmhut in Spiel und Gefahren,
>   Halli!
> Nie lernt' ich im Leben zu fasten, zu sparen,
>   Hallo!
> Der Dirne lass' ich die Wege nicht frei,
> Wo Männer sich raufen, da bin ich dabei,
> Und wo sie saufen, da sauf' ich für drei —
>   Halli und Hallo!"

Auch andere Gedichte (S. 96, 97) handeln von Dirnen und von Schulden. Andere wieder, wie (S. 62, 63, 72, 95), gefallen sich in einer drastischen Ausmalung des geschlechtlichen Verkehrs, die uns zu realistisch ist. Dabei schrickt der Dichter vor Widrigem, Abstoßendem nicht zurück; z. B. (S. 53). (Unheimlicher Teich):

> „Zwei krause, verkrüppelte Zwergeichen,
> Weidengestrüpp, Feldstein und
> Ein alter weggeworfener, zerrissener,
> Halbverfaulter, verlassener Stiefel.
> Im Schilf lärmt der Rohrspatz
> In weiter Stille."

Doch besitzt er eine Gewandtheit, Verse zu schmieden, die bisweilen an Rückert erinnert. Nichts in der Welt ist ihm zu prosaisch, er bringt's in Reime. Ein schlagendes Beispiel ist „Verbannt" (S. 107—125), wo er den Aufenthalt auf einer Hallig bei Moike Thayson erzählt. — Mit packender Gewalt weiß er balladenartige Stoffe zu gestalten. „Ein Geheimnis" (S. 125) ist eine Umdichtung seines später von uns besprochenen Romans „Breide Hummelsbüttel." Liliencron ist ein leidenschaftlicher Jäger und Soldat; sein ganzes Wesen hat etwas Ritterliches. Auch Humor und Sarkasmus stehen ihm zu Dienst; so in der Siziliane (S. 6):

> Einer schönen Freundin ins Stammbuch:

> „Den ganzen Tag nur auf der Ottomane,
> Ylang-Ylang und lange Fingernägel
> Die Anzugfrage, Wochenblattromane,
> Schlaf, Nichtsthun, Flachgespräch ist Tagesregel.

> Ich glaube gar, für eine Seidenfahne
> Verkaufst du deinen Mann und Kind und Kegel.
> So schaukelst du, verfault, im Lebenskahne,
> Herzlosigkeit und Hochmuth sind die Regel!"

Der bedeutendste Lyriker des jüngsten Deutschlands aber ist nach unserm Urtheil **Arno Holz**, dessen „**Buch der Zeit**" (1886) wir genauer betrachten wollen.

Das Johannes Scherr gewidmete, 429 S. starke Buch wird durch ein kräftiges, leider viel zu langes Gedicht (55 Strophen!) eingeleitet, worin er den „Groschen- und Dreierdichtern" den Krieg erklärt. Sie „angeln krampfhaft an der Leiter, die fliedersüßen Lenzrhapsoden," die ihren „aufgewärmten Sauerkohl" auf eigene Kosten drucken lassen. Er dagegen will entfalten „der Neuzeit junges Lenzpanier," (S. 10)

> „Denn mir schlägt nicht das Wort den Takt
> Zum Reigen selbstischer Gedanken,
> Ein Löwe, hat es seine Pranken
> Tief in mein Herzfleisch (?) eingehackt!"

Er verschmäht die Zeit verliebter Abenteuer; „nur im Volksgewühl, beim Ausblick auf die großen Städte, beim Klang der Telegraphendrähte, ergießt in's Wort sich sein Gefühl." Sein Ohr hört schon den Tritt der Colonnen, welche zur großen Geisterschlacht heranrücken, um einen neuen Welttag der Erde herbeizuführen, wo der ew'ge Friede und die Freiheit herrschen. Er fühlt sich als den Täufer des kommenden Jahrhunderts. Er weiht sich der jungen Zeit aus Blut und Eisen, deren Arbeit auch Poesie ist —

> „Wohl war's der Himmel, der sie (die Poesie) schuf,
> Doch heimisch ward sie längst auf Erden;
> Drauf immer heimischer zu werden
> Ist ihr ureigenster Beruf!"

Er bietet den bisherigen Dichtern Trotz — „Poeten ohne Poesie, Und keiner rief das Wörtchen: „Rette!" Sie blökten allsammt um die Wette Wie eine Heerde Hammelvieh!"

Aehnliche Gedanken kehren oft wieder. So geißelt er in der Abtheilung „Berliner Schnitzel" (S. 307—387) nicht nur die Kritik, sondern auch die Philologenpoesie (Ebers), den Chorus der Lyriker, unsere Modedichter, die zu wenig denken, das lyrische Kruppzeug der Afterpoeten, die Conventionellen, die Autoritätsklauber, R. Wagner, die Wölfflinge, den Mutterliederfabrikanten Alb. Träger, M. Kretzer, das Urgenie der Hintertreppenpoesie, F. Dahn, der lyrisch geasathort hat, den Gartenlaubendichter Emil...., den Mandarinen der deutschen Poesie Fr. Rückert u. a. Dagegen lobt er aus vollem Herzen Heine Geibel, G. Keller, zum Theil auch Baumbach. Besonders herzlich ist sein Preis E. Geibel's, den er mit Uhland vergleicht und dem er (S. 108) gelobt, so treu und deutsch zu sein wie er; um den Schwan von Lübeck trauere das ganze Volk.

Dem Eingang zum Buche entspricht ein Schlußgedicht. Es beginnt:

> „Ein Stück von meinem Selbst ist dieses Buch,
> Und roth von meinem Herzblut jedes Lied,
> Mit ihm stell' ich mich kühn in Reih und Glied —
> Der Dichtkunst Segen ward in mir zum Fluch."

Unsere Zeit ist nicht die goldene — das Laster als Dirne und die Corruption als häßliches altes Weib schleichen umher, uns zu versuchen. Und fast alle sind unterlegen und zu Schurken geworden; die Begeisterung ist ja auch schnell verdampft, vielleicht gibt es sie gar nicht mehr....

> „Und doch: wenn diese Blätter auch verweh'n,
> Die Frühlingsthatkraft, die sie werden ließ,
> Die Gottidee, die sie erstarken hieß,
> Sie kann und darf und wird nicht untergeh'n!
>
> Schon wirft sie leuchtend durch den Zeitengraus
> Fern in die Zukunft ihren Feuerschein —
> Ihr will ich jubelnd mich zum Priester weih'n,
> Ihr gieß' ich trunken dieses Opfer aus!"

Wir sehen, A. Holz besitzt nicht nur Ernst und Begeisterung, sondern auch Kraft der Sprache, Tiefe der Empfindung und

Reichthum an Bildern. Besonders ergreifend weiß er das Elend der Arbeiter und Armen zu schildern; der „Proletar" liegt ihm mehr am Herzen als die andern Stände. Kraftvoll, aber breit (50 Strophen zu 8 Versen!) ist „Ecce Homo", worin er die Entwicklung eines Proletars bis zum Parlamentarier schildert.

> „Ich seh' ihn Tag für Tag,
> Als wäre nichts gescheh'n,
> Still mit dem Glockenschlag
> An seine Arbeit gehn:
> Das Halstuch roth wie Blut,
> Von Locken wirr umflogen,
> Den Kalabreserhut
> Tief in die Stirn gezogen.
>
> Ein jeder Zoll Genie,
> Ein Volksmann, ein Poet,
> Scheint er mir öfters, wie
> Ein biblischer Prophet.
> Das ganze Viertel kennt
> Und ehrt in ihm den Führer,
> Der oft im Parlament
> Auftrat, ein wilder Schürer."

Packend ist auch die Gegenüberstellung der beiden „Bilder" (S. 19) des Reichthums und der Armuth, und die „Armen Lieder" (S. 85—101), sowie die auf einem Factum beruhende Lebensgeschichte eines Poeten „Phantasus" (391—423). Deshalb ist Holz auch Sozialdemokrat, ja Anarchist (S. 263, 327, 354, 274); er verabscheut „Throne, Kasernen und Schweineköben!" (S. 54), hält die goldenen Kronen für ein Werk herzverkrüppelter Selbstsucht (S. 263) u. s. w. — Auch auf die Priester ist er sehr schlecht zu sprechen, ja selbst auf Christus (253, 394, 264, 397) den „Rabbi von Nazareth" (264), und auf den Judengott, der gealtert und herzlos geworden sei (266—271). Ihm scheinen die Götter Griechenlands besser (250) und Homer der erste Naturalist! (322). Er fühlt sich schmerzlich zerrissen, wenn er unsere Zeit betrachtet (S. 386):

> O, schlüge doch endlich ein heiliges Wetter
> In diese verfluchte Halunkenzeit!

Oder (S. 245):

> Mein Herz schlägt laut, mein Gewissen schreit:
> Ein blutiger Frevel ist diese Zeit!

Die Menschheit ist ihm eine concentrierte Bestie (291), das Elend unser ältestes Hausthier (273); „die Menschheit hat, gelehriger noch als ihr äffischer Urahn, der erste Pavian, Scepter und Kronen apportieren gelernt, hat immer nur hündisch ihrem Bändiger die Hand geleckt und kothbespritzt sich behaglich ihrer Verdauung gefreut!"

Wie ernst Holz es mit seinem Dichterberuf meint, zeigt die gewaltige Rhapsodie Γνῶθι σαυτόν (261—307), in welcher manches Faustisch-Dämonische, aber auch manches Wahre steht. Trotz seines Gedichts gegen die Franzosenfresser ist der Dichter ein guter Patriot, wie aus seinem schwungvollen, nur wieder zu langen (123—148) „Heroldsruf" hervorgeht, den man als einen versificirten Abriß der deutschen Geschichte von Barbarossa bis heute bezeichnen kann. Uebrigens fehlt es ihm auch nicht an Humor. Dies erhellt sowohl aus dem Gedicht „Frühling," wie auch aus dem reizenden „Samstagsidyll." Geradezu bewundernswerth aber erscheint uns seine Gabe, die Natur zu schildern, wovon sich überall Spuren finden. Seine Lebens- und Liebesgeschichte führen uns die Tagebuchblätter vor, die nur zwei Gedichte bedenklicheren Inhalts (S. 242, 246) enthalten. Die Lektüre seines Buches läßt daher in uns das Gefühl zurück, einen wirklichen Dichter vor uns zu haben.

Seine Weltanschauung freilich ist durchaus unhaltbar. Von seiner Schwärmerei für die Götter Griechenlands wollen wir gar nicht reden. Wer ein bischen genauer die Religiosität und Kultur von Hellas kennt, weiß, wie falsch es ist, wenn Holz singt: „O schöne Zeit, als am Hymettoshang Ein heilig Volk sein heilig Feuer schürte" (S. 294). Aber eine sonderbare Religion scheint es zu sein, welche erklärt (S. 397): „Ich bin mein

eigener Jesus Christ" oder (405) „Mein Herz ist das Herz der
Welt." Er beklagt es öfter (S. 354, 244), daß die Altäre ver=
lassen stehen, und doch eifert er gegen den biblischen Gott und
gegen Christus, ohne zu bedenken, daß die Menschen durch philo=
sophische Systeme nicht befriedigt werden können. Und wie kind=
lich ist seine Vorstellung vom Christengott (S. 206—273)! Da
ist der gealterte Judengott auf seinem bluttriefenden (?) Stuhl
kindisch geworden „und ließ sich selbstgefällig von seinen sogenannten
Engeln — kleinen, abgeschnittenen Kinderköpfchen mit Flügeln
hinter den Ohren — lügengeschwollene Phrasen drehn, bis er,
hohl wie ein kleiner menschlicher Geck, heimlich mit dem Spiegel
kokettierte und sich schließlich einbildete, er wäre wirklich allgütig!"
Der allmächtige Schöpfer Himmels und der Erde „war ein Popanz
geworden, eine lächerliche, nichtswürdige Carrikatur auf den alt=
mexicanischen Vitzliputzli!"

Und wie Holz die Religion, so betrachtet er auch die Ge=
schichte unphilosophisch. Daß gerade unsere Zeit die schlimmste
von allen sein soll (S. 244, 291, 299, 349, 386), glaubt nie=
mand, auch Holz nicht; er verwirft die Hypothese der Fortschritts=
leugner selbst (S. 335); „der Weltgeist ist ein Wiederkäuer, der
ewig frißt und nie verdaut." Aber braucht man denn, weil noch
mancherlei heute erstrebt werden muß, gleich nach der rothen Re=
volution zu rufen? (S. 73, 80, 377, 378, 379, 380).

Und wozu so viele kraftgenialische, derbe, ja cynische Worte,
um etwas energisch zu sagen! „Ihr stöhnt verzweifelt: der Bien
muß!" ruft er (S. 5) den „Groschen= und Dreierdichtern" zu;
„Herr X hat wieder mal gekalbt!" (7). Und „kräht auch dreist zu
eurem Wisch die heutige Kritik ihr Amen" (8) u. s. w. — Wie
häßlich ist die „Ballade" (49) vom alten Eremiten im heiligen
Hain zu Singapur, der „an seiner Nabelschnur kaut" (?) —

„Er kaut tagaus, er kaut tagein
Und nährt sich kärglich nur und knapp,
Denn ach, er ist ein großes Schwein,
Und nie fault ihm sein Luder ab."

Weshalb er ein Schwein ist, erhellt ebenso wenig, wie was „sein Luder" sein soll. A. Holz hat eben nur den Gedanken, daß unsere Neuromantiker (Wolff, Dahn, Ebers u. a.) das vom Mittelalter Ererbte „wiederkäuen" in diese geschmacklose Form gebracht. Und wie unpoetisch klingt die Strophe:

> „Wolff's Haiserleispoeterei,
> Kein Baumbach wär' ihr nachgetatscht,
> Und Mirza's Reimklangklingelei
> Summa cum laude ausgeklatscht."

Seite 51, die erste Strophe läßt sich überhaupt nicht abdrucken. Ueberaus drollig ist der Wunsch des Dichters, der über die „Thränenkübelmoral" (??) unserer Lyriker zürnt, die Welt zu vergiften „mit seinem Stiefelknecht" (53). Die Kritik hingegen ruft ihm zu (58) „dein Sozialismus ist uns schnuppe!" Gegen F. v. B. (Bodenstedt) schleudert er ein Gedicht voller Beleidigungen, worin es z. B. heißt: „Kein Mensch ist mehr zuleikatoll, dein Bülbülschwindel ist verkracht;" „dein Witz ist ledern zum Crepieren." Er wünscht ihm zwar langes Leben, doch dürfe er nie mehr, was er verdaut, „in Versen wieder von sich geben." „Denn traurig ist's mitanzuschau'n, Wenn ein zerbroch'ner Hampelmann Noch immer thun will wie ein Faun, Und doch nicht kann, o Gott, nicht kann! Dann zuckt mir's durch das Herz: Er weint! Gespenstisch däucht mir seine Glatze, Und wenn die Sonne drüber scheint, Verklärt sich golden — eine Fratze!" Ein ander Mal singt A. Holz, „die theegepäppelten Poeten der Höhern-Töchterklerisei" schreien gegen ihn: „Was will der Lump? Was? Räsonnieren? Der Kerl, scheint's, hat den großen Floh!"

Doch genug der Proben, die wir verdreifachen könnten. Schließen wir mit einer schönen Strophe aus einem Ostergedicht (185):

> „Der heilige Geist ist ewige Liebe,
> Die Gott in die Herzen der Menschen gesenkt,
> Und die mit jedem Ostertriebe
> Von neuem sich zum Lichte drängt.

> Sie schwebt herab vom Himmelssaale
> Zu jedem, der an sie noch glaubt —
> O neige, neige die goldene Schaale
> Auch hier, auf dieses Veterhaupt!"*)

Wir könnten noch die Sammlungen von O. Bierbaum, Henckell, J. Hart, O. Linke, R. Dehmel u. a. ausführlich besprechen, wenn es uns nicht an Raum fehlte, und wenn nicht der Gesammteindruck überall derselbe wäre: Talent,' aber Mangel an Selbstzucht!

Als dritte Gesammtpublikation Gründeutschlands ist ein „**Moderner Musenalmanach auf das Jahr 1893**" erschienen, den O. Jul. Bierbaum „mit Originalbeiträgen der hervorragendsten Vertreter des modernen deutschen Schriftthums" (München, Dr. E. Albert u. Co.) herausgegeben hat; mit 23 Illustrationen von F. v. Uhde, F. Stuck, W. Trübner, H. Thoma, A. Keller, G. Max, Müller-Breslau, H. E. Schmidt und Jean Lampel.

Das schön ausgestattete Buch enthält auf 403 S. Beiträge von 57 Schriftstellern: C. Alberti, W. Arent, H. Bahr, Mx. Bernstein, O. J. Bierbaum, C. Bleibtreu, J. Brand, C. Busse, M. G. Conrad, Anna Croissant-Rust, Mx. Dauthendey, R. Dehmel, Fel. Dörmann, O. Ernst, Fz. Evers, G. Falke, H. Fischer, C. Flaischlen, Marie Eug. delle Grazie, H. v. Gumppenberg, Mx. Halbe, O. E. Hartleben, H. Heiberg, E. Heilborn, Fz. Held, R. Henckell, Pet. Hille, Mx. Hoffmann, A. Holz, L. Jakobowsky, Maria Janitschek, H. Krämer, Timm Kröger, Detlev v. Liliencron, H. Land, R. Lothar, J. H. Mackay, L. H. Mann, G. v. Ompteda, O. Panizza, E. Rosmer, L. Scharf, G. Schaumberg, J. Schaumberger, P. Scheerbart, Käthe Schirrmacher, J. Schlaf, R. Seidel,

---

*) Die Augsburger Schillerstiftung hat diesem Buche 1886 den Preis zuerkannt, wie sie schon desselben Dichters „Klinginsherz" (1883) gekrönt hatte.

Maurice v. Stern, Bertha v. Suttner, H. Tovote, Kory Towska, W. Weigand, Bruno Wille, Al. Wohlmuth, E. v. Wolzogen, E. Ziel. Am Schluß stehen einige Uebersetzungen aus dem Französischen, Englischen und Chinesischen.

Wir sehen, neben manchem bekannten Dichter finden sich auch viele bisher wenig genannte.

Liliencron eröffnet den Reigen mit dem Gedicht „Das gebliebene Lächeln," worin ein sterbender Greis im Tode darüber lächelt, „daß er den bösen Fallen (der Menschen) So meisterlich entging in seinem Erdenwallen"; er wußte die neidischen und heuchlerischen Menschen über sein stilles Vergnügen gut zu täuschen. In „Trennung" sehnt er einen alten Zeitgenossen herbei, denn

> „Des Lebens Bäckerfäuste (?)
> Wehr' ich mit dir nur ab!"

Ganz hübsch ist die „Waldfahrt," wo er durch einen vorüberfahrenden Eisenbahnzug in der Liebe unterbrochen wird:

> „Und die Liebste schreit erschrocken,
> Und wir fahren auseinander,
> Und wir fühlen uns belämmert (?),
> Denn wir hatten uns blamoren,
> Gräßlich, gräßlich uns blamoren!"

Dann folgen 10 Sicilianen: der „teutsche" Dichter in Abdera wird verachtet, weil er nicht für's Wochenblatt schreibt; im „Winterbild" hält er von fern für einen Raben ein altes Mütterchen, das angerückt kommt, „Jemine, und hält rechts einen Teller, kühn geschmückt, mit eines sauren Herings Glorie." Sehr hübsch ist „Sommernacht" und „Des Mannes Kampf," weniger aber „Richtet nicht, ihr Pharisäer," „ob Braut und Bräutigam, Sich auch zu regelrechter Hochzeit rüsten."

Gustav Falke steuert zunächst „Sonnenblume" bei, ein ansprechendes Gedicht, worin er erzählt, daß durch die Erscheinung des Herrn Jesu, der eine Sonnenblume trug, ihm diese sonst von ihm verachtete Blume lieb geworden sei.

„Besonders Poeten kommen oft
„Zu solchen Gnaden unverhofft."

Bisweilen scheint er „Aus dem Takt" zu kommen; für gewöhnlich fühlt er sich in dem stillen Kreise von Weib und Kind wohl, dann aber „schrei ich laut auf und hebe Klag: Mehr Licht, mehr Licht nur einen Tag!" bald jedoch findet er wieder

„Den Gleichtakt zwischen Wunsch und Pflicht.
Herbdämmerglück, Herbdämmerlicht."

Timm Kröger gedenkt des heimatlichen „Redders," wo er einst, so dumm und dreist, die schwere Kunst der Liebe lernte. „Dem Meister lief die Zeit vorbei, Ich wurde fett und fetter; Doch gerne denk', in stiller Stund', Ich an das grüne Redder (Reim!). — Schreit' ich auch heut' als Tugendbold (!) Des süßen Lasters Wege, Ein lieb' Gesicht lacht links und rechts Aus grünem Blattgehege!"

Das Gedicht des Frhrn. v. Ompteda (Geo. Egestorff) „Nicht mehr dabei!" schildert in ergreifenden Worten den Schmerz eines ehemaligen Offiziers beim Anblicke eines Reitermanövers.

O. E. Hartleben erzählt vom Tode seiner Geliebten „Lilli," die sterbend lächeln mußte, als sie ihre habgierigen Schwestern sich schon bei ihren Lebzeiten in ihre paar Sachen theilen sah.

In „Sommersegen" beschreibt Frz. Evers zuerst das allmälige Absterben des Tages. „Und du fühlst des Himmels Segen Nieder auf die Erde geh'n, Auf den Straßen, an den Wegen Siehst du Gottes Engel steh'n!" Das Gedicht „Todtenkammer" versucht die Stimmungen eines Selbstmörders vom Schuß bis zum Begräbnis wiederzugeben.

Karl Busse träumt von seinem Schlosse am Sunde, wo er mit seinem geliebten Weibe glücklich leben will.

E. Heilborn nimmt, unter Anwendung der biblischen Erzählung eine Ehebrecherin in Schutz, während Hans Fischer in dem Stimmungsbilde „Wie der Sand am Meer" den Liebesdurst eines Mädchens schildert: „In fieberhafter Hast stürzte sie über mich: Küsse mich, tödte mich, thu was du willst, nur stille diesen Durst nach dir, nach dir!"

Von **Karl Henckell**[*) finden sich 7 Gedichte; zuerst sein „Motto": „Nimm die Feder in die Hand! Schreib! Treu der Wahrheit zugewandt bleib! Schlag die Lüge todt, das Schand- Weib!" Dann folgt ein Hohngedicht auf Mirza Schaffy (wie auch von A. Holz in seinem „Buche der Zeit"); dann ein ergreifendes „Ist's genug," wohl in Bezug auf die russischen Nihilisten. Hierauf „Moderne Barbaren," nämlich die jungen Dichter:

> „Wir sind die „modernen Vandalen,"
> Wir wandeln wuchtig und schwer
> In eisenbeschlag'nen Sandalen
> Die Pfade der Zukunft daher.
> Wir schreiten mit dröhnendem Schritte
> Durch die schwankenden Thore der Zeit,
> Wir wandeln Ordnung und Sitte,
> Gesetz und Gerechtigkeit."

Das Gedicht „Kämpfe" erzählt von des Dichters Hetze durch die Jägerin Leidenschaft, die „meines Fühlens Perlenschätze dem Koben des Gemeinen weiht;" ein anderes zeichnet gut den „Müßiggang," während das letzte die „Rosentage" feiert.

Jul. Schaumberger hat den 1. Act eines dreiactigen Dramas „die Freude" beigesteuert, worin der Gegensatz bacchantischer Lust (Frau Camilla) und der erfreulichen Thätigkeit (Martin und Sabine) durchgeführt wird. Die Probe läßt Gutes erwarten.

Arno Holz spricht in „Du" seine sinnliche Lust an dem Anblick der badenden Geliebten aus; „Herbst" und „Schmerz" bringen in markiger Sprache den Kummer über ihre Untreue zum

---

*) 1892 erschien von ihm eine Sammlung zum Theil stimmungsvoller Gedichte unter dem Titel: „Aus meinem Liederbuch."

Ausdruck, die er im 2. Gedicht geliebt hat. „Herbst“ lautet: „Eine
Düne. Auf ihr, Einsam, Ein Haus, Draußen Regen, Ich am
Fenster. — Hinter mir, Ticktack, Eine Uhr, Meine Stirn gegen
die Scheibe. — Nichts. Alles vorbei! — Grau der Himmel,
Grau die See, Und grau das Herz!“ Auch „Erinnerung“ und
„Alter Garten“ sind Stimmungsbilder in der Art Heine's. Etwas
sonderbar, an Böcklin erinnernd, ist „Marine“: „See, See, son=
nigste See, So weit du siehst! Ueber die rollenden Wasser hin
Jauchzend, Tausend Tritonen. Auf ihren Schultern Muschelempor,
Hoch, Ein Weib. Ihre Nacktheit In die Sonne. Unter ihr, Trie=
fend, Die blendenden Perlmutterwände Immer wieder von neuem
hoch, Wie Kröten, Dick, Feist, Verliebt, Sieben alte, Schwam=
mige Meertaper.... u. s. w.“

Gedankenreich ist O. J. Bierbaum's „Aus der Herrgottsper=
spective,“ worin er trotz der Kleinlichkeit menschlichen Strebens
doch zum tapferen Kampfe für „das Grüne und Blaue,“ d. h. das
Schöne ermahnt.

Ludw. Scharf zeichnet zuerst „das Eiland des Todes,“ dann
ein wüstes „Traumbild,“ worin er sich als gefangenen Mörder
einer treulosen Geliebten schaut. Der Gefängnißwärter „sah in
mir das Conterfei der blinden Glücksuchtsraserei. Er sah in mir
das Bild des Mann's Verzehrt durch eine dumme Gans.“ —
Der „Todtenvogel“ kündet das Ende des Vorweltfluches. „Singend
jauchzen sie herein, Qual- und schrankenlos, In den Augen Hirn=
gluthschein (?), Uebermenschen groß.“ — Abstoßend ist das Gedicht
„Schwindsucht,“ welche mit galoppierenden Rossen verglichen wird
und ohne den rechten Zusammenhang schließt: „Ein Hoch sei dem
lieben Gott gebracht Und seiner jungfräulichen Magd Marei!
Gute Nacht, gute Nacht!“ — Noch widerlicher ist die „Liebes=
erklärung,“ worin der Dichter sich wundert, daß nicht Menschen
an den Laternen hängen, Leichen im Flusse schwimmen und die
Raben, die „beim Düngerfraß“ sitzen, nicht „an Menschenaas“
nagen — „Ich sage nicht, daß ich die Menschen hasse. Ich liebe
sie täglich mehr und mehr!“ — Auch „Adam — Don Juan“

ist wenig schön und poetisch; denn es wird darin die Erschaffung vieler Epochen durch den liebebedürftigen Adam erzählt.

Osc. Panizza gelobt den heil. drei Königen Mitleid, Wahrheit und Gerechtigkeit gegen andere Schriftsteller zu üben.

Von **Paul Scheerbart** rührt die Phantasenkure „die andre Welt" her, welche wir, ihrer Eigenartigkeit wegen, hier abdrucken: „Laß die Erde! Laß die Erde! Laß sie liegen, bis sie fault! Ueber schwarzen Wiesentriften Fliegen große Purpurengel, Ihre Scharlachlocken leuchten In dem grünen Himmel Meiner Welt! — — Laß die Erde! Laß die Erde! Laß sie schlafen, bis sie fault! Ueber weißen Bernsteinkuppeln Flattern blaue Turteltauben, Ihre Saphirflügel flimmern In dem grünen Himmel Meiner Welt. — — Laßt die Erde! Laßt die Erde! Laßt sie, laßt sie, bis sie fault! Ueber goldnen Schaumgewässern Spielen zahme Silberfische, Ihre langen Flossen zittern In dem grünen Himmel Meiner Welt. — Haßt die Erde! Haßt die Erde!"
Was sich wohl Herr Scheerbart gedacht haben mag?

Max Hoffmann's „Waldidyll" ist hochpoetisch — Es schildert, wie ein Zug durch den träumenden Wald braust; „ihn überflattert hoch die lange Fahne des Rauches, um die Räder wirbelt toll der aufgeregte Staub … Das dumpfe Brausen erstickt … Es träumt der Wald." Sonderbar dagegen klingt **Ludw. Jakobowsky's** Gedicht, „das letzte Weib"; auf seiner Gruft reckt es sich (?), die Brüste geschmückt mit dem Lorbeerkranze, bis ein Rabe, der lachende Tod, kommt; „Und wie an die zuckenden weißen Lenden Die Federn peitscht das brünstige Thier, Preßt sie mit zitternden heißen Händen An sich die Flügel mit wüthender Gier."

Max Halbe steuert „Jugend, Ein Liebesdrama," bei, welches die Macht der Liebe über die beiden jugendlichen Herzen Annas und ihres Vetters Hans schildert. Spielkameraden in ihrer Kindheit, sehen sie sich im 18. Jahre wieder, und ihre Herzen fliegen sich sogleich zu, trotz des Kaplan's Gregor, der Annchen zur Nonne machen möchte. Der Dialog ist lebendig, die Charakteristik lebenswahr.

In kühner, bilderreicher Sprache sind die Gedichte **Karl Bleibtreu's** „Aus einem lyrischen Tagebuch“ geschrieben; manches ist rhythmische Prosa. Die Gedanken sind oft eigenartig und fesselnd, bisweilen stoßen sie durch Selbstüberschätzung oder Weltschmerz ab. Hören wir einige Proben: „Die Schöpfung gährt ewig und wirft empor nur Schaum, der in sich selber zusammenfällt. Blinder Keime und Kräfte Chaos speit wider Willen das Lebende aus. Bezahle mir mit körperlichen Freuden doch nur einen Schmerz, für den du mich fühlend schufst. Du kannst es nicht! Komm, Rausch der Laster! Denn nüchtern heißt von Sinnen sein.“ — „Der Campagna Leichenhügel drückt die Peterskuppel schwer, Blätter fegt des Windes Flügel, Kronen stoben hier umher. Wie mit Blut begossen schimmert der Arena roth Gestein. Wie ein Leichensänger flimmert bleicher Mond auf Grabgebein. — Der Wintermond taucht geisterhaft ins bleiche Alpenthal. Gleichwie ein zackig Silberschwert zuckt er dahin den Strahl. Ueber den Schneekamm rollt er hoch und spiegelt tief im See, wie hehrer Sehnsucht Wintermond durchleuchtet Erdenweh.“ — „Isthmus zweier Ewigkeiten .... endlos wechselnd Meere streiten .... und der Erde Wrack verpufft, wie ein Wölkchen in der Luft!“ — „Wer in der glimmenden Asche verkohlter Schmerzen schürt, entfacht eine tückische Flamme, den Funken, die er berührt (?). Und wieder muß er versinken in brennendes Naphtameer .... auf der Jugend zerbrochenen Spiegel fallen die Thränen schwer.“ — „Im Kampf um's Dasein neue Mitesser? Neue Sündenvererbung? Besser folge dem Beispiel der Korybanten, die kurz entschlossen sich entmannten! Zuckt immer des Lusttriebs Mörderschwert? Das selige Nichts laßt unversehrt!“ —· „Anstoßen die Götter mit voller Schaale: ihr Trinkspruch durchdonnert die Thale. Sie schlagen am Schilde mit glitzernden Beilen: Blitzfunken die Wolken zertheilen! Sie tauchen Speere in nächt'ges Dunkel: aufzuckt das Sternengefunkel. Götteraugen lächeln und weinen: Thauregen und Sonnenscheinen. — Nie buhlt' ich um des Goldes Gunst, noch um der Sinne Tand. Wozu der lange Kampf? Umsunst! Und mir erlahmt die Hand. Hoch Lüge, Dummheit, Narretei! Ade, du deutsche

Schweinerei! Graberde löscht den Brand. Ich war, so lang ich denken kann, ein rechter Dummrian. Ich war kein deutscher Biedermann, ich war ein wunder Schwan. Geier und Gänse, juchheidi! Ade, du Lilie Poesie! Auch du bist nur ein Wahn!"

Marie Eug. delle Grazie giebt im „Zarenmahl" ein furchtbares, aber lebenswahres Bild der Angst, in welcher sich der Selbstherrscher aller Reußen befindet.

Georg Schaumberg verkündet als „Dies irae," der uns bevorstehe, die rothe Revolution, im Gegensatze zur mittelalterlichen Darstellung vom jüngsten Tage und zur französischen Schreckensherrschaft.

John Henry Mackay träumt sich in seinen letzten Tag und hofft dann noch einmal das Bild seines Liebesglückes zu schauen.

Wilh. Arent zeichnet in „Rahel" eine orientalische, üppige Sklavin.

Der Abschnitt aus einem demnächst erscheinenden Roman **Joh. Schlaf's** „die Geburt" wirkt recht abstoßend; die genaue Beschreibung dieses physiologischen Vorgangs erinnert an G. Hauptmann's „Vor Sonnenaufgang." Schlaf sagt selbst (S. 199): „Wie häßlich ist das alles, wie dumm, wie dunkel, wie ewig verhüllt!" Einigermaßen erträglich gemacht wird die Skizze durch den Ausblick auf die Geburt eines bessern Welttages.

Lustig ist **H. Bahr's** „Schema des Dritten," welches Aufschluß über die mancherlei Arten giebt, in denen sich ein dritter in eine Ehe oder ein Liebesverhältnis drängt. Nach den später zu besprechenden Werken von Bahr hat er das „Dreieck" besonders studiert.

Rich. Dehmel zeigt sich in seinen elf Beiträgen als einen formgewandten Lyriker, der jedoch noch öfters mit den Gedanken und Bildern ringt. Unschönes Naturalistisches läuft auch manchmal mit unter, so „Bastard," „Die zweite Nacht;" originell gedacht und durchgeführt ist das „Wiegenlied für meinen Jungen," welches beginnt: „Schlaf, mein Küken — Racker, schlafe! Guck, im Spiegel stehn zwei Schafe, blökt ein großes, mäkt ein kleines, und das Kleine, das ist meines! Bengel, Bengel, brülle nicht, du verdammter Strampelwicht!“ — Auch „Lebewohl“ ist sehr eigenartig.

„Der Freund“ von **Anna Croissant-Rust** behandelt eine Malerin, welche sich von niemand verstanden und über alle erhaben fühlt; sie sehnt ihres Freundes Georg, eines Dichters, Besuch herbei, um sich mit ihm auszusprechen; als er aber kommt, schämt sie sich es zu thun; thut es dann doch, und als er ihr die Liebe erklärt, stößt sie ihn von sich. Das Ganze, vielleicht auf Erfahrung beruhend, verwirrt den Leser.

Max Dauthenday entwirft in „Auferstehung“ ein ziemlich verworrenes Bild einer Osterfeier; der Stil ist zerhackt, skizzenhaft. „Vor dem Altar scheuer (?) Raum. Ein Betstuhl. Ein Priester in starrem Faltenhemd und Spitzen. Die Arme breit gestützt. Von ihm strahlt stahlblaue Stille (?). In strengen gläsernen Krystallen zersticht es (?) im Kreise jeden rothen Pulsschlag“ u. s. w.

„Herodias“ von **Peter Hille** motivirt die Hinrichtung Johannes des Täufers mit der verschmähten Liebe des Weibes.*) Manches in der Novellette ist schön, doch kommt oft die Sprache noch nicht zur Klarheit; z. B. „Verwundert sah Herodes, der seine semitischen, fast assyrisch blühenden Locken kurzgebietendem Römerthum noch nicht zum Opfer gebracht hatte, auf;“ oder: „ein Medusenhaupt, von Schlangen umlaubt, in edelentsetzlicherstarrender Treue.“ — Ein schönes Genrebild aus dem Familienleben entrollt die Plauderei „Drei Schwestern.“

Ergreifend ist **Wilh. Weigand's** „Gesicht,“ worin der Heiland geschildert wird, wie er segnend die Ernte durchschreitet. „Und wundersam: — von den Menschen allen, Auf die nur je mein Blick gefallen, Die einst ich sah in Kraft beglückt, Die tief

---

*) Aehnlich P. Heyse im 3. Bande seines „Merlin“. 1892.

ein Kümmerniß bedrückt, Fand ich verklärt einen leisen Zug, Den er auf seinem Antlitz trug!" — Auch die Scene „Im alten Pavillon" gefällt uns sehr; ein reizendes Erlebnis aus dem Liebesleben des Dichters. Treffend sagt er darin (S. 277): „Kein Schäferspiel ist diese tiefe Welt. Titanen sind wir alle, Grolltitanen! Auf unserer Brau liegt Trotz und liegt der Grimm, Im Herzen Hunger nach der heil'gen Schönheit, Und doch Un= fähigkeit sie zu genießen"! — Besonders ergreifend aber scheint uns „Fin de Siècle," welches schließt: „Welch' ein Leichenmahl! Gelächter Schwirrt wie Hohn von der Verächter Lippen In der dumpfen Massen Giergestachelt wüstes Prassen. Schwül die Luft! Und Narrenwitze Zucken als die ersten Blitze Ob dem schwel= genden Gewimmel. Wetter ziehen auf am Himmel. Weihrauch qualmt. Und müde Seelen, Die des Herzens Bruch verhehlen, Flüchten in die alten, wirren Labyrinthe, froh zu irren. Auf des Zweifels Dornenbette Singen Dichter Trauermette, Singen laut von schönen Tagen, Da die Herzen Götter tragen!" — Auch Wei= gand's Gedicht an O. J. Bierbaum (S. 284) enthält viel Tref= fendes.

Maria Janitschek deutet im „Geheimnisse" auf den furcht= baren Gegensatz zwischen Menschenlos und Unveränderlichkeit der Natur hin.

Etwas breit und unwahrscheinlich ist **Ernst Rosmer's** „Zu Ende," worin die Umkehr einer Dirne infolge der Geburt eines Kindes, welches sogleich stirbt, geschildert wird.

L. H. Mann zeichnet treffend in „Unfreiheit" das Gefühl der Abhängigkeit, das uns auf Erden nie verläßt.

„Beherzigung" von **H. v. Gumppenberg** scheint uns doch zu keck: „Laß' Träumern und Schlaraffen den Philosophendunst. — Selbst eine Welt zu schaffen, das ist die echte Kunst! Wir brauchen keinen Retter, der uns're Ketten bricht: Sind wir erst selber Götter, Brauchen den Gott wir nicht!" — Ja — Wenn!!

Von **Franz Held** findet sich in dem Sammelbuche eine Scene aus seinem Drama „Der Sturm auf die Bastille.“ Manches ist packend, das Ganze nicht recht klar. *)

Geistvoll hat **Mich. Georg Conrad** in „Das Weib am Brunnen“ die evangelische Erzählung von Jesus und der Samariterin zu beleben, zu modernisieren gewußt**). — Zart, wenn auch nicht für jeden ist „Lenzeszauber.“ — In den „Ketzereien“ steckt manches wahre, manches scharfe, schiefe Wort voll Geist und Glanz. Gefreut hat uns z. B. „So lange man nicht das Weib, sondern nur Weiber liebt, solange ist man kein Mann unter Männern.“ — „Das Leben hat genau so viel Werth, als du hineinzulegen Kraft hast!“

Auch **E. v. Wolzogen** sagt in seinen „Bekenntnissen“ gut: „Wer die Ahnen wirft unter's alte Eisen, Soll eigene Zeugungskraft erst beweisen!“

Etwas bissig stellt **Otto Ernst** „die beiden Hähne“ einander gegenüber: Das junge Hähnchen, das kräftig-wunderbar kräht, und den alten „besoldeten Düngerphilosophen.“

Ganz lebenswahr klingt **R. Lothar's** „Hochzeitscarmen,“ während **C. Flaischlen's** „Ein Jugend-Golgatha“ blasiert ist. **Maurice v. Stern** zeichnet in „Der Tod und das Mädchen“ ein rührendes Bild. Ein schönes Loblied der „Phantasie“ singt **Jul. Brand.** Sehr flott und frech klingen **C. Alberti's** Lieder „aus dem Berliner Zigeunerleben.“

Unter dem Titel „Schnucks“ erzählt **H. Tovote** eine drollige, etwas unglaubwürdige Liebesgeschichte. — **Rob. Seidel** be-

---

*) Derselbe hat zum Besten des Vereines „Fresko-Bühne“ (1892) ausgewählte Gedichte „Groß-Natur“ erscheinen lassen, welche manchmal an's Komische streifen.

**) Die Erzählung findet sich auch in „Bergfeuer“ (1893), einer Reihe von Nach- und Umdichtungen der evangelischen Geschichte, welche Jesum in seinem Verhältnis zur Familie, zu Frauen, Freunden und Feinden zeichnen. Abstoßend wirkt hier die Vermischung von Realismus und Pathos, Rationalismus und Mystik (z. B. S. 17, 83 u. ö.).

singt das „Tief in der Erde Schoß" sich abspielende traurige Dasein der Bergleute. — Max Bernstein steuerte Epigramme bei, B. v. Suttner bekämpft die Vertheidiger des Krieges (Vgl. dagegen M. G. Conrad S. 331), H. Heiberg mahnt zum Genusse des Lebens, „die Welt ist im Rausche immer schön." — E. Ziel ruft den „Schulfüchsen" kräftige Worte zu: „Es soll mit der Zeit die Schule gehn, Mit ihr, der vorwärts winkenden, Am Born des Lichtes trinkenden. Sie soll der Zeit die Spule drehn, der werdenden, nicht der sinkenden!" — Auch die Fabel vom Eichbaum und Wiesenpfad ist nicht übel.

Wir sehen mithin, daß dieses Sammelbuch einen Fortschritt bezeichnet gegenüber den beiden vorher besprochenen. Neben manchem Abstoßenden findet sich auch nicht wenig Gutes darin.

II.

Wesen und Ursprung des Naturalismus.

Untersuchen wir jetzt das Wesen und den Ursprung des Naturalismus. Daß die Poesie die Natur nachahmen solle, diese Forderung des Jüngsten Deutschlands findet sich schon bei Aristoteles. Darauf allein kommt es an, was man unter Natur versteht.

Natur ist der Gegensatz zunächst von Kultur. Alles, was die Herrschaft des Menschen über Pflanzen, Thiere und Elemente bezeichnet, was sein Leben angenehmer, behaglicher gestaltet, was ihn über die Stufe der Thierheit erhebt und ihn veredelt, schränkt das Reich der Natur ein. Leicht geräth nun der mehr und mehr civilisierte Mensch in das Extrem. Die Ueberkultur entfremdet ihn allmählich der Natur so, daß er ihre Stimme, die sich in seinen Trieben vernehmen läßt, fast nicht mehr hören will. Als Reaktion gegen dieses Zerrbild der Kultur trat 1762 der Naturalist Rousseau auf mit seinem bekannten Satz im „Emil": „Alles ist gut, wie es aus den Händen des Urhebers aller Dinge hervorgeht; alles entartet unter den Händen des Menschen!" Deshalb soll Emil als Naturmensch, als Naturkind erzogen werden; er ist die im Naturzustande personifizierte Menschheit. Demselben Gedanken huldigte Schiller, bekanntlich ein schwärmerischer Anhänger Rousseau's. So sagt er („Ueber das Erhabene"): „Soweit die Geschichte bis jetzt gekommen ist, hat sie von der Natur (zu der alle Affekte im Menschen gezählt werden müssen) weit größere Thaten zu erzählen, als von der selbstständigen Vernunft". Oder („Naive und sentimentalische Dichtung"): „Solange wir bloße Naturkinder waren, waren wir glücklich und vollkommen; wir sind frei geworden und haben beides verloren!" Diese Ansicht ist selbstverständlich f a l s c h. Entsprungen aus der mehr oder weniger berechtigten Unzufriedenheit mit den Kulturzuständen der Gegenwart, bildet sich die sehnsüchtige Phantasie ein Ideal der Vergangenheit, dem sie alles Glück, alle Vollkommenheit zuschreibt, die sie hier vermißt. Daher die vielfach verbreitete Idee eines goldenen Zeitalters. Von dieser Naturschwärmerei ist beim modernen Naturalismus selten die Rede.

Ein zweiter Gegensatz besteht zwischen N a t u r u n d C h a r a k t e r; es ist gewissermaßen der erste Gegensatz, aber in's Ethische erhoben. Wie die Kultur der äußeren Natur die Herrschaft streitig macht, so unterliegt die innere Natur dem Charakter. Sie ist das Angeborene, dieser das Erworbene, Jene steht unter physischen, dieser unter ethischen Gesetzen. Oft ist gerade das Natürliche unsittlich, das Sittliche (scheinbar) unnatürlich; denn der sittliche Mensch muß seine Triebe, Neigungen, Affekte und Leidenschaften bändigen und der Vernunft unterwerfen; der sinnliche Mensch mag ihnen die Zügel schießen lassen. Aber gerade weil öfter eine hochgespannte Ethik in unnatürliche Tugenden gerathen ist (man denke nur an Cölibat, Askese, Säulenheilige u. s. w.), so hat bisweilen die Natur dagegen reagiert: Der Natur gemäß zu leben war die Forderung der Stoiker und Cyniker wie der Humanisten; und Schiller selbst hat auch dieser Reaktion zu Gunsten der Natur Ausdruck geliehen, wenn er sagt („Briefe über Don Carlos"): „Nichts führt zum Guten, was nicht natürlich ist!" Und gewiß,

da der Mensch offenbar ein Glied im Organismus der Natur ist,
da ferner die Gesetze unserer Vernunft mit den Naturgesetzen über=
einstimmen, da endlich alles Unsittliche im Grunde egoistisch und
widernatürlich ist, so zeichnet uns die Natur, wie Schiller in den
„Briefen über ästhetische Erziehung" richtig bemerkt, „in ihrer
physischen Schöpfung den Weg vor, den man in der moralischen
zu wandern hat." Aber wohlgemerkt — die Natur ist doch nur
eine Idee des Geistes, die nie in die Sinne fällt. Was wir
hier Natur nennen, der gemäß wir leben und handeln sollen, ist
ja ein Product unserer Vernunft, eine Abstraction,
die wir uns im Gegensatz zu den individuellen Gefühlen und
Bestrebungen denken. Dieser Idealisirung der Natur, welche
sich bei den meisten Philosophen findet, begegnen wir aber bei
unseren „Modernen" selten. Ihnen ist sie die ganz gemeine Wirk=
lichkeit, die rohe, brutale Natürlichkeit. „Es ist ein unsläthiges
Ungeheuer, das von seinem eigenen Koth, viele tausendmal auf=
gewärmt, sich mästet, seine Lumpen in neue Stoffe zusammenflickt
und großthut und sie zu Markte trägt und sie wieder zusammen=
reißt in garstige Lumpen." So schreibt übrigens nicht einer vom
Jüngsten Deutschland, sondern — Friedrich Schiller 1782 im
(„Spaziergang unter den Linden")!

Ein dritter Gegensatz besteht zwischen Natur und Indi=
viduum. Jene ist das Allgemeine, Große, Ganze, dieses das
Einzelne und Kleine; jene der Makro=, dieses der Mikrokosmos.
In die Natur flüchten wir uns aus der Städte dumpfiger Enge,
wie aus den kleinlichen Verhältnissen der Alltäglichkeit, um an
ihrem mütterlichen Busen wieder ruhig und zufrieden zu werden.
„Hier grüßt mich meine ländliche Natur, die Busenfreundin meiner
jungen Jahre!" ruft die unglückliche Königin im „Don Carlos."
Je complicierter die Culturverhältnisse werden, desto sentimentaler
ist die Liebe zur ewigen Natur, wie die fast zahllosen Gedichte
neuerer Poeten auf sie beweisen. — Hiermit hängt nun die
Personification zusammen, welche seit Alters der theologisch=philo=
sophische Naturalismus geübt hat. „Leben gab ihr die Fabel, die
Schule hat sie entseelet, schaffendes Leben auf's neu gibt die

Vernunft ihr zurück", sagt **Schiller** treffend über „die drei Alter der Natur." Indem der Mensch zuerst die mannigfachen Naturerscheinungen für belebte Wesen hielt und sie vergötterte, dann diese mythologischen Götter durch „die Schule" entseelte, d. h. in Naturkräfte verwandelte, gestaltete er sich schließlich daraus ein pantheistisches Allwesen mit einer Weltseele und schrieb ihm Einheit, Allmacht, Allwissenheit, Weisheit, Mutterliebe u. s. f. zu. Die Natur, sie ist ewig gerecht,*) unergründlich ist ihr Wirken, unerforschlich ist die Kraft,**) sie ist selbstständig und unendlich,***) jugendlich immer, in immer veränderter Schöne, ehrt die fromme Natur züchtig das alte Gesetz;****) in bescheidener Einfalt verbirgt sie ihre Fülle,†) nur die Natur ist redlich, sie allein liegt an dem ew'gen Ankergrunde fest,††) sie übt die Mutterpflichten und sorgt, daß nie die Kette bricht†††) u. s. w. Absichtlich haben wir hier lauter Worte von Schiller angeführt, weil wir wissen, wie abschätzig Grün-deutschland von diesem Dichterphilosophen denkt.

Von dieser **pantheistischen Naturverehrung** finden sich freilich manche Anklänge in den lyrischen Gedichten unserer Jüngsten, so bei H. u. J. Hart, K. Henckell und W. Arent; ja letzterer hat in seiner Sammlung „**Aus tiefster Seele**" (1885) ein ganzes Buch „**Pantheismus**" betitelt. Und kann man sich wundern, daß unsere zeitgenössischen Dichter, die Anhänger von Schelling, Schopenhauer, Hartmann und Nietzsche, Pantheisten sind? Aber doch liegt dieses nicht vorwiegend in dem Begriffe des modernen Naturalismus. Vielmehr Folgendes.

Natur steht im Gegensatze zum **Geiste**, zunächst des Menschen. Als solche ist sie die Summe aller Erscheinungen, Verhältnisse, Gesetze und Kräfte, welche sich **mechanisch** vollziehen. Sie wird durch Ursachen und Gründe, nicht, wie der Mensch, durch Zwecke beherrscht; ihre Aeußerungen können mathematisch berechnet, gemessen und gewogen werden. Es ist die Welt der

———

*) Schiller, Braut v. Messina. **) Punschlied. ***) Naive und sentimentalische Dichtung. ****) Spaziergang. †) Von der ästhetischen Größenschätzung. ††) Braut von Messina. †††) Die Weltweisen.

Nothwendigkeit, des Müssens, nicht der Freiheit. Der Naturalismus oder Materialismus führt alles auf die Bewegung von Atomen und Molekülen zurück, welche sich nur durch Lage oder Größe von einander unterscheiden. Die exacte Naturforschung hat daher nichts nach dem Zweck, sondern nur nach dem Grunde einer Erscheinung zu fragen; das teleologische Princip richtet, sobald es anders als heuristisch angewandt wird, nur Schaden in der Naturforschung an.*) Diesem Naturalismus nun huldigen die meisten unserer Jüngstdeutschen: sie verlangen mit Zola, daß die naturwissenschaftliche Methode auf die Poesie übertragen werde. Auch der Dichter, wie der exacte Forscher, soll die Verhältnisse und Persönlichkeiten unter die Lupe oder das Messer nehmen und sie dann einfach beschreiben, wie sie sind! Urtheile nach idealen Maßstäben haben sie nicht darüber zu fällen. Dies ist derselbe Irrthum, den schon Buckle, v. Hellwald und Dubois-Reymond in Bezug auf die Geschichte vertreten haben.

Daß wir nicht übertreiben, beweisen die Worte Edg. Steiger's, mit denen er die Zola'sche Methode charakterisiert. Er sagt:**) „Wer mit klarem Bewußtsein die Causalität der Dinge als das innerste Wesen des Welträthsels künstlerisch darstellen will, dem wird der Einzelmensch als solcher zunächst kein höheres Interesse abgewinnen. Die menschliche Gesellschaft und ihre Verhältnisse dagegen müssen in ihrer ganzen Breite vorgeführt, die geheimen Fäden, die sich vom Vater auf den Sohn und Enkel fortspinnen, überall aufgedeckt und jede besondere Eigenart des Individuums muß als ein gesetzmäßiges Product bekannter Factoren nachgewiesen werden. Eine solche Analyse hat Aehnlichkeit mit der Thätigkeit eines Anatomen; der Wahrheitstrieb, der hier den Künstler beseelt, darf vor keiner Häßlichkeit und Verworfenheit, auf die er stößt, zurückschrecken. Und so wenig,

---

*) Vgl. meine Abhandlung: „Ueber den Zweck des Daseins." Berlin, 1882 und mein „Wörterbuch der philosophischen Grundbegriffe." Heidelberg. 2. Aufl. 1890.

**) Der Kampf um die neue Dichtung. Leipzig, 1889. S. 15.

wie der Chirurg bei einer lebensgefährlichen Operation, darf der realistische Sittenschilderer sich von Mitleid und menschlicher Theilnahme hinreißen lassen. Die Gesellschaft ist das anatomische Präparat, das er seziert. Er will nicht strafen und nicht bessern, er will nur die Wahrheit sagen, ob sie nun lustig oder traurig, angenehm oder peinlich sei."

Hier haben wir in Kürze einen ganzen Rattenkönig von Irrthümern. Denn was soll das heißen: „Die geheimen Fäden, die sich vom Vater auf Sohn und Enkel fortspinnen, sollen überall aufgedeckt werden?" — Wo ist das möglich? Wer vermag dies? Und wird nicht ein solcher Versuch, wie ihn z. B. G. Freytag in seinen „Ahnen," Keller im „Sinngedicht" versucht hat, mißlingen? Ferner: „Jede besondere Eigenart des Individuums muß als ein gesetzmäßiges Product bekannter Factoren nachgewiesen werden." — Wir möchten wohl wissen, wie? Wenigstens bei dem derzeitigen Stande der Gehirnforschung und der Psychologie! Gesetzmäßig wird natürlich jede Erscheinung des Seelenlebens sein, aber ob ein Product „bekannter" Factoren, ist eine andere Frage. Mit dem Anatomen und Chirurgen aber hat die Thätigkeit des Dichters absolut nichts gemein. Jene haben es mit greif-, meß- und sichtbaren Dingen zu thun, dieser mit Vorstellungen, Gefühlen und Motiven. Und den Künstler soll nur Wahrheitstrieb beseelen, nicht Mitleid, Vorliebe, Abscheu u. s. w.? Er will nicht strafen und nicht bessern, sondern nur die Wahrheit sagen? Wozu ist er denn überhaupt noch da, das thun ja schon die Männer der Wissenschaft und die Irrenärzte und Kriminalisten! Zu unserer Freude tritt später Edg. Steiger selbst, der sonst die Jüngstdeutschen eifrig vertheidigt, gegen diese naturwissenschaftliche Methode auf. Zwar bemerkt er (S. 76 a. a. O.): „Wer die Berechtigung dieses Standpunktes einmal zugegeben hat, wird ihm auch die Anerkennung seiner hohen Künstlerschaft nicht verweigern. Niemals in der Geschichte der gesammten Weltliteratur, nicht einmal bei Homer, dem Vater des Epos, ist das Gesetz der epischen Objectivität so peinlich streng beobachtet worden, wie in den sozialen Romanen dieses modernen Franzosen"

(b. h. Zola's). Später aber, (S. 98 u. ff.), wo E. Steiger den Grundgedanken, der Karl Bleibtreu's ganzem Denken und Dichten Richtung und Ziel gebe,*) ausführte, stellt er dem Romanen schroff den Germanen gegenüber, scheidet Wissenschaft und Kunst, wie Erkennen und Sein, und wirft dem französischen Naturalismus denselben Fehler vor, wie dem Materialismus, nämlich den Salto mortale vom Unorganischen zum Organischen, vom Physischen zum Psychischen; Steiger hebt, ganz in unserem Sinne, hervor, daß zwischen der feinsten räumlichen Bewegung und der einfachsten Empfindung eine Kluft gähnt, die keine Physiologie zu überbrücken vermag. Er behauptet, ganz wie wir, daß das Bewußtsein die erste, unmittelbar gegebene Erfahrungsthatsache ist. Er erklärt, daß wer die Methode der Wissenschaft auf die Kunst übertrage, sich an dem Wesen des Kunstwerkes versündige. Aus dem Bestreben, alles, auch das Unerklärliche, wissenschaftlich zu erklären, thue er dem Weltbilde Zwang an und zerstöre, aus lauter Wahrheitsdrang, die Wahrheit und Unmittelbarkeit der Dichtung!

Der letzte Gegensatz, den wir hier anzudeuten haben, ist der zwischen Natur und Kunst, (resp. Poesie). Beide, Kunst und Poesie, stellen in einem Stoffe etwas dar, wozu sie die Vorbilder der Natur entnehmen müssen. Kein noch so genialer Künstler vermag irgend eine Vorstellung zu versinnlichen, die er nicht ganz oder theilweise der objectiven Welt entnähme; selbst Sphinx, Chimära, Satyr, Drache u. a. sind nur phantastische Combinationen von Naturdingen. Nun ist es unzweifelhaft, daß die Kunst, wozu wir hier immer die Poesie rechnen, wahr sein müsse. Wahrheit aber bedeutet offenbar die Uebereinstimmung unserer Vorstellung mit der Sache, folglich für die Kunst: Uebereinstimmung ihrer Werke mit dem, was sie darstellen wollen. Wer eine Antigone malt, darf nicht eine lächelnde Tänzerin, wer Terpsichore, nicht eine Erinnys darstellen. Folgt aber daraus, daß, wie der Naturalismus will, man nur die platte Wirklichkeit abzuschreiben hat? Durchaus nicht. Dies trifft nicht

---

*) K. Bleibtreu, „Größenwahn" II., S. 118 u. ö.

einmal für die Welt unbelebter Objecte zu. Nicht einmal Baum
und Strauch, Burgen und Dome, Möbel und Gebrauchsgegen=
stände soll der Künstler einfach abschreiben, photographisch nach=
bilden; denn selbst für das geistlose Stillleben gibt seine Stimmung
die Retouche! Noch mehr ist das bei Lebewesen der Fall. Der
Maler, welcher einen Menschen porträtiert, wird sich nicht damit
begnügen, ihn zu photographieren, sondern versuchen seine Seele,
d. h. den Inbegriff seiner Gedanken und Empfindungen, zu er=
fassen; mit einem Wort, er wird nicht bei der zufälligen, augen=
blicklichen Wirklichkeit stehen bleiben, sondern zum verborgenen
Wesen, der Idee vordringen. Er wird also dasjenige Bild ent=
werfen, welches er sich nach seiner Bekanntschaft, seinem Studium
von ihm macht. Das Porträt, das z. B. Lenbach von Bismarck
geschaffen, wird hoch über den Bildern stehen, die weniger Begabte
gemacht haben. In den rein künstlerischen Werken tritt diese
Thatsache noch mehr hervor. Nehmen wir das Sujet einer historischen
Persönlichkeit, z. B. Friedrich des Großen, — wird nicht die
subjective Auffassung, d. h. die künstlerische Individualität, fast
ganz die Ausführung bestimmen? Auf das Kunstwerk paßt also
das Wort durchaus: „Es ist der Geist, der sich den Körper baut."
Ja, die Idee allein, die der Künstler in seinen Gegenstand
hineinlegte, die wir mit mehr oder weniger Klarheit daraus
hervorleuchten sehen, bestimmt den Werth eines Kunstwerkes. Das=
selbe gilt von der Poesie. Dieselben Erlebnisse und Personen
sind von den verschiedensten Dichtern behandelt worden. — Wer
von ihnen der Wahrheit, d. h. der Idee am nächsten kommt,
die wir uns von dem Sujet machen, der verdient das höchste
Lob! Nicht auf (exacte) Wahrheit, sondern auf Illusion der
Wahrheit kommt es bei aller Kunst an. Das Geheimniß zu
langweilen ist, daß man alles sagt. Was erfahren wir von
Goethe's Philine, als daß sie schöne Haare, von seiner Lotte, als
daß sie schwarze Augen hatte? Und leben nicht beide vor uns so
leibhaftig, wie wenige Figuren des jüngsten Deutschlands? Lenz
und Liebe, Scheiden und Wiedersehen, Kampf und Sieg, der Natur
Lieblichkeit und Erhabenheit, die furchtbare Wirkung der Leiden=

schaften und der schreckliche Kampf im Conflicte der Pflichten sind tausendfältig besungen worden; aber nur der Dichter gewinnt unser Interesse, unseren Beifall, dessen Schilderung wahr, d. h. naturgemäß ist. Entweder müssen wir selbst dergleichen schon erlebt oder es an andern beobachtet haben oder es mindestens nach unserer Kenntnis psychologischer Prozesse für möglich halten. Um überhaupt poetisch schaffen zu können, dazu bedarf ein Mensch zunächst einer empfänglichen Sinnlichkeit; er muß die Eindrücke der Außenwelt frisch und kräftig in sich aufnehmen. Sodann muß er ein tiefes Gemüth haben, um sowohl die eigenen Erlebnisse, als auch die Leiden und Freuden anderer Wesen voll zu empfinden. Er benöthigt drittens einer lebhaften Phantasie, der Schwester des Gedächtnisses,*) damit er sich die Gefühle, Affecte und Leidenschaften, die Strebungen und Thaten der Menschen deutlich und genau vorstelle. Es darf ihm aber viertens auch nicht an künstlerischer Reflexion fehlen, kraft deren er die ihm wirr zuströmenden Bilder der Phantasie sichtet und ordnet, die Gründe und Folgen der Handlungen psychologisch ableitet, die Consequenzen aus ihnen, den Eigenschaften der Dinge, der Personen und Verhältnisse zieht und so erst aus dem rohen Stoffe (der rudis indigestaque moles) ein Kunstwerk hervorbringt. Endlich fünftens muß er selbst eine bedeutende Individualität sein, welche alles von hohem Standpunkt betrachtet, das Große, das vielleicht nicht in den Dingen ist, in diese hineinlegt, und welche so, indem sie Objectives darstellt, im Grunde sich selbst herausgestaltet. Solche bedeutende Menschen waren z. B. Sophokles, Pindar, Shakespeare, Schiller und Goethe.

Nach dem allen sehen wir, daß die Idee das Wichtigere bei allem künstlerischen und poetischen Schaffen ist. Die Nachahmung der Natur beschränkt sich nur auf deren Erscheinung und ihre Verhältnisse, und zwar soweit diese in das Gebiet der Sinne fallen, doch auch hier nur, sobald und soweit sie ästhetischen Werth haben, oder ihn durch künstlerische Thätigkeit erhalten können.

---

*) Vgl. meine Abhandlung „Ueber das Gedächtnis." Berlin, 1892.

Hier leuchtet auch der Unterschied zwischen theoretischer und ästhetischer Wahrheit ein. Den Forscher interessiert alles, auch das Häßlichste, Ekelhafte und Gemeine; es befriedigt seinen Wissenstrieb und erweitert seine Einsicht. Den Dichter hingegen interessiert zunächst nur das Schöne, das Häßliche nur als die Folie für jenes. So falsch daher der abstracte Idealismus ist, welcher nur Gattungen und Ideen darstellen will, denn dadurch wird er dem Individuellen, das doch allein wirklich lebt, nicht gerecht und erstarrt in der Schablone — so irrthümlich ist der Naturalismus. Wäre Naturtreue der höchste Maßstab, so dürfte man Musik, Baukunst und Kunstindustrie gar nicht zu den Künsten rechnen, denn ihnen fehlen Vorbilder in der Natur fast ganz. Wäre realistische Wahrheit das Höchste, so wäre Musik überhaupt keine Kunst und, was sie bietet, kein Schönes! Alle Schönheit liegt allein im ästhetischen Schein, der selbstverständlich von der Wirklichkeit abgelöst ist; es kommt mithin nicht auf die Uebereinstimmung mit der Naturwirklichkeit, sondern der Natur= wahrheit an, d. h. auf die Versinnlichung der Idee. Selbst wenn der ästhetische Schein mit einer objectiven Natur= erscheinung übereinstimmt, so schöpft er seine Schönheit doch nicht aus dieser, sondern seiner Uebereinstimmung mit der Idee. Nehmen wir ein Beispiel: Ein Maler will die Rettung eines Kindes durch einen Bernhardiner aus den Fluthen schildern — wird er da dieses Kind und diesen bestimmten Hund abzeichnen und gar ein wirkliches Ereignis? Nein, sondern aus den in seinem Geiste vor= handenen Einzelbildern vieler Einzelhunde schafft er sich die Idee eines starken, klugen, edlen Thieres u. s. w. Ja, wie richtig unsere Behauptung ist, leuchtet daraus ein, daß die realistische Natur= treue der ästhetischen Wirkung nur so weit förderlich ist, als sie sich auf das zur Versinnlichung der Idee Nothwendige und Wesentliche richtet. Es läßt sich aus der Geschichte der Kunst und Poesie nachweisen, daß die Realisten um so unwahrer werden, d. h. desto größere Zerrbilder der Wirklichkeit liefern, je mehr sie darauf pochen, ganz und gar ohne Rücksicht auf eine Idee nur der Wirklichkeit nachgezeichnet zu haben! Der natura=

listische Poet geht ebenso wie der ideenlose Historiker im Detail
der Nebensachen unter.

In diesen Fehler verfallen nun auch unsere Jüngstdeutschen.
Entgegen den echten Idealisten, welche das Aeußere aus dem
Innern heraus reconstruieren, sich dadurch aus der platten Wirk=
lichkeit in eine verklärte Welt erheben und durch Zurückführung
aller Erscheinungen auf ihren idealen Grund dem wahren Natu=
ralismus huldigen, führen uns jene in die Brutstätten viehischer
Laster, in Alkoholkneipen und Bordelle, zu den banalsten Be=
schäftigungen und schildern mit Behagen die scheußlichsten Verbrechen
— Ehebruch, Nothzucht, Blutschande, Sodomie — um sie durch
Zurückführung auf die Vererbung zu vertheidigen! Alles, was
den Menschen veredelt: Familienleben, sittliche Grundsätze, Pietät
gegen Eltern und Lehrer, Ehr= und Pflichtgefühl — alles wird
zur Gesellschaftslüge gestempelt. Sie wollen diese Welt aus
den Angeln heben, „weil es die Welt der Lüge und Unnatur ist,
weil Schmutz und Sünde vererbt werden, weil Krankheit und
Verbrechen, Trunksucht und Unzucht den eigentlichen Inhalt unserer
Zeit bilden!" Das Häßliche an sich sollte niemals Gegenstand
der Poesie und Kunst, sondern nur als Mittel zur Charakteristik
des Erhabenen, Grauenhaften oder Sittlichen sein. Die Schil=
derung eines Lazareths z. B. kann die Aufgabe haben, uns den
Heroismus der Aerzte und Pflegerinnen oder eines Kranken zu
veranschaulichen. Ebenso kann die Ausmalung des Sterbens dazu
dienen, uns die ungebrochene Macht des Geistes, seine Ergebung
oder seinen prometheischen Trotz zu schildern. Auch als Folie für
das Schöne darf das Häßliche dienen; denn Schönes und immer
wieder Schönes wirkt unbefriedigend. Als Mannigfaltigkeit oder
Wechsel kann das Häßliche dagegen den Eindruck des Schönen nur
erhöhen. Ebenso hebt es dasselbe durch den Contrast. Ferner
macht die Auflösung des Häßlichen in ein unschädliches Nichts
einen komischen Eindruck. Thersites unter den göttergleichen
Heroen vor Troja ist wohlberechtigt; aber ein Heros unter lauter
Thersitessen bietet einen kläglichen Anblick. Auch als vorübergehende
Erscheinung thut es seine Wirkung, während es, wenn es sich
dauernd breitmacht, Ekel und Abscheu erregt.

Unsere jüngsten Dichter aber schildern mit Vorliebe, was in das Gebiet der Criminaljustiz, der Pathologie und Psychiatrie gehört. Einseitig in Tendenz und Beobachtung, werden sie ungerecht, unnatürlich und unpoetisch. Weil die Natur auch Krankheit, Mißgeburt, Elend und Laster hervorbringt, halten sie diese allein für Natur.

Unwahr ist ihre Schilderung ferner deshalb, weil es ihr an jedem Licht, an jedem versöhnenden Momente fehlt. Auch der Idealist schildert Laster und Elend, aber mit tiefem Schmerz über jenes und tiefem Mitleid mit diesem, ferner mit festem Glauben an das Bessere im Menschen und an den Sieg des Guten. Dies alles verbannt der Naturalist — er will hüllenlose Wahrheit, die aber nicht dem Poeten, sondern nur dem exacten Forscher zutheil werden kann und darf, wie oben gezeigt wurde.

Wir kommen hiermit zu der Stellung des Naturalismus zur Naturwissenschaft insbesondere. Wilhelm Bölsche, der Aesthetiker des jüngsten Deutschlands, hat 1887 eine Schrift veröffentlicht: „Die naturwissenschaftlichen Grundlagen der Poesie" als „Prolegomena einer realistischen Aesthetik." Er behandelt darin die versöhnende Tendenz des Realismus, Willensfreiheit, Unsterblichkeit, Liebe, das realistische Ideal und Darwin in der Poesie. Seine Aufgabe bezeichnet er mit den Worten: „Realistisch nenne ich diese Aesthetik, weil sie unserem gegenwärtigen Denken entsprechend nicht vom metaphysischen Standpunkte, sondern vom realen, durch vorurtheilslose Forschung bezeichneten, ausgehen soll ..... Was ich von dem aufwachsenden Dichtergeschlecht fordere und hoffe, ist eine geschickte Bethätigung besseren Wissens auf psychologischem Gebiete, besserer Beobachtung, gesunderen Empfindens und die Grundlage dazu ist Fühlung mit den Naturwissenschaften." Abgesehen davon, daß Bölsche, der die Metaphysik verwirft, den Unsterblichkeitsgedanken und die außerphysische Welt einen Gewinn für die Poesie nennt, was durchaus richtig, aber ein Widerspruch gegen sein System ist, bezeichnet er schön als realistisches Ideal „die Tendenz zum Harmonischen, Gesunden, Glücklichen" und ruft seinen Gesinnungsgenossen zu: „Macht der Welt klar, daß der Realismus in Wahrheit der höchste, der vollkommene Idealismus ist, indem er auch das Kleinste hinaufrückt in's Licht des großen Ganzen, in's Licht der Idee!" Schön gesagt, wenn nur Herr Bölsche das zu thun versuchte, wenn der Naturalismus, wie er sich bisher gezeigt hat, nur einen Ansatz dazu gemacht hätte.

So aber wird er von der naturwissenschaftlichen Phrase beherrscht und schwärmt für das Gesetz der Vererbung, der Determination und für den Darwinismus.*) Und kann man sich auch wundern, daß die Kinder einer Zeit, wo gerade die Naturforschung die glänzendsten Fortschritte gemacht hat, von einem Rausche der Begeisterung für diese Disciplin und ihre Leistungen ergriffen werden? Prüfen wir aber jene drei Gesetze etwas näher.

Daß sich körperliche Eigenheiten von Eltern auf Kinder und Enkel vererben, ist eine täglich zu beobachtende Thatsache, ebenso ist die Vererbung psychischer Merkmale höchst wahrscheinlich. Die Vererbung sowohl normaler wie abnormer, ursprünglicher wie erworbener Eigenthümlichkeiten des Seelenlebens auf die Kinder wurde schon von Historikern des Alterthums bemerkt.**) Auch ist die Uebertragung des psychischen Naturells mit Kreuzung der Geschlechter oft bemerkt worden, wie ja große Männer, z. B. Schiller, Goethe, Kant, ihrer Mutter meist mehr, als dem Vater ähneln. Selbst bei Thieren hat man die psychische Vererbung beobachtet; Kunstreiter wählen am liebsten Füllen von schon dressierten Pferden; Abkömmlinge abgerichteter Hühnerhunde bedürfen kaum noch der Dressur. Umgekehrt gehen bei generationenlanger Verwilderung erworbene Instincte wieder verloren. Daß hier aber

---

*) Vgl. hier K. Goldmann. „Die Sünden des Naturalismus." Berlin, 1891, S. 21—45.

**) Plato: „Politik," S. 310. Sueton: „Einleitung zum Leben Nero's."

nicht von einem „ewigen" oder „eisernen" Naturgesetz die Rede ist, erhellt aus folgenden Thatsachen: Zunächst überspringt eine psychische Abnormität oft eine Generation und tritt erst wieder im Enkel auf. Zweitens wird nur eine Anlage oder Disposition zu Tugenden und Lastern, zu Talenten und Temperamenten vererbt, nicht aber diese selbst. Zweifellos vermag die Erziehung sehr viel zur Bekämpfung, wenn auch nicht völligen Aufhebung einer abnormen Beanlagung zu thun.*) Drittens, vererbten sich Laster mit der eisernen Nothwendigkeit, wie die Naturalisten meinen, so müßte schon die ganze Menschheit moralisch verseucht sein. Endlich beweist die Geschichte vieler Individuen, daß mancher brave und edle Mensch von unsittlichen Eltern stammt, wir erinnern nur an Iphigenie, Cordelia u. a. Es ist mithin keineswegs ein Gesetz, daß ein Lump nur wieder Lumpe und Dirnen hervorbringe. Aber selbst zugegeben, daß die Vererbung eine wichtige Rolle für Moralstatistik und Psychiatrie spiele — kann man es billigen, daß uns der Naturalismus mit Vorliebe deren unentrinnbare Macht zeigt, anstatt uns den sittlich-psychologischen Kampf dagegen als aussichtsvoll und nachahmenswerth zu schildern? Ganz abgesehen davon, daß es unästhetisch und schädlich ist, uns den Gang der Menschheitsentwickelung immer nur abwärts zu zeigen!

Das zweite Gesetz, das unsere Jüngsten der Naturforschung entlehnt haben, ist das der Determination. Unsere Modernen sind, wie es sich für Leute des 19. Jahrhunderts schickt, Materialisten. Ihnen ist, wie einst dem Delamettrie, der Mensch eine Maschine. „Der Mensch ist", lehrt Moleschott „die Summe von Eltern und Amme, von Ort und Zeit, von Luft und Wetter, von Schall und Licht, von Kost und Kleidung. Sein Wille ist die nothwendige Folge aller jener Ursachen, gebunden an ein Naturgesetz, das wir aus seiner Erscheinung erkennen, wie der Planet an seine Bahn, wie die Pflanze an den Boden. Ein freier Wille, ein Willensakt, der unabhängig wäre von der Summe

_____

*) Vgl. meine „Psychologie" Leipzig, 1881, §. 9, und „Pädagogik" Leipzig, 1890. S. 41, 60.

der Einflüsse, die in jedem Augenblick den Menschen bestimmen und auch dem Mächtigsten Schranken setzen, besteht nicht." Und nach L. Büchner regieren natürliche und soziale Verhältnisse derart unser Thun, daß sich behaupten läßt, unsere Entschlüsse schwanken mit dem Barometer, und man fragen muß, was der freie Wille thut bei demjenigen, der aus Noth stiehlt, raubt und mordet. Wir haben uns an anderen Orten ausführlich gegen diese Freiheits= leugner gewendet;*) wir bemerken hier nur Folgendes:

Erstens widerspricht die Annahme der Willensfreiheit keines= wegs der materialistischen Theorie an sich; denn so gut kein Mate= rialist, der alle geistigen Vorgänge auf Atombewegung zurückführt, das Fühlen und Denken leugnet, so wenig liegt für ihn eine logische Nothwendigkeit vor, die Willensfreiheit zu leugnen. Beide= mal werden sogenannte geistige Prozesse durch mechanische Stoff= bewegung erzeugt. — Zweitens folgt daraus, daß der Mensch, wie Moleschott sagt, ein Product von Eltern, Amme, Boden und Nahrung ist, keineswegs die Unmöglichkeit freien Wollens, so wenig daraus die Unmöglichkeit freischöpferischer Phantasie folgt. — Drittens sind zwar gewiß alle unsere Entschließungen irgend= wie motiviert (sonst wären sie ja blödsinnig), aber trotzdem können sie frei sein. — Viertens ist Freiheit ja gar nicht der Gegensatz von Nothwendigkeit, zumal von Vernunft-Nothwendigkeit, sondern von Zwang. — Fünftens übersehen die Freiheitsleugner, daß der Hauptfactor bei jeder Entscheidung des Willens eben unsere Per= sönlichkeit ist, deren Ausgestaltung ebenso sehr Sache unserer Selbsterziehung, als der Verhältnisse ist.

Ein eifriger Anhänger dieser Vererbungs= und Determinations= theorie ist Edgar Steiger. Er schreibt: „Diese soziale Auf= fassung des Lebensproblems, welche die moderne Wissenschaft und Kunst beherrscht, verknüpft sie auf's innigste mit dem gesammten modernen Völkerleben. Hier zeigen sich ja die Wirkungen dieser erbarmungslosen (!) Gesetze in ihrer nachhaltigsten und

---

*) Vgl. meine Schrift: „Ueber die Freiheit des Willens." Halle, 1874 und meine „Psychologie." S. 183.

furchtbarsten Gestalt! Hier erhält jenes altehrwürdige Wort von den Sünden der Väter, die sich an den Kindern bis in's dritte und vierte Glied rächen, eine ganz überraschende Beleuchtung und finsterdrohende Bestätigung! Hier eröffnet uns die Welttragik der unerbittlichen Nothwendigkeit eine Zukunftsperspective, der gegenüber das tiefste Weh des Einzelmenschen fast komisch erscheint! Hier scheitern Egoismus und Selbstlosigkeit, Despotismus und Freiheitstrunkenheit, Liebe und Haß, Freude und Jammer an jener einzigen Allmacht, die alles Seiende sich unterworfen hat — an dem ewigen Gesetze der Causalität, der einzigen Regel, die so lange die Welt steht, noch keine Ausnahme duldete!"*)

Diese Sätze zeigen uns die ganze philosophische Unklarheit der Jüngstdeutschen. Zunächst wird hier die oft beobachtete Thatsache, daß Kinder unter den Folgen der Thaten ihrer Väter zu leiden haben, zu einem „erbarmungslosen Gesetze" gestempelt, zu einer Art von Schicksal, welches unheimlich, nachhaltig und furchtbar von Kind zu Kindeskind waltet. Nun aber hat nachweislich weder Fluch noch Segen eines Menschen Wirkung, wenn sie nicht durch die persönliche Beanlagung und Lebensführung bestätigt werden. Unzählige Flüche steigen gegen einen Thrannen empor, ohne daß sie ihn im geringsten schädigen. Das antike Schicksal war eine unklare Personification der Lebensschicksale, diese aber sind stets das Resultat der Wechselwirkung zwischen den Umständen und den Eigenschaften des Einzelnen. Von einem „ewigen Gesetz der Causalität" mag man daher mit E. Steiger wohl sprechen, nur muß man bedenken, daß des Menschen Einsicht, Erziehung, Phantasie und Selbstbestimmung auch Causalitäten sind und daher auch zu „jener einzigen Allmacht" gehören. Daß aber gegenüber „der unerbittlichen Nothwendigkeit" das tiefste Weh des Einzelmenschen „fast komisch" erscheinen soll, verstehen wir absolut nicht, da doch für den Poeten nicht minder als für den Ethiker die Leiden und Freuden der Einzelmenschen viel mehr Werth haben, als alle physikalisch-chemischen Erscheinungen!

*) „Der Kampf um die neue Dichtung." Leipzig, 1889. S. 74.

Mit diesem Irrthum eines eisernen Gesetzes der Determination hängt ferner jener andere doppelte zusammen, erstens, daß der unsittliche Mensch, der Verbrecher nur ein Product der Gesellschaft sei; zweitens, daß der Dichter nur die „Experimentalmethode" anzuwenden habe, um aus deren psychologischen, physischen, national-ökonomischen Kenntnis von des Helden Umgebung sich dessen Charakter einfach zu construieren. — Auf diese zweite These gehen wir hernach ein, prüfen wir jetzt die erste.

Unzweifelhaft üben Race, Nationalität, Stand, Gesellschaft, Beruf u. s. w. großen Einfluß auf unseren Charakter aus. Gewisse Vergehen und Verbrechen sind ja bestimmten Gesellschaftsklassen eigenthümlich. Ja, die zunehmende Cultur trägt unzweifelhaft durch die Steigerung des Kampfes um's Dasein, durch die Verbreitung der Presse, durch Schärfung der Gegensätze, durch Entfesselung der politischen und sozialen Leidenschaften nicht wenig zur „Züchtung" der Verbrecher bei.*) Aber es ist ein verhängnisvoller Irrthum alle Schuld der Gesellschaft beizumessen und den großen Antheil des Individuums zu verschweigen. Ja, wir gehen noch weiter: so mannigfache Ursachen zur Verführung auch in der Ungleichheit, Uebercultur u. s. f. der Gesellschaft liegen mögen, so bietet gerade sie den Einzelnen ebenso viel oder noch mehr Gelegenheiten sich aufzuklären, zu bilden und zu bessern. Was würde aus den Kindern vieler ungebildeter und unsittlicher Eltern werden, wenn sich ihrer nicht die Gesellschaft annähme? Ein anderer Irrthum hängt mit dem oben besprochenen zusammen: die Gesellschaft soll n u r Verbrecher, Lasterhafte und Kranke erzeugen, eine Uebertreibung, welche vor dem Lichte der Prüfung nicht bestehen kann. Denn die Gesellschaft wird ja nicht nur durch die „oberen Zehntausend," sondern auch durch Staat, Schule und Kirche dargestellt; und deren Einfluß wird doch selbst ein eingefleischter Naturalist nicht als nur nachtheilig ansehen! Mag daher auch der Schriftsteller, um Mitleid mit manchen Verbrechern zu erregen und

---

*) Vgl. Cef. Lombrojo: „Der Verbrecher in anthropologischer, ärztlicher und juristischer Beziehung." Deutsch v. Kurella. Hamburg, 1891.

um der pharisäischen Selbstgerechtigkeit entgegenzutreten, darauf
hinweisen, daß die Gesellschaft ebenfalls Schuld an den Ver=
brechen hat, aber er sollte auch die Mittel angeben, wie man die
Zahl und Abscheulichkeit derselben vermindern kann, und nicht
vergessen, daß gute Volksliteratur dazu ein Hauptmittel ist.
Aber jene Schund= und Hintertreppenromane, welche alle niederen
Triebe des Menschen, alle möglichen und unmöglichen Verbrechen
behaglich ausmalen, welche die Sinnlichkeit aufstacheln und zur
Nachahmung reizen ... diese Bücher haben gewiß manchen Ver=
brecher auf dem Gewissen! Denn kann man sich wundern, daß der
Ungebildete für eine Welt der Verbrecher und Dirnen schwärmt,
wenn sie ihm in den entzückendsten Farben geschildert wird?
Eine weitere Folge jener Lehre von der Schuld, welche die Ge=
sellschaft an den Verbrechern habe, wird die sein, daß sich jeder
Verbrecher, der gefaßt wird, damit entschuldigt. Ein schlagendes
Beispiel dafür bietet der Dynamitard Ravachol in Paris. Dieser
soll im Gefängnis ganz ruhig erklärt haben: „Ich würde mich
nie dazu entschließen zu betteln. Kein Anarchist bettelt. Arbeiten
will ich auch nicht, denn meine Arbeit verschafft mir kaum, was
ich brauche, um zu leben, und bereichert meinen Meister. Die
Arbeit ist eine der Formen der Ungerechtigkeit. Ich muß also stehlen
und nöthigenfalls morden, um mir das nöthige Geld zu ver=
schaffen. Deshalb habe ich mehrere Morde begangen. Die Ge=
sellschaft zwingt mich so zu handeln.... Ich bin ein
Märtyrer der Humanität!" — Diese verrückten Aeußerungen
zeigen, bis zu welcher Begriffsverwirrung heutzutage manche Men=
schen gekommen sind. So wenig wir die Naturalisten für den
Anarchismus haftbar machen wollen, so beachtenswerth scheint uns
doch dieser Fall Ravachol für die Beurtheilung ihrer Theorie.*)
Unser einziger Trost hierbei ist die Hoffnung, daß sich solcher
Schmutz nicht lange halten kann. Denn Unlauterkeit und Nar=
retei ohne Humor, Witz und philosophisch=religiöse Weltauffassung,

---

*) Vgl. übrigens unsere spätere Besprechung von J. H. Mackay's
Roman: „Die Anarchisten."

ohne reiche Phantasie, scharfes Urtheil und tiefes Gemüth haben stets schnell abgewirthschaftet.

Hing schon das „eiserne Gesetz der Vererbung" mit dem Darwinismus zusammen, so sind es noch mehrere Sätze desselben, die von den Naturalisten mißverstanden und zur Begründung ihrer Aesthetik angeführt werden. Anknüpfend an den entschieden philosophischen Grundgedanken Darwin's,*) daß alle verschiedenen Arten der Pflanzen und Thiere von einander abstammen und sich die höchsten aus den niederen, diese aus den niedrigsten entwickelt haben, stellen kurzsichtige Anhänger dieser Lehre den Menschen vollständig mit dem Thiere gleich, wodurch natürlich alle sittlichen Perspectiven verschoben werden. Aber erstens hat noch kein beachtenswerther Naturforscher bisher behauptet, daß aus irgend einer jetzt vorhandenen Thiergattung sich ein Mensch entwickelt habe oder auch entwickeln könne. Also auch aus dem Affen nicht! Sodann folgt gerade daraus, daß der Mensch die höchste Stufe einer unendlichen Reihe niederer ist, seine Hoheit und die Verpflichtung für ihn, sich ihrer würdig zu zeigen. Ferner zeigt eine Vergleichung zwischen Thier und Mensch, daß dieser hoch über jenem steht, da ihm neben dem Bewußtsein das Selbstbewußtsein, neben der Neugier der Trieb nach Erkenntnis um der Wahrheit selbst willen, neben der Lust am Angenehmen die Liebe zum Guten und Schönen, neben dem Familiensinn der Sinn für das Allgemeine, neben der Selbstsucht die Gottesfurcht innewohnt. **) Freilich, Fr. Nietzsche, der moderne Philosoph, meint, der Mensch habe ursprünglich das Gute nur um des Nutzens willen gelobt, und wir thäten es auch nur, weil wir von Jugend auf daran gewöhnt seien. „Die Bestie in uns will belogen werden; Moral ist Nothlüge, damit wir nicht von jener zerrissen werden." ***) Solche pessimistischen Lehren können natürlich nicht zur Veredlung der Gesellschaft beitragen. Aber gerade vom Stand-

*) Vgl. meine „Hauptpunkte der Metaphysik." Köthen, 1880. S. 172 u. ff.
**) Vgl. meine Abhandlung: „Ueber die Thierseele." Halle, 1890.
***) Fr. Nietzsche: „Menschliches, Allzumenschliches."

punkte des Darwinismus wird das Princip der stetigen Vervollkommnung eingeschärft. Häckel und seine Anhänger, welche leugnen, daß die Welt einen Zweck habe, daß es ein kategorisches, der Willkür der Einzelnen entzogenes Sittengesetz, ja daß es überhaupt sittliche Thaten gebe — diese Leute verkennen den Darwinismus völlig. Unser Gewissen bezeugt uns, daß wir eine sittliche Verantwortlichkeit für unser Thun und Lassen haben; es lehrt uns, daß die menschlichen Handlungen nach anderem Maßstab, als nur dem physiologischen, zu beurtheilen sind; es zeigt uns, daß wahrhaft selbstlose Thaten allein sittliche sind. Nach Häckel und Nietzsche ist der pfiffigste Egoist auch der beste Mensch und das Ziel der Menschheit bloß die Ausbildung des Körpers und des Verstandes, um dadurch möglichst großen Vortheil im Kampf um's Dasein zu erlangen. *) Dieser berühmte „Kampf um's Dasein" berechtigt, wie manche irrthümlich annehmen, den Menschen keineswegs dazu, mit allen Mitteln seinen eigenen Vortheil zu erstreben, sondern bedeutet nur, wie ja das Wort „struggle for life" anzeigt, Bemühung um die Existenz, Wettbewerb um das für den einzelnen Organismus Nothwendige, wobei natürlich der Mensch seiner vernünftig-sittlichen Anlage gemäße Mittel anzuwenden hat.

Wer dies leugnet, für den sind Liebe, Mitleid, Menschlichkeit nur leerer Schall; denn er ist nicht nur berechtigt, sondern verpflichtet, jeden, der ihm nicht direct nützt, umzurennen und niederzutreten: Ja es wäre, wie Häckel selbst vorgeschlagen hat, das Beste, bei der „künstlichen Züchtung des Menschengeschlechts," alle schwächlichen, kränklichen Neugeborenen auszusetzen, anstatt durch ihre Erhaltung den „Kampf um's Dasein" unnütz zu erschweren. Wer dagegen nach sittlichen Grundsätzen handeln wollte, käme oft in die Lage, seine Kraft, Wohlfahrt und Gesundheit zu schädigen, also wider die Natur zu handeln. Es ist nicht angenehm, Schmerzen, Verfolgung, Nachtheil zu erleiden um des Guten willen, aber wohl

---

*) Vgl. meine Abhandlung: „Ueber den Zweck des Daseins." Berlin, 1883.

ist es sittlich); umgekehrt bringen uns Schlauheit und Gewaltthä
tigkeit oft Vortheil, aber sie sind nicht sittlich.

Verweilen wir einen Augenblick bei der Philosophie Friedrich
Nietzsche's.*)

Geleitet wahrscheinlich durch eine moralisch-verkehrte Anlage,
hat er sich die „Umwerthung aller Werthe" zum Ziel gesetzt, d. h.
alle edlen, selbstlosen Triebe verwirft er, während er die Bestie im
Menschen als das wahrhaft Gute preist! „Die Advocaten eines
Verbrechers sind selten Artisten genug, um das schöne Schreckliche
der That zu Gunsten ihres Thäters zu wenden ..... Der Verbrecher ist häufig genug seiner That nicht gewachsen, er verkleinert
und verleumdet sie." (Vgl. „Jenseits von Gut und Böse" S. 91.)
Der Verbrecher vertritt also nach Nietzsche die „Herrenkaste," der
gewöhnliche moralische Mensch die Sclavenmoral. E. Zola hat
in seinem Buche „La Bête Humaine" den Locomotivführer Jacques
Lantier als solchen perversen Menschen gezeichnet, der aus Begeisterung für einen Mörder nicht eher ruht, als bis er selbst ge-
mordet hat. Jener hat seinen Traum verwirklicht, ist sein Ideal;
und als er selbst seine Geliebte vor sich im Blute schwimmen sieht,
da „durchwogte ihn ungemessene Freude über die endliche Erfüllung
seines Verlangens. Stolz fühlte er die Kraft seines Geschlechts!"

Das Gewissen hingegen, diese Hauptstütze der Sittlichkeit,
hält Nietzsche für das Product äußeren Zwanges und daher für
etwas Krankhaftes und Widernatürliches.**) „Es ist die Folge einer
gewaltsamen Abtrennung von der thierischen Vergangenheit, eine
Kriegserklärung gegen die alten Instincte, auf denen bis dahin seine
Kraft, Lust und Furchtbarkeit beruhte."***) Was sich jenem gewaltigen bestialischen Triebe, jenem „Willen zur Macht" entgegen-

---

*) Vgl. H. Türck: „Fr. Nietzsche." Dresden, 1891. G. Adler: Fr.
Nietzsche, in „Nord und Süd," 1891.

**) Fr. Nietzsche: „Zur Genealogie der Moral" S. 76.

***) Aehnlich sagt auch K. Bleibtreu („Letzte Wahrheiten". Leipzig,
1893. S. 89.): „Die abstracten Begriffe Reue und Gewissen sind nur Reflex-
wirkungen des Milieu (Furcht), theils religiöse Atavismen, von denen weder
das Kind noch das Thier etwas weiß!" Vgl. daselbst S. 33, 35, 38.

setzt, empfindet der moralisch Verkehrte als Grausamkeit, mag die Schranke ihm von der Gesellschaft oder von seinem Gewissen gezogen werden. Die Gesellschaft flieht und haßt er deshalb (wie Nietzsche selbst es that), ja er verabscheut alles, was an Menschenliebe oder Menschenglück erinnert. Dem Gewissen aber sucht er dadurch zu entfliehen, daß er entweder sich selbst tödtet — der Gedanke an den Selbstmord ist ihm ein starkes Trostmittel*) — oder aber die sittlichen Forderungen als ungesund, schwächlich und feigherzig hinstellt. Ein berühmter Psychiater, Heinr. Schüle, nennt dies „Wahnsinn mit Methode oder geistreiche Borniertheit." So hat Nietzsche einen grandiosen „spitzfindigen Scharfsinn" entwickelt, um die unsittlichen, krankhaften, bestialischen Triebe als gesund, edel und vornehm zu rechtfertigen. Jene innere Selbstqual würde aufhören, wenn den selbstsüchtigen, bestialischen Trieben durch die gesellschaftlichen, selbstlosen kein Widerstand mehr entgegengesetzt würde und sich die Bestialität ungehemmt nach außen entladen könnte als Mord, Brandstiftung, Schändung, Folterung u. dgl. („Zur Genealogie der Moral" S. 21.) Grausamkeit ist mithin der Grundtrieb des Menschen, der sich gegen ihn selbst kehrt, wenn er sich nicht nach außen richten darf, und dann „schlechtes Gewissen" heißt. — Natürlich ist gerade das Gegentheil richtig: Der normale Mensch empfindet Schmerzen (des Gewissens), wenn er dem Thierischen im Menschen nachgegeben hat, und die Grausamkeit ist nur ein schlechter, mehr und mehr schwindender Rest uncultivierterer Zustände! Selbst Ch. Darwin urtheilt: „Ein Mensch, welcher keine Spur derartiger sozialer Instincte besäße, würde ein unnatürliches Monstrum sein!"**)

Nietzsche spinnt nun seine Herren-, d. h. Verbrechermoral weiter aus: Recht, Gesetz und Ordnung im Staate, wie dieser selbst, sind nur etwas Aufgezwungenes. An sich kann Verletzen, Vergewaltigen, Ausbeuten, Vernichten nichts Unrechtes sein („Genealogie der Moral" S. 66). Denn der Staat ist durch „ein Rudel prachtvoller, nach Beute und Sieg lüsterner blonder Bestien" ent-

---

*) „Jenseits von Gut und Böse" S. 97.
**) Ch. Darwin: „Abstammung des Menschen" I, Cp. 4.

standen, welche „in der Unschuld des Raubthiergewissens" andere (die Sclaven) unterjocht haben. Um sich schadlos zu halten und sich an jenen zu rächen, logen diese sich „das asketische Ideal" des „Guten, Wahren und Schönen" vor, und da sie nicht mehr gegen andere grausam sein konnten, waren sie es nun gegen sich selbst. Diese „Selbstverlogenheit" der Schwachen pflanzte sich dann allmählich auch auf die Starken fort — es siegte die Sclavenmoral (Humanität) über die Herrenmoral (Verbrecher- oder Bestienmoral). Dieser Sieg ist durch die Juden begonnen, durch Jesus vollendet worden. Anstatt der (von Nietzsche gepriesenen) Thierwerdung Gottes, ist seine Menschwerdung getreten. Aber obgleich so „der Sclavenaufstand der Moral" gesiegt hat, so hofft Nietzsche doch auf „ein drittes Reich," wo die Bestie wieder zu Ehren kommt, wo „andere zu quälen, zu verachten und niederzutreten die größte Lust — und Ehre sein wird!" Dann wird man sich ein Gewissen daraus machen gegen andere rücksichtsvoll, sanft, barmherzig zu sein! („Zur Genealogie der Moral" S. 92.) Freilich, wer dieses erhoffte Reich herbeiführen wollte, bedürfte dazu „einer Art sublimer Bosheit, eines letzten, selbstgewissesten Muthwillens der Erkenntnis," der gemeinen Bestialität, es müßte der Antichrist, der Besieger Gottes sein.

Wie sehr diese Bestienphilosophie auf die Beförderung des krassen Naturalismus von Einfluß sein muß, erhellt daraus, daß Nietzsche lehrt, nur dann sei der Mensch frei, wenn es keine Grenzen mehr für seine Willkür gebe, und er die höchste Macht über ein anderes Wesen habe, „es zu zertreten, zu vernichten, grausam zu quälen, es stück-, zollweise sterben zu lassen." Je mehr er andere leiden sieht, desto wollüstiger empfinde er sein eigenes Leben. Wer dagegen andere liebe, sich für sie mühe, quäle, aufopfere, sie ehre und bewundere, der vernichte sich selbst, der huldige dem „Nihilismus." Diesen famosen „Willen zum Nichts" hat auch Ibsen lebhaft bekämpft.

Wenn aber Nietzsche scheinbar der Aristokratie der „Herren" huldigt, so ist doch im Grunde der frechste, niederträchtige Egoismus des einsam schweifenden Verbrechers sein Ideal. Denn jene

Herren halten nur aus Noth mit einander zusammen, bei erster Gelegenheit bricht der Krieg aller gegen alle aus; es wenden sich die „explodierenden Egoismen" gegen einander („Jenseits von Gut und Böse" S. 236).

Und wie dieser Philosoph die sittliche Wahrheit negiert, so auch die wissenschaftliche und ästhetische. Jene, die wissenschaftliche, bekämpft ja die Bestialität und zeigt uns die Kleinheit unseres Ichs; sie lehrt uns den Zusammenhang aller Dinge und predigt das „asketische Ideal." Darum hinweg mit ihr! („Genealogie der Moral" S. 170). Ihm ist alle „Liebe zur Wahrheit" verhaßt, weil sie eine geistige Selbsteinschränkung (Askese) mit sich führt; dagegen lobt er den „Willen zur Dummheit," der sich aus Charakter gegen jeden Gegengrund verschließt („Jenseits von Gut und Böse" S. 90). Die wahre Freiheit des Geistes liegt ihm in der Devise jenes Assassinenordens: „Nichts ist wahr, alles ist erlaubt!"

Nun stelle man sich vor, welcher Jubel von allen Materialisten strenger Observanz, von allen Geistesproletariern und „freien Geistern" angestimmt werden mußte, als ihre innerste Meinung von einem Philosophie-Professor als die Wahrheit und Sittlichkeit nachgewiesen wurde! Als sie hörten, daß nichts mehr göttlich sei, als Frechheit, Lüge, Bestialität!

Und in der Kunst? Nicht mehr, wie Kant sagt, ist das schön, was allgemein und ohne Interesse gefällt, sondern nur was „ein Versprechen auf Glück" enthält, was also mit der persönlich beschränkten Individualität irgendwie in Bezug steht. Nichts ist schön, was nicht Befriedigung der Selbstsucht verspricht; wohl aber was bisher niedrig, gemein und pöbelhaft hieß!

Wir wissen wohl, die meisten Darwinianer strengster Observanz ziehen im Leben ebenso wenig die Consequenzen ihrer Lehre wie die Anhänger Nietzsche's. Aber man wird uns recht geben, daß, falls solche Ansichten durch Romane und Dramen immer mehr in's Volk bringen, die sittlich-religiösen Mächte: Familie, Schule, Kirche, Sitte und Gesetz nach und nach ohnmächtig werden gegenüber einer auf Egoismus und Pfiffigkeit gegründeten Weltansicht!

Wir haben uns noch mit der Forderung der Naturalisten zu beschäftigen, daß der Dichter, ebenso wie der Naturforscher, experimentell zu verfahren habe. „Jede poetische Schöpfung," sagt W. Bölsche, „die sich bemüht, die Linien des Natürlichen und Möglichen nicht zu überschreiten und die Dinge logisch sich entwickeln zu lassen, ist vom Standpunkte der Wissenschaft betrachtet nichts mehr und nichts minder, als ein einfaches, in der Phantasie durchgeführtes Experiment im buchstäblichen, wissenschaftlichen Sinn genommen." — Was heißt das: der Dichter soll sich die naturwissenschaftliche Methode aneignen? Heißt das: er soll Beobachtungen anstellen an sich und anderen, soll Hypothesen aufstellen betreffs problematischer Naturen, soll inductiv aus einer Fülle einzelner Erscheinungen das allgemeine Gesetz zu erschließen suchen, so ist das alles selbstverständlich und seit Homer stets von den Dichtern geübt worden. Doch könnte man dies Thun ebenso gut die psychologische Methode nennen. Soll aber Bölsche's Wort im eigentlichen Sinne genommen werden, so ist es thöricht; einmal, weil es für die Phantasie unmöglich ist, ihre Vorstellungen zwischen willkürlich und künstlich geschaffene Bedingungen zu stellen, um zu beobachten, welche Veränderungen sie dabei erleiden; sodann würde solches „experimentelle" Verfahren keine Kunstwerke, sondern nur psychologisch-ästhetische Untersuchungen geben. Es ist mithin nichts als eine naturwissenschaftliche Phrase, der Sucht entsprungen, hinter unserem exacten Zeitalter nicht zurückzubleiben.

Anders ist es mit der Benützung naturwissenschaftlicher Ergebnisse. Die Betrachtung der Natur, die Beschäftigung mit der Naturwissenschaft wird den Blick des Dichters schärfen; nicht wenige Poeten sind ursprünglich Mediciner gewesen. Auch wird es für den Dichter wichtig sein, wenn er, wie Jordan in den „Sebalds" oder Hauptmann in „Einsame Menschen", den Gegensatz zwischen der alten und neuen Weltanschauung schildern will, möglichst gründlich mit beiden bekannt zu sein. Aber für ihn als Dichter hat das Studium der Naturwissenschaft sehr wenig Bedeutung. Neue Gegenstände mögen ihm dadurch erschlossen werden, um seine Gedanken daran zu knüpfen (man denke an Jean Paul), aber sein Stil, sein Können, seine Ideale hängen nicht davon ab. Der Dichter schildert uns ja doch die Erscheinung der Dinge und Personen, er studiert ihre Seele, die Naturwissenschaft zerstört beide. Den Gegensatz zwischen Naturforscher und Dichter bezeichnet schon Klopstock ("Der Rheinwein" 1753) treffend so:

> "Der Schule Lehrer kennet des Thiers um ihn,
> Kennt aller Pflanzen Seele. Der Dichter weiß
>   So viel nicht; aber seiner Rose
>   Weibliche Seele, des Weines stärk're,
>
> Den jene kränzt, der flötenden Nachtigall
> Erfindungsvolle Seele, die seinen Wein
>   Mit ihm besingt, die kennt er besser,
>   Als der Erweis, der von Folgen triefet!"

Um Sommer und Winter, Vogelsang und Blumenduft, Lieben und Hoffen, Muth, Ehrgeiz, Eifersucht, Habgier u. s. w. anschaulich, ergreifend, erschütternd zu zeichnen, dazu bedarf es wenig Naturwissenschaft — man denke an Homer, Sophokles, Shakespeare!

Aber diese ganze „experimentelle Dichtung" ist nur eine blinde Nachahmung E. Zola's, der, mit wunderbarer Beobachtungsgabe ausgestattet, dilettantenhaft die Aufgaben der Poesie und Wissenschaft verwechselt. Hatte er schon im „Assommoir" das Widrige mehr als nothwendig in den Vordergrund gestellt, so war es in „Nana" noch bedeutend gesteigert; aber im „Pot-bouille" (etwa durch „Spülicht" zu übersetzen) verhindert ein unsäglicher Ekel den Leser, Zola's Beobachtungskraft zu würdigen. Der Held des Romans, der allen Schürzen nachjagt und sich seiner Verwandtschaft mit der ganzen Verbrecherwelt rühmen könnte, ist ein zu erbärmlicher Gesell, als daß uns seine Geschichte interessieren könnte. Wir lernen alle Parteien einer Pariser Dutzendkaserne kennen, werden in alle ihre Interessen, alle Ecken und Winkel, in alle Gerichte und Gerüche eingeweiht, aber wozu das alles? All' sein Streben scheint allein darauf gerichtet, uns mit dem bekannt zu machen, wovon man nicht spricht. Es mag etwas Prüderie dabei sein, daß man es nicht thut; aber so jedenfalls, wie hier Zola die Welt schildert, ein solcher Schmutzhaufen ist sie nicht. Das ist nicht Natur, das ist des Dichters — schmutzige Phantasie. Er ist Porno- und Rhypograph, d. h. Schmutzmaler. Will er uns ein Pferd beschreiben, so führt er uns das bekannte Lazarethpferd vor, das alle Krankheiten zum Zwecke des Studiums in sich vereinigt; und doch existiert es nirgends, als in seiner krank haften Phantasie. So unsere Naturalisten: weil es Dirnen, Ver- brecher, Roués und Don Juans, zumal in Großstädten, gibt, soll die ganze Gesellschaft daraus bestehen. Sie scheinen, wie Zola, farbenblind zu sein, nämlich für das Schöne, sie schwelgen lieber im Niedrigen, Gemeinen, Scheußlichen. Und ferner, wie Zola, rühmen sie sich „natürlich, exact, naturwissenschaftlich" zu schreiben, wenn sie uns in alle Einzelheiten der kleinen Umgebung einweihen, neben denen die Menschen nur noch als Staffage erscheinen. In jedem seiner großen Romane der Familie „Rougon-Macquart" glänzt Zola durch die meisterhafte, aber langweilige Beschreibung irgend einer Alltäglichkeit, im „Ventre de Paris" ist es der Ge müse- und Fleischmarkt, im „La Faute de l'Abbé Mouret" der üppige Park, im „Assommoir" der Schnapsladen, in „Nana" das Boudoir, im „Bonheur des Dames" ein Modewaarengeschäft, im „Joie de Vivre" die Physiologie des Geschlechtslebens. Wie viele unserer Naturalisten, wirkt Zola besonders in dem letztge= nannten Roman durch das Pathologische: Die ausführliche Be schreibung der Wassersucht, der Gicht, einer schweren Entbindung, eines verendenden Hundes ist der Hauptinhalt dieser famosen Ge schichte. Man kann ihn als den Schöpfer einer neuen Art von Hintertreppenliteratur bezeichnen, denn er kennt und beschreibt nur noch die Bedürfnisse, Gefühle, Leiden und Freuden der niederen Volksclassen, die er mit wohlgefälliger, pedantischer Breite aus= malt. Man fragt sich, ob seine Ausschlachtung des Thierischen und Eklen ein stiller Wahnsinn oder Speculation ist? Vielleicht beides. Man kann aus Noth Straßenkehrer oder gar Canalaus= räumer werden, aber Vergnügen daran finden werden wohl wenige

Menschen. Zola dagegen watet förmlich mit Wollust im Schmutze; er ist nicht derb, sondern cynisch, nicht natürlich, sondern gemein. Man denke an „Germinal"; mitten in einer sodomitischen Welt schmachten sich der Kohlenarbeiter Etienne Lantier und eine 15-jährige Kärrnerin an, während sie sich nebenher in ganz gewöhnliche Liebschaften einlassen. Erst im letzten Capitel, tief unter der Erde, wo sie infolge eines teuflischen Racheactes dem Hungertode preisgegeben sind, kommen sie zusammen. Am 9. Hungertage gesteht sie ihm ihre Liebe, wird seine Frau und stirbt an Entkräftung; der junge Etienne wird gerettet. Sentimental und schablonenhaft, d. h. durchaus unwahr ist die Liebe des jungen Paares; verschroben die Beschreibung einer Hochzeitsnacht langsam Verhungernder. Ueberall geht Zola darauf aus, das Thierische im Menschen zu beschreiben; seine Menschen sind Heerdenvieh. Und dieser Schriftsteller, dessen Sprachgewalt, Beobachtungsgabe und Anschaulichkeit der Darstellung wir übrigens bewundern, ist in seinen naturalistischen Verirrungen das Ideal unserer Jüngstdeutschen!

Die Kunst soll den Menschen erfreuen und veredeln. Solche efle und pessimistische Schmutzdichtung aber thut keines von beiden. „Alle Kunst ist der Freude gewidmet, und es gibt keine höhere Aufgabe als die Menschen zu beglücken."*) „Sie wirkt nicht deswegen allein sittlich, weil sie durch Mittel ergötzt, sondern auch deswegen, weil das Vergnügen selbst, das die Kunst gewährt, ein Mittel zur Sittlichkeit wird."**) „Der Mensch will lieber einen zubereiteten und auserlesenen Stoff von der Kunst empfangen, als an der unreinen Quelle der Natur mühsam und durstig schöpfen."***) „Die Kunst beschäftigt sich mit dem Schweren und Guten."†) „Wahre Kunst ist eine gute Gesellschaft",††) während auf Zola und seine Verehrer Goethe's Wort paßt: „Beseht die Gönner in der Nähe, halb sind sie kalt, halb sind sie roh!"†††)

----

*) Schiller: „Ueber den Gebrauch des Chores in der Tragödie." **) Derselbe: „Ueber den Grund des Vergnügens an tragischen Gegenständen." ***) Derselbe: „Ueber das Erhabene." †) Goethe: Sprüche. ††) Derselbe: „Wilh. Meister's Lehrjahre." †††) Derselbe: „Faust."

Trefflich sagt **Paul Heyse** *) von diesen Leuten: „Es sind ja auch ehrliche Gesellen darunter, die ein Recht dazu haben verbittert zu sein und schwarz zu sehen. Denen nehm' ich's nicht übel, wenn sie Dichtungen, in denen honette Menschen zu Ehren kommen oder wenigstens unsere tragische Bewunderung ernten, für Fälschungen des Weltlaufs halten. Die unendliche Mehrzahl aber besteht aus trüben, kleinzugeschnittenen oder innerlich verwahrlosten Schächern, denen nicht wohl ist in ihrer Haut, und die einen grimmigen Neid fühlen, wenn ihre harmlosen Nebenmenschen sich's wohl sein lassen, was nicht zum wenigsten durch den Genuß des Schönen und Erhabenen erreicht wird. Da suchen sie nun ihnen die Freude zu verderben, begrinsen und begeifern, was jene dankbar bewundern, und schmeicheln ihren schlechten Instincten, indem sie ihnen vorschwatzen, das Alles sei nur in hohlen Köpfen gebrütet, ein schnöd erlogenes Hirngespinnst; wahr sei einzig das Brutale, Dumme, Niederträchtige, wovon jeder Biedermann sich überzeugen könne, wenn er nur in den eigenen Busen greife. Und so entsteht eine S c h ä c h e r p o e s i e, in der es möglichst erbärmlich, philisterhaft und uninteressant zugeht und eine Luft weht, wie in den niedrigen Stuben der kleinen Leute, wo im Kochofen irgend ein schlechtes Essen aufgewärmt wird. Weil dies aber bis dato noch für niemand interessant war und jetzt mit allem Cynismus einer photographischen Deutlichkeit als eine höchst wichtige Entdeckung hingestellt wird, lassen sich selbst edlere Naturen betrügen, einen wüsten Haufen nichtssagender Alltäglichkeiten für einen werthvollen Gegenstand ihres Interesses zu halten und Helden und Könige für eine sehr überschätzte Spielart der Species homo sapiens, die man allenfalls im Panopticum, aber nicht mehr auf der Bühne und im Gedicht zeigen dürfe!"

Ganz reizend übrigens hat der Naturalismus seine Widersinnigkeit selbst eingestanden. Als nämlich einmal (1890) der Schauspieler **Max Pohl** auf einem Vortragsabend der „Freien Literarischen Gesellschaft" zu Berlin Jul. Hart's Gedicht „Anna"

---

*) Vgl. „Merlin" Berlin, 1892. I, S. 212.

ganz naturalistisch vorlas, wies ihn **Wilh. Bölsche** in der Zeitschrift „Freie Bühne für modernes Leben" scharf zurecht. Er sagte wörtlich:*) „Es gibt denn doch wohl einen scharfen ästhetischen Unterschied zwischen realistischer Wiedergabe der Stimmungsfarbe eines Kunstwerkes und zwischen einfachem Ersetzen der schönen Worte des Autors durch ein uferloses Geplätscher thränenerstickter Naturlaute, aus denen nicht eine Silbe des Inhalts vernehmlich wird. Gewiß, das wirkliche Mädchen in der betreffenden Situation hätte wahrscheinlich auch nur geweint und sicher nicht in Versen gesprochen. Aber das ist doch höchstens ein Angriffspunkt für einen überconsequenten Realisten (!), allenfalls Stoff einer Debatte. Dem Vorleser scheint mir deshalb noch lange kein Recht verliehen, an Stelle des im Buche schwarz auf weiß gegebenen Gedichtes ein leeres Blatt zu sehen mit der Ueberschrift „Die weinende Anna — Ausführung nach Belieben des Herrn Declamators"…..

Während also sonst immer nach Natur, Natur gerufen, während G. Hauptmann wegen seiner Wiedergabe unarticulierter Naturlaute gepriesen wird, tadelt W. Bölsche hier den Recitator, welcher die graue Theorie in die grüne Praxis umsetzt! Das soll „überconsequenter" Realismus sein! Und gesteht nicht dieser Kritiker zugleich die Richtigkeit unserer Behauptung zu, daß alle Kunst eben Illusion sei, indem er sagt, das „wirkliche Mädchen" hätte es gewiß so gemacht wie der Schauspieler, nämlich nur geweint, nicht aber in Versen gesprochen?!

______

*) Vgl. „Das XX. Jahrhundert" 1891. 4. I, S. 451.

III.

Der Naturalismus und die Liebe.

Die Richtigkeit unserer bisherigen Ausführungen tritt besonders hervor bei der ästhetisch ebenso wie moralisch abstoßenden Darstellung der Liebe in den naturalistischen Werken. Es ist wahrlich kein Ruhm, daß die Deutschen die Palme davontragen in pornokratischen Schilderungen. Die Franzosen: Dumas, Sardou, Feuillet und Augier achten wenigstens die ehrbaren Schichten des Volkes, ihre Sprache, obgleich oft lasciv, verhüllt doch noch etwas — unsere Dichter hingegen kennen keine Rücksicht, denn sie behaupten, das ganze deutsche Volk sei verseucht, angesteckt, verfault. Das ist entweder ein grober Irrthum oder bösartige Verleumdung. Gewiß, in unseren großen Städten findet sich vielerlei Laster, aber selbst hier sind sie doch nicht typisch, sondern Ausnahmen! Eine weiterer Irrthum ist, daß solche ausführliche Schilderung von Liebeslastern sittlichen Werth habe. Bei frivolen und cynischen Darstellungen ist der gute Zweck kaum noch erkennbar, der große Nachtheil, den sie der Volksmoral bringen, hingegen offenbar. Wir erinnern nur an Max Kretzer's „Drei Weiber," K. Bleibtreu's „Schlechte Gesellschaft," H.

Conradi's „Adam Mensch," K. Alberti's „Die Alten und die Jungen," H. Tovote's „Im Liebesrausch." Wir glauben, diese Bücher finden, wie diejenigen Zola's, einen großen Leserkreis weniger wegen ihrer ästhetischen Vorzüge als wegen ihrer moralischen Mängel! — Wohl, mit Phantasie wird hier die Leidenschaft gemalt, aber die Phantasie ist eine krankhafte. Sie eifern gegen „Heyse und Consorten" und beschuldigen ihn der Lüge, weil er die Liebe zart, wonnig, beseligend, nicht abscheulich und gemein schildert. Gibt es denn Liebe nur zu Dirnen oder vielmehr gibt es denn zu ihnen überhaupt welche? Das Geistige tritt fast völlig hinter dem Sinnlichen zurück. Naturalismus ist einfach Sexualismus. Nicht Liebe, sondern Geschlechtsgenuß, ja Geschlechtsgier wird gefeiert. Und doch stehen Liebe und Sinnlichkeit in umgekehrtem Verhältnis! Wo die Liebe die ihr gezogene Schranke durchbricht, wird sie physisch, unschön und thierisch.

Aber man muß unsere Stürmer und Dränger etwas entschuldigen, wenn man sich fragt, woher sie denn solche unwürdige Vorstellung von der Liebe haben, und sich klar macht, daß sie sie, abgesehen von ihren keineswegs zu entschuldigenden persönlichen Erfahrungen, einerseits dem Schopenhauer, andrerseits dem Materialismus verdanken. Wenn jener über die „Weiber" solche ungerechte und oberflächliche Urtheile fällen kann, wie sie in seinen „Parerga und Paralipomena" stehen, welche von Gedankenlosen gern nachgesprochen werden, so kann man sich nicht wundern, daß unter uns eine Nichtachtung des Weibes vielfach verbreitet ist, welche dem germanischen Charakter widerspricht. Schopenhauer nennt das Mädchen einen „Knalleffect der Natur," denn sie habe dasselbe auf wenige Jahre mit überreichlicher Schönheit, mit Reiz und Fülle ausgestattet, um dadurch den Mann zu veranlassen, die Sorge für sie auf Zeitlebens, in irgend einer Form, ehrlich zu übernehmen.*) Die Weiber bleiben ihr Leben lang große Kinder; der Grundfehler ihres Charakters ist Ungerechtigkeit, außerdem besitzen sie eine instinctmäßige Verschlagenheit und einen

---

*) Vgl. Parerga II, 496 u. ff.

unvertilgbaren Hang zur Lüge. — Das niedriggewachsene, schmal=
schultrige und kurzbeinige Geschlecht konnte nur der von Liebe
umnebelte männliche Intellect das schöne nennen. Mit mehr
Fug als das schöne könnte man das weibliche Geschlecht das
unästhetische nennen. Sie sind das in jedem Betracht zurück=
stehende, zweite Geschlecht. Und über die Liebe schreibt Schopen=
hauer:*) „Alle Verliebtheit, wie ätherisch sie sich auch geberden
mag, wurzelt allein im Geschlechtstriebe, ja ist durchaus nur ein
näher bestimmter, specialisierter, wohl gar im strengsten Sinne
individualisierter Geschlechtstrieb."

Oder wenn Materialisten die Liebe definieren als „Anre=
gung einer gewissen Hirnpartie infolge eines dem Gesammt=
organismus, dem Zellenstaat, erwachsenen Bedürfnisses," so kann
diese verworrene Definition, welche gemacht ist, um den Begriff
der Seele zu eliminieren, nur nachtheilig auf die Ansichten vom
weiblichen Geschlecht, von Liebe und Ehe wirken. „Alle verschie=
denen Regungen unserer Seele beruhen auf rein materiellen Ver=
änderungen unseres Gehirns, auf molekularen Plasmabewegungen,
welche mittelst der Sinne, durch die verschiedene Einwirkung des
Lichtes, der Wärme, der Feuchtigkeit u. s. w. hervorgebracht wer=
den."**) .... „So wunderbar ist die Liebe und so unendlich be=
deutungsvoll ihr Einfluß auf das Seelenleben, auf die verschie=
densten Functionen des Markrohrs (das heißt bei Häckel soviel wie
Seele!), daß gerade hier mehr als irgendwo die „übernatürliche"
Wirkung jeder natürlichen Erklärung zu spotten scheint. Und doch
führt uns trotz alledem die vergleichende Biologie und Entwicke=
lungsgeschichte ganz klar und unzweifelhaft auf die älteste und
einfachste Quelle der Liebe zurück, auf die Wahlverwandtschaft
zweier verschiedener Zellen: Spermazelle und Eizelle!"***)

Man kann sich vorstellen, wieviel ethischen, idealen Gehalt
die Liebe für die Anhänger solcher Lehren haben muß!

---

*) „Die Welt als Wille und Vorstellung." II, 608 u. ff.
**) Vgl. E. Häckel: „Anthropogenie". Leipzig, 1874, 4. Aufl. 1891.
S. 199.
***) Ebenda S. 657.

Ein Grundirrthum unserer „Jüngsten" ist, daß jede ausführliche Schilderung geschlechtlicher Dinge „Naturalismus" sei. Als ob der Geschlechtstrieb die ganze Natur ausmachte! Sie berufen sich mit Vorliebe auf Shakespeare — prüfen wir einmal, wie er, der große Realist, das Thema der Liebe behandelt!

In den eigentlichen Historien kann diese poetische und flüchtigste Leidenschaft keinen breiten Raum beanspruchen: Heinrich V. und Percy bewahren auch im heißesten Feuer vertraulichen Liebesgespräches Selbstständigkeit und Klarheit; Heinrich VI. ist sozusagen nur passiv verliebt; Margarethens Liebe zu Suffolk ist zwar leidenschaftlich, bildet aber nur eine Episode; König Johann treibt mit der Liebe nur ein Spiel aus Politik. In „Richard III." wird die haltlose Eitelkeit Annas gegenüber der kalten Selbstsucht des Königs an den Pranger gestellt. Auch in den Römerdramen werden die Helden Coriolan und Brutus wenig durch die Liebe bestimmt; nur die kaltherzige Buhlerin Kleopatra hat den Lüstling Antonius in Ketten. In den Tragödien tritt zwar die Macht der Liebe gewaltig hervor, aber Shakespeare versäumt nicht die Nothwendigkeit ihrer Beschränkung hervorzuheben. Romeo und Julia gehen zugrunde, weil sie die ernsten Lebensgewalten mißachten, Othello's Schicksal zeigt die Gefahren der Liebe für den höheren Aufgaben gewidmeten Mann; in „Hamlet," „Macbeth" und „Lear" muß sie ganz hinter den Interessen des Rechtsbewußtseins und des Ehrgeizes zurücktreten. Die Lustspiele freilich räumen der Liebe eine große Rolle ein als dem Probierstein für die Thorheiten und Schwächen der Menschen; sie besiegt das Sträuben der unreifen, unbändigen Jugend („Der Widerspenstigen Zähmung," „Ende gut, alles gut," „Viel Lärm um Nichts"); gezierte Pedanten werden in „Verlorne Liebesmüh'," verliebte Narren in „Lustige Weiber" und „Was Ihr wollt" zur Raison gebracht. Aber alle Frauen bei Shakespeare mit Ausnahme von Cressida und Kleopatra, verletzen bei allem liebenswürdigen Humor nicht die weiblichen Cardinaltugenden, mögen wir an Julia, Hero, Beatrice, Rosalinde, Viola oder an die eifersüchtige Adriana, Hermia und Olivia denken! Und wenn Shakespeare selbst einmal

gemeine Sinnenlust vorzuführen hat, nie wird er sie anders als
unschön, lächerlich oder grotesk, also gefahrlos zeigen!

Die Naturalisten hingegen setzen Liebe völlig gleich mit
Sinnlichkeit und meinen, daß, je mehr der physische Liebesgenuß zur Entfaltung gelangt, sich auch das geistige Element der
Liebe desto stärker bethätige. So schreibt Otto Ernst: „Der
sinnliche Liebesgenuß gipfelt in dem erhabenen Bewußtsein, daß
ich dieses mir völlig ergebene Wesen auch mit der ganzen Gluth
meiner Seele umfasse, und das freundschaftliche Zusammenleben
mit diesem Wesen, das Ineinanderversinken der Seelen, das
Miteinandergehen bei jeder Bewegung, erhält erst dadurch seine
innige, entzückende Wärme, daß ich mir auch der physischen Gemeinschaft mit der Geliebten bewußt bin. Ich hänge diesem
Menschen mit um so heißerer Sinnlichkeit an, je tiefer meine
seelische Liebe zu ihm ist, ich neige ihm mein Inneres um so
williger zu, je höher er meine sinnliche Natur beglückt." —
Man kann fast das Gegentheil von dem behaupten, was hier
O. Ernst sagt: gerade je weniger die grobe Sinnlichkeit in Frage
kommt, desto zarter und tiefer pflegt die Liebe zu sein, während
sie oft erkaltet, wenn jene befriedigt wird. Die bloße Sinnlichkeit
ohne geistige Liebe ist weder vom ästhetischen, noch vom ethischen
Gesichtspunkte aus zu loben. Wenn die Liebe nichts anderes bedeutet, als „die Kraft, welche das Ei mit dem Samen in Verbindung zu bringen hat" (Mantegazza), so ist sie nicht mehr die
menschlichste aller Leidenschaften, sondern ein thierischer Trieb und
dessen Bethätigung in der Unzucht verdient keinen Tadel. Weit
entfernt, der Prüderie oder dem Platonismus das Wort reden
zu wollen, meinen wir doch, das Wesen der Liebe liegt in der
Freundschaft*); wenn auch oft erweckt durch sinnliches Wohlgefallen und ruhend auf dem Naturgesetz, das die Geschlechter zu
einander zieht, besteht sie doch in der seelischen Gemeinschaft ver-
wandter, guter Menschen. Sinnlichkeit singt ihr stets den Grab-
gesang; ihr Keim ist so zart, daß er nothwendig erstickt wird,

---

*) Vgl. mein „Buch der Freundschaft" Halle, 1891. Cp. I.

sobald die sinnliche Lust über ihn hinauswächst. „Drum liebe mäßig,
solche Lieb' ist stet!" sagt Shakespeare, und Goethe: „Viele Dinge
sind's, die wir mit Heftigkeit ergreifen sollen; doch andere können
nur durch Mäßigung und durch Entbehren unser eigen werden.
So sagt man, sei die Tugend, sei die Liebe, die ihr verwandt ist."

Wir möchten wohl wissen, wie unsere Modernen ein Thema
behandeln würden, das Goethe in seinen „Wahlverwandt=
schaften" so delicat und sittlich durchführt! Angeregt durch die
Art, wie Kotzebue, Lafontaine und Consorten das Problem des
Ehebruchs behandelt hatten, und in leidenschaftlicher Liebe zu Minna
Herzlieb (1807) entbrannt, schildert er den geistigen Ehebruch
Eduards und Charlottens ebenso wahr wie zurückhaltend mit we=
nigen Sätzen: er schildert ihn als nicht weniger schlecht, denn den
realen Ehebruch. Jener wird an dem Kinde offenbar, welches
die Züge des Hauptmanns mit den Augen Ottiliens vereinigt.
Das geistige Element, die verborgene Leidenschaft, wirkt also auf
die schöpferische Macht der Natur zurück. Das Bild von den
wahlverwandten Elementen deutet die dunkle Nachtseite der mensch=
lichen Seele an, aus welcher die Leidenschaften emporsteigen. Aber
Goethe versäumt nicht, die siegende Macht der Erkenntnis hervor=
zuheben: Charlotte und der Hauptmann besiegen ihre Leidenschaft,
Ottilie opfert sich, und nur der schwache Eduard geht zu Grunde.
— Was hätten, wie gesagt, unsere Zola-Jünger aus diesem
Thema gemacht?

Es ist überraschend, eine wie große Aehnlichkeit zwischen den
Liebesgeschichten derselben und F. Schlegel's „Lucinde" besteht!
Wie dieser Roman, der die „Lehrjahre der Männlichkeit" schildern
will, eine an Psychiatrie grenzende Psychologie der romantischen
Liebe gibt, so streifen auch manche moderne Liebesnovellen das
psychiatrische Gebiet. In Julius „brannte eine Liebe ohne Gegen=
stand und zerrüttete sein Inneres." Er wird sinnlich „aus Ver=
zweiflung am Geistigen" und mit einer gewissen „Treuherzigkeit"
unsittlich. Ein edles Mädchen vermag er nicht, wie er beabsich=
tigt hatte, zu verführen; bei einer Koketten fällt er ab und lebt
dann mit einer Dirne, die aber weniger egoistisch gesinnt ist, als

er selbst, und sich tödtet, als er sie verläßt. Nun vergöttert er sie und verachtet alle gesellschaftlichen „Vorurtheile." Endlich trifft er Lucinden, die ihm ähnelt. „Auch sie war von denen, die nicht in der gemeinen Welt leben, sondern in einer selbstgedachten und selbstgebildeten. Nur was sie von Herzen liebte und ehrte, war in der That wirklich für sie, alles Andere nicht; und sie wußte, was Werth hat. Auch sie hatte mit kühner Entschlossenheit alle Rücksichten und alle Bande zerrissen und lebte völlig frei und unabhängig." Nun feiern sie die Orgien der Sinnlichkeit mitein ander, preisen die Herrlichkeit des Müßiggauges, die göttliche Frechheit und die ewige Liebesnacht — alles wie bei unseren Jüngstdeutschen!

Betrachten wir, um uns eine Vorstellung davon zu machen, einige naturalistische Dichtungen, welche die Liebe behandeln.

Max Kretzer's Roman „**Die Betrogenen**" (1882) führt uns in die Teppichfabrik von Rother und Sohn. Dem Vater, einem fleißigen, braven Mann, ist endlich sein Lieblingswunsch in Erfüllung gegangen, nämlich seinen sehr flotten Sohn Edmund mit der schönen, wenn auch armen Tochter eines Professors vermählt zu sehen, für den er freilich 30.000 Mark Schulden bezahlt hat (?). Er wiegt sich in der Hoffnung, nun einen ordentlichen Sohn und ein schönes Familienleben zu bekommen. Als das junge Paar, das von der Hochzeitsreise kommt, einzieht, wird es von Maria Seidel, einem Fabrikmädchen, bemerkt, welches in Edmund ihren früheren Geliebten und in Louise ihre alte Jugendfreundin wiedererkennt. Jener hatte ihr unter falschem Namen die Ehe versprochen und sich mit ihr verlobt, aber sie und sein Kind schmäh= lich verlassen, nachdem er sie verführt hatte. Robert Seidel, ihren Bruder, der aus England kommt, in dem Wahne seine unglück= liche Schwester sei todt, engagierte Rother senior als Cassierer. Außer Maria existiert aber noch Lina, die von Edmund ebenso ver= lassen wurde; sie ist Kellnerin und Dirne geworden und hat ihr (und Edmunds) Kind bei derselben „Engelmacherin" in Pflege, wo Maria das ihrige. Diese hat sich Jennys angenommen, der 16-jährigen Tochter eines Kohlenschippers, um sie vor einem ähnlichen Schicksal zu bewahren. Aber das leichtsinnige, oberflächliche Ding fällt bald in die Netze des Leo Brendel, der seines Vetters Edmund Streiche durch Lina kennt und zu fortgesetzten Brandschatzungen ausnutzt. Derselbe zieht auch bald Robert Seidel an sich, der verzweifelt darüber, daß sich Louise, seine Jugendgeliebte, einem ungeliebten reichen Mann ergeben hat, Leo's Andeutungen über Edmund's Vergangenheit gern Gehör leiht und ihm Louise zu entreißen beschließt. Fast hat er es schon ausgeführt, da werden die Liebenden von dem Gatten überrascht. Als bald darauf Robert seine Schwester durch Zufall gefunden und die Gewißheit erhalten hat, daß Edmund ihr schändlicher Verführer ist, geht er zu ihm, schmettert ihn durch die Androhung der Klage nieder und fordert, daß Louise zwischen ihnen beiden wählen dürfe. Aus Pflichtgefühl wählt sie bei dem Gatten zu bleiben; als sie aber die dem fort=stürzenden Robert entfallenen Briefe findet, erkennt sie die ganze Schurkerei Edmund's und entflieht mit ihm am folgenden Tage, wo das 25-jährige Stiftungsfest der Firma pomphaft begangen wird. Edmund sinkt in sein altes Roué-Leben zurück; Robert nimmt Louise, Oswald Freigang die Marie, deren Kindchen (zum Glück!) gestorben ist; sein Freund, der Heiligenmaler Hannes Schlichting, den die genußsüchtige Jenny betrogen, erhängt sich vor Schmerz, wird aber durch Oswald gerettet, Franziska, auch eine Betrogene, ertränkt sich im Engelbecken, der Arbeiter Schott, welcher Marie mit wüthender Eifersucht geliebt hat, wird durch den Dolchstich seines Nebenbuhlers aus dem Wege geräumt.

Zunächst leidet der Roman an Unwahrscheinlichkeiten, wie sie schlimmer kaum ein Märchen oder eine Abenteuergeschichte aufzuweisen hat. So, daß Edmund Maria's Freundin heirathen, Maria's Bruder gerade in seiner Fabrik Cassierer und seine Schwe=ster gerade dort Arbeiterin werden soll; daß Maria und Lina, beide Edmund's Opfer, ihre Kinder bei derselben Engelmacherin unterbringen; daß Edmund's Gattin wieder Robert Seidel's Jugend=geliebte sein soll; daß dieser durch Leo Brendel alle geheimen Sünden Edmund's erfährt, daß es ihm endlich gelingt, Louise vom

Unrecht ihres Gatten zu überzeugen und aus Pracht und Stellung
zu sich herüberzuziehen; daß die Kinder gerade kurz vor der Kata
strophe sterben und auch Schott aus dem Wege geräumt wird
u. s. w. Aber man wird sagen, im Leben gehe es noch viel selt
samer zu, als in den Romanen; doch muß dann ein Autor wenig=
stens versuchen uns die Handlungsweise der Personen psycho
logisch wahrscheinlich zu machen. Daran aber läßt es Max
Kretzer fast durchaus fehlen. Die Personen handeln zum großen
Theil ganz unverständlich. Man denke sich, ein Edmund, der als
Roué von Dirne zu Dirne taumelt, soll Maria ein Eheversprechen
gemacht und schon die Ringe vorgezeigt haben! Und das ist doch
die Voraussetzung des Ganzen; und Robert Seidel, der Jahre
lang im Auslande war, den der Dichter als solid und verständig
schildert, soll sich in Localen „mit weiblicher Bedienung" herum
treiben, an Leo Gefallen finden und dann die Liebeskomödie mit
Louise aufführen, worin er noch verächtlich die Ehre seiner Schwester
als Erpressungsmittel gegen Edmund verwendet! Und Hannes
Schlichting soll Jenny, der rohe Arbeiter Schott die vornehme
Marie lieben! Alles psychologische Unwahrscheinlichkeiten!

Und nun die „Sittenbilder," die uns der Realist entrollt!
Die ekelhaften Scenen in den Nachtlocalen, auf den Vorstadttanz=
böden, in der Fabrik; die abscheulichen Figuren der langen Tine, der
Lina und des alten „Leisemann," der seine eigene Tochter ausbietet!
Auf mehrere stilistische Fehler (S. 144, 155, 157, 190,
214) wollen wir nicht näher eingehen — wichtiger erscheint uns
die Frage, ob denn Kretzer hier wirklich Realismus, d. h.
Wahrheit, oder aber Unnatur bietet? Wir geben zu, er kennt
Berlin, wenigstens dessen schlechte, widerliche Seiten, aber ist das
genug? Hat es nicht auch ebenso viele liebenswürdige, achtungs=
werthe? Kretzer ist nur Copist der Natur, Photograph der Wirk
lichkeit, seine Schilderungen des Café National, der Neuen Welt,
der vorstädtischen Tanzböden mögen echt sein, aber sie werden,
ohne den Gegensatz lichterer Scenerien, zur Karikatur. Wir wollen
nicht leugnen, daß es dem Verfasser Ernst sei, seine Urtheile über
die Laster und Leidenschaften (S. 63, 71, 145) beweisen es; aber

wir fürchten, der Durchschnittsleser wird wenig davon merken und diese „Sitten=Romane", wie bei Zola, mehr wegen der Ausmalung von Unsittlichkeiten als aus sonst einem Grunde lesen. Durch die Häufung von leidenschaftlichen und pikanten Scenerien erinnern sie so wie so sehr an die Kolportage=Romane, das Lesefutter der Halbgebildeten. Interessant ist es übrigens zu sehen, daß der Verfasser doch indirect dem Idealismus huldigt; denn die bei= den Maler Freigang und Schlichting und auch des letzteren Vater sind vom Ideale der Kunst beseelt. Treffend und schön sagt Schlich= ting (S. 371) bei seinem Abschied: „Bruder, es ist nicht wahr! Ich habe großes Unrecht gehabt, es ist nicht alles Dampf und Qualm. Siehst du, mögen sie uns hungern und darben lassen, laß sie das Ideal mit Füßen treten, laß den Strom der Zeit auf Stunden und Tage und Wochen, vielleicht auf Jahre über unser Ideal sich hinwegwälzen, eines Tages leuchtet es schöner als je, beherrscht es uns wieder ganz, regiert es durch uns die Welt!"

—>‹‹—

Eine andere Art des modernen Romans baut **Otto Mora** (Pseudonym für Osk. Mysing) in Bremen auf. Wie in dem „Reaktionär" (1890), schildert er in „Ueberreif" (1892) mit glühenden Farben das Fin de siècle, d. h. unsere dem Sinnenrausch, Raffinement und Pessimismus verfallene Zeit. Aber er will durch seine Sittenbilder weder bekehren, noch bessern; er stellt uns weder die Vergangenheit, noch die Zukunft als Ideal auf, Zukunftspläne und Reformvorschläge sind ihm fremd — seine Losung ist allein: „Laßt uns essen und trinken und fröhlich sein, nach uns die Sündfluth!" Wie in dem erstgenannten Romane der Journalist Otto Felsing, so ist in dem zweiten Hans von Delitsch der Träger seiner Weltanschauung. Dieser meint (S. 54), das Leben sei niemals der Mühe werth, die man sich darum gebe, und was die Moral Gewissensbisse, Rücksichten, Pflichten gegen andere nenne, seien nur wechselnde Formen augenblicklicher Cultur= zwecke (S. 81). Diesem „resignierten Epikureer" steht Fritz Roth=

hauser gegenüber, der in dem wüsten Genußleben elend zu Grunde geht. Der Horizont des Verfassers wird auch durch seine Achtung vor dem Weibe beleuchtet; er spricht von dem „berauschenden, zerfressenden, alles überwältigenden Einfluß der Frau, welcher die Nerven des Mannes zerstört, sein Gehirn abnutzt und sein Leben allmählich zerreibt" (S. 192). Freilich, die Mehrzahl der von ihm geschilderten weiblichen Wesen sind Soubretten, Kellnerinnen und Dirnen. Zu ihnen gesellen sich als würdige Vertreter der Männerwelt wüste Studenten, verbummelte Literaten, gesinnungslose Preßreptilien. Und dahinter spielt „jene große Tragödie, die Tag für Tag unter höflichem Lächeln, verbindlichem Grüßen und liebenswürdigen Worten ausgeführt wird — die Tragödie des Kampfes um das Dasein" (S. 43). Man kann nicht leugnen, daß Mora mit Erfolg seinem Vorbilde Zola nacheifert — freilich auch dessen Fehlern!

Dieselbe Tendenz befolgt **Heinz Tovote** in seinen Romanen: „Im Liebesrausch" (Berliner Roman, 1890), „Fallobst" (wurmstichige Geschichten, 1891) und „Im Frühlingssturm" (Berliner Liebesroman, 1891), denen noch ein Band folgen soll, der „das Capitel der Cocottenliebe definitiv beenden wird," wie der Verfasser S. VII des Vorwortes sagt. Er gibt zu, „daß diese kleinen Mädchen und diese oft herzhaft waschlappigen Helden nicht gerade sympathisch sind;" allein es kam ihm gar nicht darauf an, „nette Menschen" zu schildern. Er sagt: „das Capitel der modernen Liebe, das ich im „Liebesrausch" seinerzeit flüchtig gestreift hatte, verlangte unbedingt darnach, vertieft und vor allem wegen zu großer Romantik (?) berichtigt zu werden." Das Buch, welches Tovote vom Februar bis zum April 1891 niederschrieb, enthält lauter Erlebnisse des Verfassers; „jedes darin gesagte Wort ist so gesprochen; jedes Geschehnis hat sich so und nicht anders zugetragen;" Tovote hat diese Dinge niedergeschrieben, weil er nicht anders konnte! Wie sehr er in Anlage und Ausführung seinem Ideal Zola nachgeeifert hat, ist ihm selbst, wie er sagt,

aufgefallen, so daß er, um eine zu große Aehnlichkeit mit dessen
„Sappho" zu vermeiden, viele Seiten, Situationen und Züge aus
seinem eigenen Buch ausgemerzt hat. Das Motto, welches unserem
famosen Werk vorgedruckt ist, charakterisiert es trefflich:

> „Man weiß, das Volk taugt aus dem Grunde nichts,
> Geschnürten Leibs, geschminkten Angesichts;
> Nichts haben sie Gesundes zu erwidern,
> Wo man sie anfaßt, morsch in allen Gliedern.
> Man weiß, man sieht's, man kann es greifen —
> Und dennoch tanzt man, wenn die Luder pfeifen!"
>
> Goethe, Faust II.

Dem Inhalt entspricht der Stil — er ist leichtfertig in
Satz und Ausdruck. Man höre folgenden Satz (S. 6): „Vor
allem, da es ein Pendant zu der Dame in Gelb war, nicht so
sehr ein Gegenstück, sondern dasselbe Motiv, dieselbe zierliche
Mädchengestalt, dasselbe pikant verführerische (?) Gesicht, aber
diesesmal sprachen aus den schwarzen, nachtdunklen (?) alle Teufel
der Spitzbüberei (?), die kleinen wollüstigfeuchten (?) Lippen
lachten üppig verführerisch (!), und um die zierlichen Nasenflügel
flatterte ein ganz sensitiver Hauch von Sinnlichkeit, und wenn
man dazu die feinen Lachfalten betrachtete, die sich zu den Mund-
winkeln herabzogen, so schien es fast wie Lüsternheit, aber ganz
versteckt, scheu, als traue sie sich nicht recht hervor. Und das alles
sehr chic!" — Hier haben wir nicht weniger als sechs Ausdrücke, die das Lüsterne des Weibes bezeichnen sollen. Auf S. 7
liest man innerhalb 5 Zeilen zweimal dieselbe Satzbildung. „Es
war ein 26-jähriger junger Mann, nur daß er den Kopf etwas
nach vorn trug..... Ein frisches Gesicht, nur daß um die Nasenflügel, ... S. 29 steht: „Alles gebadet in das milde Licht der Vor-
mittagssonne." Lotti, Hansens Modell, heißt (S. 13): „Verflucht
gescheidt, ein kleiner Literatursatzke, mit der Erfahrung von drei
ausgedienten Cocotten..... von einer Sinnlichkeit, die blutdürstig,
wie die Gier eines Tigers sein kann, und der scheuen Anmuth
eines Reh's..... eins der Wesen, die einem das ganze Leben
vergiften, einem allen Glauben entreißen an Menschlichkeit, Güte
und Schamhaftigkeit." Und der Maler Hansen ist auch nicht viel

besser: auf seinem Schreibtische steht (S. 26) „eine Fülle von Photographien, Bekannte, Freundinnen, Verhältnisse..... das alles hatte einmal von Liebe gelogen, das alles hatte unter wilden Küssen gestammelt, das hatte gejauchzt und geweint; sie alle hatten ihm einmal im Arm gelegen und nun? -- nun war das alles aus, er vergessen von jenen, sie vergessen von ihm. Vergessen alles!" Er fühlt das Bedürfnis „sich einmal ganz wegwerfen zu können, rückhaltlos, ohne sich doch in den Schmutz zu werfen" (S. 30); er hatte das Bedürfnis (S. 31) „gleichsam seine Seele nackt spazieren gehen zu lassen!" Mit seinem Freunde Jan unterhielt er sich am liebsten über die Frauen, wie Tovote sagt (S. 31): „Es war ein Lieblingsthema zwischen ihnen, die Weiber: sie konnten darüber philosophieren, stundenlang auf Spaziergängen, oder bei Jan auf der Veranda, oder aber im Atelier, hinge flegelt (!), jeder mit einer Cigarette, in der Dämmerung, unaufhörlich." — Tovote's Ansichten vom weiblichen Geschlecht sind natürlich die denkbar niedrigsten, etwa die, welche ein Muselmann oder ein Roué hat. „Es war (soll heißen: gibt) keine einzige treue, keine hübsche Frau, weil die Empfindung wechselte, weil Gleichgiltigkeit und Gewohnheit sich einschlich und das Neue immer wirkte. Oft das Brutalste und Fremdeste am eindringlichsten. Einem nahen Bekannten gab (!) sich eine Frau nur schwer hin; aber einem Fremden, der wieder verschwand, der im Augenblick ihre Sinnlichkeit zu wecken verstand, nur allzu leicht; in fremder Umgebung, in einem unbewachten Augenblicke. Dann war es vergessen, es war nicht gewesen, weil man ihr die Schuld nicht nachweisen konnte, weil niemand dem Manne glauben und ihr so etwas zutrauen würde. Es war das Gefühl der Sicherheit, das viele Frauen zu dem Gewagtesten trieb. In der Hinsicht konnte man keiner Frau sicher sein, keinen Augenblick! Eigentlich war es thöricht, deshalb einem Weibe zu grollen (so?). Aber man that es doch immer wieder aus gekränkter Eitelkeit, aus beleidigtem Stolz und aus einem ganz unberechtigten Egoismus." (S. 54—55).

Nun, die Frauen, die der Verfasser beschreibt, sind auch darnach — lauter Straßendirnen, mögen sie Meta, Lotti, Alice,

Magda u. s. w. heißen — Weiber, die keine Scham, keine Achtung vor sich selbst, sondern nur Leichtsinn, Frechheit, „Bedürfnis haben sich zu erniedrigen, um sich alles zu verekeln" (S. 62). Und das soll ein „Berliner Liebesroman" sein? Soll das heißen, so liebt man in Berlin? Aber wer liebt da so? Und ist das überhaupt noch L i e b e? Oder thierische Sinnlichkeit oder Schlimmeres? Hatten wir nun nicht Recht, wenn wir oben (S. 81) gegen diese Art von Liebesdarstellungen Einspruch erhoben? Und das nennt Tovote „alles lebenswahr" (Vorwort S. VII), „ob es idealistisch, realistisch oder naturalistisch ist, darüber hat er sich nie auch nur einen einzigen Gedanken gemacht!"

Eine widerliche Atmosphäre das, in welche uns dieses Buch führt: die Männer, „waschlappige" Genußmenschen, die das Leben nicht ernst nehmen, sondern in den Tag hineinschlendern und Zeit und Geld und Kraft vergeuden mit Weibern, vor denen sie, wie oft hervorgehoben wird, sich ekeln (S. 62, 79, 151, 153, 203, 205, 308); die Weiber dagegen schamlose Cocotten, die sich von jenen wie das Vieh behandeln lassen, mit Verachtung und Schlägen. Und die Schilderungen der sogenannten Liebe sind so scheußlich, so brutal und unnatürlich, daß wir sie hier nicht wiedergeben können. Als z. B. Hansen der Meta erlaubt, ihn wieder zu besuchen, heißt es (S. 78): „Sie schrie auf (im Thiergarten!), und in wildestem Ungestürm warf sie sich an seine Brust, griff mit den Händen in seine Haare und biß (!) ihn mit ihren sinnlosen Küssen." Die Sphäre, die Herr Heinz Tovote beschreibt, wird durch folgende Blumenlese charakterisiert: Von Hansen und Meta heißt es (S. 79): „Nun hatte er sich und ihr das alles in den Koth getreten." Magda kratzt ihm in das eine Auge gelegentlich einer Auseinandersetzung, weshalb sie ihm nicht „treu" war (S. 63), und erklärt ihm später (S. 69), sie sei „aus Niederträchtigkeit" untreu gewesen! Hansen war „nach außen immer sehr sicher, meist etwas frivol und that sehr leichtfertig, ganz als Lebemann; und wußte, daß die anderen nichts Besseres waren" (S. 80). Ueber die „einzelnen Mädchen" erfahren wir (S. 137), daß sie alle einen haben, „mit dem sie gehen;" „es war (soll heißen:

ist) keine Unmoral; denn das Bewußtsein eines Unrechts war kaum vorhanden. Es war etwas Naturgemäßes.“

So werden die Grundbegriffe der Moral untergraben; die Liebe nennt der Verfasser (S. 144) „die größte aller Selbstlügen;“ die „Einheitlichkeit des Charakters“ leugnet er und setzt dafür eine Grundstimmung, die sich aber immerfort verändert (S. 143); die echte Liebe „einfacher Philister“ kommt ihm (S. 140) „gottesjämmerlich dumm und albern“ vor; er betont (S. 162), daß „die besten Söhne, die aufmerksamsten Brüder, die eifrigsten Beamten, die ehrenhaftesten Geschäftsleute, Menschen, denen man in nichts einen Vorwurf machen konnte, ihre Mußestunden nur zu sehr mit den Weibern ausfüllten.“ Er meint (S. 231): „Die Dummheiten, die man in seinem Leben macht, sind schließlich immer das einzig Gescheite!“ Und wenn diese sauberen Herren Hansen, Jan, Braun u. s. f. sich scheuen, die Cocotte, welche sie, wie sie es fast mit Sicherheit wissen, betrügt, zu entlarven, so nennt es Tovote (S. 257) Vogelstrauß-Politik oder — Idealismus! „Man muß bei einer Frau“, heißt es (S. 266), „immer auf alles gefaßt sein, ... ich glaube bei jedem Worte, das eine Frau spricht, es sei eine Lüge, erfahrungsgemäß.“ Er meint (S. 278) „daß es nichts Köstlicheres gibt weder für den Mann, noch die Frau, als ein thöricht vertrauendes Herz zu betrügen.“ „Das Leben,“ heißt es (S. 305) „ist ein Wettrennen — glücklich die, die frühzeitig genug niederstürzen und am Wege verrecken!“ —

Mit seinem neuesten Roman „Mutter“ (1893) hat Heinz Tovote sein Cocottenthema verlassen. Wir constatieren, daß ihm also auch noch andere Motive zu Gebote stehen. Freilich, viel erquicklicher ist diese Erzählung darum nicht; denn es handelt sich um die Verhinderung von Blutschande, die durch den Ehebruch der Mutter beinahe herbeigeführt wird. Der Studiosus Willy Braun hat bisher seine Mutter als Ideal verehrt und schwärmerisch geliebt. Da bringt Professor Reinhold Petri, der langjährige Hausfreund, sein Mündel Mignon aus der Pension, und sogleich entflammen die jungen Leute in Liebe zu einander, was Petri mit Wohlgefallen, Willy's Mutter mit großer Unruhe

sicht. Zuerst erfährt Mignon, daß R. Petri ihr Vater ist, und ihre
Mutter einen Tag nach ihrer Geburt gestorben sei. Dann sieht
sie und Willy, mit dem sie sich im Stillen verlobt hat, wie ihr
Vater dessen Mutter im Atelier küßt. Wird schon hierüber Willy
sehr stutzig, so noch mehr, als er zufällig einen glühenden Liebes-
brief Petri's an seine Mutter findet. Da macht Minna, Petri's
Haushälterin, ihm dunkle Andeutungen, daß Herr Dr. Braun gar
nicht sein Vater sei; entsetzt fragt er seine angebetete Mutter, die
es ihm nach heftigem Sträuben bestätigt, dann aber in Fieber
fällt und nach zwei Tagen stirbt, nachdem sie noch seine Verzeihung erfleht hat. So ist also Mignon seine Schwester, Petri
sein Vater und seine vergötterte Mutter eine Ehebrecherin. Willy
hat nichts mehr (S. 262) — : „Er selbst war noch so jung. Ein
ganzes Leben voller Kampf, voller Herzenseinsamkeit lag vor ihm.
Die Zukunft breitete sich vor ihm aus, wie die Schneedecke da
draußen, die immer dichter und dichter wurde.“

Ist das nicht eine ganz unwahrscheinliche Geschichte? Willy's
Mutter soll so verworfen gehandelt, Petri solch' Doppelspiel getrieben und dabei beide so gemächlich, ohne Skrupel und unge-
fährdet ihr Liebesspiel fortgesetzt haben? Mignon ist die uneheliche Tochter einer Aufwärterin Hedwig, der Nichte von Minna;
Willy der uneheliche Sohn desselben sauberen Petri! Dabei spielt
der die Rolle des Biedermannes, ja er sieht ruhig zu, wie sich
seine beiden Kinder verlieben und aneinander ketten! Der ganze
Conflict ist ein erkünstelter, psychologisch und sozial unmöglich.*)

<hr>

Fast an das Unglaubliche streift Herm. Bahr's Novelle
„Die gute Schule,“ Seelenstände (Berlin, 1890). Wir lernen
hier einen österreichischen Maler in Paris kennen, der sich nach
langem Schwanken dazu entschließt, irgend ein „Weib“ zu suchen,
damit er durch den dauernden Verkehr mit ihr „die wahre Kunst“

*) H. Tovote's „Ich,“ Nervöse Novellen (1892) schildern in einer bis
zum Komischen manierierten Schreibweise Scenen und Gedankenreihen, welche
in Widersprüchen und verkehrten Empfindungen schwelgen.

erfasse. Natürlich findet er bald ein Ladenmädchen, Fifi, die er durch seine glühenden, affectierten Briefe bestrickt, bis sie ihrer ernsten Cousine entläuft, um sich ihm hinzugeben. Wie ein wildes Thier geberdet er sich in seiner „Liebe." „Er stürmte auf sie mit taumelnder, fletschender, heulender Brunst," sagt H. Bahr (S. 63), wie „ein hungriges Raubthier" (66). Seine grübelnden Gedanken will er vergessen — „alles, selbst die Kunst, ja selbst die Kunst, die auch bloß äffte." Und nichts als die Wollust, ewig die Wollust, in welcher allein die Wahrheit ist!" (S. 98). Natürlich ist er des Mädchens bald überdrüssig; die tägliche Ausschweifung unterhöhlt ihm Leib und Geist. Fifi ist „ja auch nur eine Dirne, wie alles, was Weib heißt; ein liederliches Gemisch aus Koth und Honig, wie die andern, wie alle, wie alles, was Weib heißt!" (S. 125). Er sucht sie daher loszuwerden, durch Güte, Verachtung, Mißhandlungen scheußlichster Art (S. 152) — alles vergebens — bis sie ihm mit einem reichen Mohren entläuft. Zuerst rast er, dann findet er sich drein, endlich verkauft er an ihren neuen Geliebten Bilder, um Geld zu haben! Er ist vernünftig geworden, denn er hat „die gute Schule," die Liebe (?), hinter sich. „S'empoisonner, parfois, rend sage!" dies Wort Jean Richepin's ist H. Bahr's Motto. Ein famoser, oder vielmehr verächtlicher Standpunkt. Und das ist der ganze Inhalt einer Novelle? Die platte Gemeinheit, ja Scheusäligkeit eines untüchtigen, unklaren, verrückten Malers, der fortwährend von seinen Idealen, von Wahrheit, Logik, Schönheit u. dgl. faselt und wie eine Bestie handelt! Der Stil entspricht dem Inhalt. Oft kann man sich kaum etwas denken unter dem wüsten Wortschwall. Ekelhafte Bilder, Worte und Wendungen sind nicht selten. S. 58: „den Fraß bei Duval zu verschlingen" (d. h. dort zu speisen); S. 63: „die schwarzen Dämpfe seiner kochenden Geilheit;" S. 102 „löst er noch die Bänder der Unterhose, um besser denken zu können;" S. 129: „und daß das Hinausschmeißen jetzt umständlicher war"! An vielen Stellen tritt dann wieder H. Bahr's zerhackter, affectierter Stil hervor, so S. 55, 78, 103, 131, 135.

Ein besonderes Thema des Liebesproblems hat Cäsar Flaischlen in seinem Drama „Toni Stürmer" (Berlin, 1892) behandelt. Es ist die Frage, ob langes Verlobtsein der Liebe förderlich sei oder nicht. Der Verfasser verneint dies ganz entschieden. Diese „Alltagsgeschichte in fünf Scenen" führt uns ein schönes 25-jähriges Mädchen, Toni, vor, die seit 5 Jahren mit dem Privatdocenten Dr. Wolfram Märklin verlobt ist. Bis-her von Achtung und Liebe für ihn erfüllt, wird sie plötzlich, im wunderschönen Monat Mai, vom elementaren Triebe nach sinnlichem Liebesgenuß ergriffen. Vergebens erinnert sie ihre Freundin, Frau Thekla Merz, an die erste Zeit ihrer Liebe zu Wolfram, an seine Tüchtigkeit, seinen Fleiß, seine Ehrenhaftigkeit — sie will „glücklich sein, sinnlos trunken, nur eine Nacht!" Ihr ganzes Leben bisher war nur ein Vegetieren und Herumdämmern, immer nur ein Nippen und Kosten, „und ich will's an der Brust haben und küssen!" Ihr Bräutigam ist zu „ehrenhaft;" er hat ihr verboten ihn auf seinem Zimmer zu besuchen, ja er will nicht einmal mit ihr allein in ein Local gehen — das muß einem tragischen Conflict entgegentreiben; denn Wolfram hält sie für einen Engel, während sie sich doch unendlich fern davon fühlt. Sie kann auch seine Langmuth nicht ertragen, und eine dürftige, einfache Zukunft, wie ein Gelehrter sie ihr bieten kann, imponiert ihr auch nicht. Sie ist zu alt für seine Romantik. „Lieber zu-sammenpacken, ein paar Wochen selig, und meinetwegen dann in's Wasser!..... Ich muß Liebe haben, große, wilde, wahnsinnige Liebe!..... Er hält mich für einen Engel, und ich fühle wie — eine Messaline, wie eine Hetäre! — Ich kann ihm nicht treu sein, wenn er bleibt, wie er ist! Ich erwürgte ihn mit diesen Händen! Und er hat keine Ahnung davon — das Kind! O! tödten möcht' ich ihn, ehe es mich tödtet! — oder mich auf die Straße stellen und schreien: will mich keiner? Bin ich keinem gut genug? (Beinahe verächtlich.) Aber die Männer sind alle zu feig und zu furchtsam!"

Die nächste Scene belehrt sie über das Gegentheil. Har-witz, ein Schulkamerad Märklin's, den dieser selbst bei den Damen

eingeführt hat, macht ihr unverschämt den Hof. Als Thunichtgut
nach Mexico geschickt, hat er sich in einigen Jahren Reichthum
verschafft und lebt nun allein dem Genusse; er hat keine Ideale:
auch von den Frauen hält er nichts. Werben und Belagern ist
nicht seine Sache. Ein erbetteltes Glück ist ihm gar keins, es
muß sich ihm an den Hals werfen. Als Märklin ihn im Tête-à-tête
mit Toni trifft, wird er eifersüchtig und, nachdem Harwitz gegangen, grob, Toni dagegen gereizt und spitz. Frau Merz sucht
ihm schonend ihren Zustand klar zu machen. — In der 3. Scene
unterhält sich Toni mit Harwitz im Thiergarten; sie hat ihm ein
Rendez-vous gegeben und hört seine unverschämten Bewerbungen
zuerst ruhig, dann verwirrt an. Als er gegangen, bittet sie ihren
Bräutigam, sogleich mit ihr nach Japan zu gehen, damit er sie
heirathe. Er schlägt ihr einen Ausflug nach Helgoland vor, natürlich mit Frau Merz. Da bittet sie ihn dringend und immer
dringender mit ihr allein zu fahren, Champagner zu trinken und
lustig zu sein. (Sie fällt vor ihm nieder): „Warten, ja!....
Solange es sein muß! — Meinetwegen! Aber so nicht mehr,
so nicht mehr! Ich kann's nicht! Und ich will nicht am Stock
verwelken! Leben, Leben muß ich haben! Sonne! Sommer! —
Tritt mich mit Füßen — aber gib mir zu trinken! Bitte, bitte!
fahr' mit mir nach Hamburg — aber allein! Ohne Thekla! Keine
Seele braucht ja darum zu wissen! Drei Tage Glück nur, Wolfram! Laß mich dein sein, ganz dein sein! Ich kann nicht mehr
anders! Laß mich!“ — — Als er aus Liebe und Ehrenhaftigkeit nicht darauf eingeht, spielt sie die Beleidigte, nennt ihn einen
Esel und Feigling, verbietet ihm jede Berührung und sagt:
„Harwitz hätte schon beim ersten Wort die Koffer gepackt gehabt!“

In der 4. Scene gibt Toni ihrer Freundin zu, daß ihre
Handlungsweise gemein ist; „aber ich könnte weinen darüber, daß
ich so gemein bin, ich bin noch lange nicht gemein genug.“ Sie
will sich an Harwitz verkaufen, der ihr gestern einen Antrag gemacht hat. Frau Merz sucht Wolfram, der erscheint, zur Auflösung der Verlobung zu veranlassen, doch er liebt Toni trotz
alledem; allmählich merkt er „die Aeußerlichkeit, Eitelkeit, Selbst-

sucht und Gemeinheit der meisten Frauen." Da tritt Toni ein; wieder erwacht seine Liebe; sie aber weist ihn hochmüthig und frech zurück. „Ich sage dir — ich werde eher Harwitz' Maitresse — als deine Frau!" Märklin (grell auflachend): „Lüge nicht, Weib!" Toni (von der Thüre): „Harwitz meint es ehrlich und ist kein Lump!" Märklin (wirft ihr den Ring nach): „Und hat viel Geld... viel Geld!" Frau Merz (ihn corrigierend): „Verdient." — In der 5. Scene finden wir Dr. Märklin mit Frida, einem „jungen, nicht absolut verdorbenen Dinge" beim Morgenkaffee. Er hat die Nacht mit ihr bei Champagner verbracht und schenkt ihr auf ihr Bitten Toni's Ring. Da erscheint diese selbst mit Frau Merz, die ihr davon abgerathen hat; es kommt zu einer Auseinandersetzung, aus der man sieht, daß jener allen Glauben an Tugend, Idealismus, Glück und Ehre verloren hat. Toni tröstet ihn, er werde es verwinden und sich emporarbeiten. Märklin: „Ohne Glauben, ohne Liebe!? — ein Lump, ja! der gelernt hat mit der Gemeinheit paktieren!" Toni: „Du wirst nur denken, wie man denken muß heute: ruhig, praktisch und nüchtern ... und wie alle denken!" Märklin: „Mag sein! Doch wenn alle so denken, so sind eben alle Lumpen!"

So schließt das Stück, welches Flaischlen eine „Alltagsgeschichte" nennt. Nun, wir hoffen, sie ist nichts weniger als das! Eine so verrückte Person, wie Toni, welche aus plötzlicher Nymphomanie ihren Bräutigam verführen will, ist gewiß eine Seltenheit.*) So widerlich sie ist, so scheint der Verfasser doch dem Ideal zu huldigen, wenigstens deutet darauf das den Werken Nietzsche's entnommene Motto: „Man soll sich von dem schönsten Vermögen — dem, die Dinge in's Ideal zu erheben — nicht tyrannisieren lassen; sonst trennt sich eines Tages die Wahrheit von uns mit dem bösen Worte: „Du Lügner von Grund aus, was habe ich mit dir zu schaffen?" („Menschliches, Allzumenschliches" N. A. II, 149). Flaischlen, sagen wir, verwirft

*) „Fräulein Julie" höchstens von Strindberg, die wir später besprechen, handelt ähnlich!

nicht die menschliche, besonders poetische Neigung, die Dinge in's Ideal zu erheben, völlig, aber er will nur nicht von ihr tyrannisiert sein — soll wohl heißen, einseitig beherrscht werden. Aber muß man darum in's andere Extrem fallen und mit Toni, Frau Merz und Harwitz die Ideale sämmtlich für „Quatsch“ (S. 18) halten? Wir können uns denken, daß ein Mädchen von 25 Jahren, welches 5 Jahre verlobt ist, sich nach der Ehe sehnt — aber muß sie es so gemein, so thierisch, so brutal thun? Sind wirklich die besten Ehen die, da Mann und Frau wie gute Freunde? Ist Liebe Haß? Kämen wirklich die meisten Hochzeiten nicht zu Stande, wenn man statt 3 und 6 Monate etwa 9 und 12 verlobt sein müßte? (S. 11). Was sich Toni unter „Liebe“ denkt, ist nichts weiter als Geschlechtsgenuß, sie fühlt, wie sie selbst sagt, wie eine Messaline, wie eine Hetäre! (S. 15). Und scheint uns die Heldin durchaus verzerrt, outriert, so ist auch der Bräutigam falsch gezeichnet. Er, der fleißige, ehrenhafte Gelehrte, der Toni's Anträge mit Abscheu zurückweist, soll, wie die 5. Scene vorführt, sich seine Maitresse halten und dann noch so verzweifelt über den Verlust seines Glaubens an Ehre und Tugend reden? Endlich spielt auch Frau Merz eine sehr fragliche Rolle: es wird einem nicht klar, ob sie im Geheimen ebenso denkt, wie ihre famose Freundin, oder ob sie im Ernst Dr. Märklin's Tüchtigkeit und die Heiligkeit der Ehe achtet. So sehen wir in Flaischlen's Versuch eine in's Extrem getriebene Polemik gegen lange Verlobungen, verquickt durch Farben, die er nicht dem wirklichen Leben, sondern einer erhitzten Phantasie entnommen hat.

Wie gesagt, Cäsar Flaischlen will sich mit Nietzsche von den Idealen nicht tyrannisieren lassen, aber was setzt er und seines Gleichen an deren Stelle? Das Alltägliche, Praktische, Nüchterne, die Denkweise aller Philister. Denn Toni und Consorten denken trotz aller Phrasen doch nur wie ein Philister, der sein gutes Essen und Trinken, sein altdeutsch-neumodisches Ameublement und ein bischen Maitressenthum für das Leben hält. Zwei unserer größten Künstler, welche durch ihre Originalität himmelhoch ragen, A. Böcklin und Rich. Wagner, haben bewiesen, daß die Phantasie, mag sie in Farben oder Tönen sprechen, nicht erstickt wird durch den Wirklichkeitssinn der Mitwelt, sondern nur Vortheil daraus zieht, indem sie durch realistische Mittel ihren Gestalten einen größeren Grad der Wahrscheinlichkeit verleiht. Böcklin's Meerweib und Wagner's Fafner stellen gewiß die höchsten Anforderungen an Glaubwürdigkeit, und doch stehen beide der Natur näher als die meisten Gebilde unserer „Gründeutschen." Nicht der Gegenstand, sondern die Behandlung macht den Realisten. Und realistisch, d. h. wahr, wirklichkeitsgetreu, ist Flaischlen's Toni durchaus nicht. Geben wir selbst ihr Benehmen bis zur Thiergartenscene als möglich zu — ganz unwahrscheinlich ist es, daß sie nachdem Dr. Märklin sie für jedes harte Wort um Verzeihung gebeten, ja sogar die Reise nach Hamburg versprochen hat, nichts mehr von ihm wissen, sondern die Verlobung auflösen will. Unwahrscheinlich noch mehr ihr Besuch in der 5. Scene, nachdem sie auf der Trennung bestanden hat; denn dieser Besuch ist eine Sentimentalität, die ihrem Wesen völlig widerspricht!

Die zuerst verbotene, dann freigegebene „Komödie" O. E. Hartlebens „Hanna Jagert" (Berlin 1893) macht auch gegen die Ehe Front. Er zeigt uns nämlich darin ein Mädchen, welches drei Liebhaber hintereinander hat, einen socialdemokratischen Schriftsetzer, einen Fabrikanten und einen Baron. Den ersten hat sie aus Liebe, den zweiten aus Noth und Bildungsbedürfnis, den dritten aus Klugheit. Ihn heirathet sie auch in Gegenwart der beiden ersten. „Sie hat eben Humor!" sagt der Fabrikant richtig. Natürlich wird sie es auch bei dem faden Baron nicht lange aushalten! — Uebrigens ist des Verfassers natürliche Sprache und Darstellung zu rühmen.

⟶⤙⟵

Max Stirner, ein Vorläufer Fr. Nietzsche's, feiert das Hetärenthum. Nachdem er den Kampf zwischen Sinnlichkeit und Tugend geschildert, fährt er fort: „O Ninon, o Lais, wie thatet ihr wohl, die bleiche Tugend zu verschmähen! Eine freie Grisette gegen tausend in der Tugend graugewordene Jungfrauen!"

Dies scheint auch fast die Ansicht von **Felix Holländer** und **Hans Land** zu sein, welche 1892 das moderne Drama in 5

Aufzügen: „Die heilige Ehe“ geschrieben haben. Seine Auf=
führung im Residenztheater in Berlin wurde von der Polizei ver=
boten, später aber durch richterliche Entscheidung erlaubt.

Der erste Act macht uns mit Lieschen Röseler, der Ge=
liebten Fritz Langner's, mit ihrer Mutter und ihrem Bruder Erich
bekannt. Seit Jahren durch Fritz an Pracht und Luxus gewöhnt,
hat sie fortwährend ihre Verwandte, besonders den leichtfertigen
Bruder, einen Postbeamten, unterstützt. Dieser bittet sie heute
um 200 Mark, um einen Wechsel zu bezahlen. Ehe er seinen
Wunsch bei Lieschen durchsetzen kann, kommt Fritz, um ihr nach
einigen Umschweifen zu sagen, daß er durch Eltern, Verwandte
und Freunde so lange gedrängt und gequält worden sei, bis er
sich entschlossen habe zu heirathen. Entsetzt stürzt sie hinaus;
gleich darauf kommt der alte Langner und bespricht nun, nach
Fritz's Fortgang, so schonend als möglich, doch geschäftsmäßig
die Sache, bietet ihr Geld an, das sie voll Abscheu zurückweist,
bittet sie seinem Sohne später nicht Unannehmlichkeiten in der
Ehe zu machen und entfernt sich rasch, während jene „gellend
aufschluchzt und sich verzweifelt weinend auf's Sofa wirft.“

Der zweite Act zeigt uns Fritz mit Mella Gebhardt
verheirathet. Sie haben ein solennes Mahl gegeben, an welchem
sich besonders der alte Langner und Fritzens Freund, Dr. Mixius,
delectiert haben. Die „heilige Ehe“ wird nun in drastischen
Farben gezeichnet: die alten Langner's leben ebenso unglücklich,
wie die jungen, und Mella's Mutter findet das nicht minder na=
türlich als der eingefleischte Hagestolz Mixius. Der alte Langner
ist natürlich ganz erbaut von dem Ehestande seines Sohnes. „Ich
weiß nicht, was de Leute wollen! Is doch bildscheen auf der
Welt! (Zu Mixius): Nu sagen Se selbst, Herr Doctor, was fehlt
den jungen Leuten hier? Sone Häuslichkeit. 'n Idyll — geradezu
'n Idyll! Aufrichtig, Kleine, so scheen haste dir's wohl nich ge=
dacht?“ — Wie er selbst zu seiner Frau steht, zeigen folgende
Zeilen (S. 37): Als Mixius der Frau Gebhardt ein wenig
den Hof macht, sagt Herr Langner zu ihr: „Das sag' ich Ihnen
(auf Mixius weisend) der da — m — na!“

Frau Langner (fixiert ihren Mann scharf): Theodor!

Langner (legt die Hände auf den Rücken, blickt Frau Gebhardt resigniert, mit herabgezogenen Mundmuskeln, an).

Frau Langner (schärfer): Theodor!!

Langner (dreht sich wüthend um): Was willste nu schon wieder, mein Engel!...

Frau Langner. Mein Spitzentuch, Langner....

Langner (ungeduldig): Fritz, hol' ihr's Spitzentuch!" Kaum sind die Gäste fort, so bricht der Zwist zwischen Fritz und Mella heftig aus. Plötzlich fragt jener (S. 44): „Wo is's Abendblatt?"

Mella (unverschämt): Soll ich dir's vielleicht holen?

Fritz (sieht sie groß an, reißt sich mit einer Bewegung zorniger Verachtung los und klingelt).

Dienstmädchen (tritt auf, das Blatt in der Hand).

Fritz (grob): Her — die Zeitung! 's gut!

Dienstmädchen (ab).

Fritz (setzt sich an den Tisch und liest).

Mella (nimmt das Morgenblatt aus der Zeitungsmappe, liest, lacht auf, sieht zu Fritz hinüber, der sie nicht beachtet).

Mella (liest laut): Schauspiel — — Deutsches — Lessing .... Residenz .... (lebhaft): Du, Marquise .... ach, das soll himm= lisch sein .... da möcht' ich hin!

Fritz (liest weiter, scheinbar ruhig): Is gar nich himmlisch, is blos unanständig ....

Mella (entzückt): Schad't doch nichts .... Bin ja 'ne ver= heirathete Frau! Du, da möcht' ich wirklich hin!..."

Dann will sie in die Blumensäle, wo Mixius noch nicht einmal war, überhaupt fort, nur nicht zu Hause bleiben. Es kommt fast zu Thätlichkeiten (S. 47).

Fritz (packt sie rasend am Handgelenke; heiser): „Was willst du eigentlich?

Mella (verblüfft, stammelnd, eingeschüchtert, leise): W...w... wa—s? Wa—as ich will? W—as ich will? (rasch sich überstürzend, schreiend): Ich will leben! Ich will merken, daß ich lebe! Ich will .. ich .... will ... ich will .. (reißt sich los) nicht ein=

gesperrt sein! Nicht in einem Käfig sitzen! (heiß): Ich will ge=
nießen!! Wozu hab' ich denn geheirathet!?"

Fritz hält ihr nun vor, was für Vergnügungen sie alle in
ihrer kurzen Ehe genossen hat, er hatte gehofft, sie würde endlich
häuslich werden, aber: „Für dich — ja für dich ist die Ehe nur
— nur eine Loslassung — nur eine Loslassung — — aus —
aus Zwang — aus Zwang und Unfreiheit! — in's Zügellose . . . .
Pfui — — — (tritt einen Schritt zurück): Schäm — dich!

Mella (rasend, bebend). Schämen! . . . Schämen!!! . . . Das
— — das — — unter — — — unterstehst du dich!! . . .
Gut . . . Jetzt — — — jetzt . . . jetzt . . . weiß ich, was ich zu
thun habe . . . . jetzt ist es aus!!! . . ." (am ganzen Körper bebend, ab)

Mixius erscheint und sucht Fritzen zu beruhigen; gleich darauf
kommt Erich, Lieschens netter Bruder, und erpreßt von Fritz
200 Mark, da jene krank sei; Fritz gibt ihm gleich 400!

Im dritten Acte tritt Frau Gebhardt mit Mella auf,
um diese, die gestern Abend wüthend fortgelaufen ist, mit ihrem
Gatten zu versöhnen. Fritz ist indessen fortgegangen, das Dienst=
mädchen wird ihm nachgeschickt, da erscheint der alte Langner,
und die Damen gehen hinaus. Nach längerem Hin und Her er=
klärt Fritz, da Mella ihm fortgelaufen sei, wolle er sich von ihr
scheiden lassen; er erzählt, wie er sich seit Wochen von Sehnsucht
verzehrt, sich aber an die Pflicht geklammert habe. Und als
Langner sagt, er werde doch nicht die Ehe brechen (S. 75), sagt
Fritz (dumpf, leise): „Ehebrechen — ehebrechen . . . . (aufschluchzend)
Ja — es ist eine Ehe gebrochen worden — eine heilige Ehe . . ."
Und als dann Frau Gebhardt eintritt, kündigt er es ihr „mit
tiefstem Schmerze" an.

Der vierte Act führt ihn, wie zu erwarten war, wieder
zu Lieschen. Aber er findet sie nicht so, wie er sie verlassen hat,
wieder. Sie hat indessen andere Liebhaber gehabt, reichere und
schlechtere als Fritz. Sie ist eine freche Dirne geworden, was
ihm Frau Röseler alles triumphierend erzählt. Auf seine Vor=
würfe erklärt ihm aber Lieschen (S. 91):

Lieschen. Das sagst du? Du, der das aus mir gemacht hat? Als du damals fortgegangen warst, so von mir fortgegangen, und als ich dann wiederkam — in — dies — — Zimmer, wo mir all' die Wärme entgegenschlug .... dieser heiße Dunst, so daß ich nichts mehr sehen konnte, (leidenschaftlich) bis ich mit einem= male sah — sah, daß du feige fortgegangen warst, fortgegangen in dieser Stunde — (verächtlich) um einen fremden Mann mit mir handeln zu lassen, mich mit Geld kirre zu machen, — da — da (wendet sich voll Abscheu ab): ach pfui ... (dumpf), damals, in dem Augenblicke bin ich gemein geworden .... gemein .... Zuerst — weißt du ... zuerst — da — da dacht' ich ... an's Wasser .... an, Herrgott — was weiß ich! Aber auf einmal fing ich zu lachen an, laut und gemein zu lachen .... (dumpf): du — nur du hast die Schuld; du hast mich zur Dirne gemacht!...

Fritz (vor sich hinstarrend): Alles — alles vorbei ... zu Ende!

Da kommen ihre betrunkenen Freunde und Gönner.

Im fünften Acte feiert die Familie Versöhnung durch ein feines Essen. Frau Gebhardt spricht ihrer Tochter zu, dem Fritz sein Vater und Dr. Mixius. Jener erklärt „fertig zu sein," da er sein Liebstes im Schmutze wieder gefunden hat. An seine Frau, seine Familie denkt er nicht (S. 103). Er sagt zu Mi= xius: „Ich bin ja nun hier, bleibe ja auch ... und was meinst du wird daraus: man läuft nebeneinander her, man zerrt an einer Kette, man büßt seine erbärmliche Feigheit mit einem ganzen Leben, setzt Kinder in die Welt, die zwei Menschen zu einander zwängen, Kinder, die dann in dieser trostlosen Oede aufwachsen und um ihr Bestes betrogen werden (kurze Pause): Siehst du, das steht mir bevor.... Das ist meine Zukunft (höhnisch): Noch 'n paar Jahre und — und man wird immer elastischer.... und schließlich ein Lump!"

Das Drama von Holländer und Land ist im Kern unmo= ralisch, äußerlich dagegen wenig anstößig. Das Treiben bei der Dirne Lieschen, wie sie sich selbst ja bezeichnet, wird nur ange= deutet. Was aber am meisten verletzt, das ist die Ironie, mit

welcher die Ehe behandelt wird. Wie Fritz sagt, „eine heilige
Ehe" ward gebrochen, so meint es auch der Titel des Stückes:
Ihr nennt die Ehe ein heiliges Institut, aber seht hier, wie sie
in Wirklichkeit aussieht! — Ferner stößt der Umstand ab, daß
Fritz, welcher doch am meisten schuldig ist, denn er hat sowohl
Lieschen verführt und dann feig verlassen, als auch eine Ehe ganz
leichtsinnig geschlossen, daß Fritz, sagen wir, sich als Märtyrer
aufspielt. Er, der durch sein Vorleben jeden Anspruch auf Ehe-
glück verscherzt hat, thut, als ob er wunderwas leistet, wenn er
zu seiner Frau zurückkehrt. — Und was für Eheleute werden
uns überhaupt vorgeführt: Der ganz oberflächliche, genußsüchtige,
frivole Langner und seine spinöse, zanksüchtige Gattin; Frau
Gebhardt, Mella's Mutter, die auch keine gute Erfahrung betreffs
der Ehe gemacht hat; und endlich Fritz und Mella, das junge
Paar, von denen jener vor der Ehe alles gekostet hat, diese es aber
in der Ehe thun will. — Was soll das Stück? Will es sagen,
so ist die Ehe meistens, so ist es eine starke Uebertreibung; so ist
sie manchmal, so war der Titel ganz falsch gewählt.

Direct gegen die Ehe ist J. H. Mackay's Erzählung: „Die
Menschen der Ehe" (1892) gerichtet. Der Held wird durch
den Brief einer früher einmal Angebeteten nach seiner kleinen
Geburtsstadt gerufen, wo sie jetzt unpassend verheirathet ist. Er
findet sie nur unzufrieden, gelangweilt, nicht unglücklich. Er setzt
ihr auseinander, daß die Ehe Unsinn sei, daß nur die freie Liebe
achtungswerth. „Ich kenne nur ein Verhältnis wie zwischen Mensch
und Mensch, so zwischen Mann und Weib, das ich würdig nenne:
das auf gegenseitiger Unabhängigkeit beruhende" (S. 48). Die
Menschen sollten sich trennen, sobald sie sich nicht mehr lieben
(50). Freilich, die „satte, selbstgefällige, verächtliche Moral der
Bourgeois" (54) sträube sich noch dagegen; aber sie werde schon
bald abgewirthschaftet haben. Um diesem Ziele näher zu kommen,
schließt Herr Grach mit Dora Syk eine freie Ehe! Nach einer
kurzen Unterredung folgt sie ihm, macht aber vorher aus, daß sie
ihre völlige Unabhängigkeit behalten solle (77). „Wir werden uns
gegenseitig verschonen mit allen läppischen Zudringlichkeiten an

Zeit und Stimmung . . . . und, was das Wichtigste ist, wir werden uns trennen in der ersten Stunde, in welcher wir — — anfangen werden uns miteinander zu langweilen."

Deutlicher läßt sich dieser Standpunkt nicht ausdrücken!

Bis zu welchem Grade der Begriffsverwirrung man gelangen kann, zeigt A. **Strindberg** mit seinem „Naturalistischen Trauerspiel" Fräulein Julie (Leipzig, Reclam, Heft 2666), das wir wegen der principiellen Einleitung besprechen.

Der Stoff und die Behandlung sind gleich abstoßend. In der Johannisnacht, während ihr Vater abwesend ist, verführt (!) Gräfin Julie den Bedienten Jean und schneidet sich dann mit seinem Rasiermesser den Hals ab. Außer diesen zwei Helden des Stückes haben wir nur noch eine Person, die Köchin Christine, eine cynische Frömmlerin. — Als Mannweib von ihrem excentrischen Vater erzogen, hat Frl. Julie bisher alle Männer verabscheut, jetzt aber, von ihrer Sinnlichkeit getrieben, zwingt sie förmlich Jean zu schamlosem Thun. Kaum ist es geschehen, so bereut sie es, zumal jener sie alsbald als Dirne behandelt. Bezeichnend ist für ihre Weltanschauung, was sie S. 61 sagt: „Wer hat die Schuld an dem, was geschehen ist? Mein Vater, meine Mutter, ich selbst? Ich selbst? Ich habe ja kein Selbst. Ich habe nicht einen Gedanken, den ich nicht von meinem Vater, nicht eine Leidenschaft, die ich nicht von meiner Mutter bekommen hätte, und das Letzte — daß alle Menschen gleich seien — bekam ich von meinem Verlobten, den ich darum einen Schuft nenne. Wie kann es aber mein eigenes Vergehen sein? Die Schuld auf Jesus zu schieben, wie es Christine macht — nein, dazu bin ich zu stolz und zu klug, — dank den Lehren meines Vaters. Und daß ein Reicher nicht in's Himmelreich kommen könne, das ist Lüge, und Christine, die Geld auf der Sparcasse hat, kommt zum mindesten nicht hinein! Wer hat die Schuld an dem Vergehen? Was geht es uns an, wer sie hat! Bin ich es doch, der die Schuld und die Folgen zu tragen hat!"

Wir sehen also, ganz wie wir es oben auseinandersetzten, leugnet Strindberg Willensfreiheit, Verantwortlichkeit und Schuld.

Der Mensch hat nur die Folgen zu tragen, schuldig sind die Eltern, die Gesellschaft!

Dem „Trauerspiel" hat der Verfasser ein längeres Vorwort vorausgeschickt, das uns mehr interessiert als jenes.

Er meint, das Theater, diese „Volksschule für die Jugend, die Halbgebildeten und die Frauen," scheine, wie die Religion, „sich gleich einer aussterbenden Form hinzubetten, zu deren Genuß uns die erforderlichen Voraussetzungen fehlen." Strindberg will nun die Form diesen gemäß modernisieren. Der Stoff eigne sich für ein Trauerspiel, denn noch mache es einen traurigen Eindruck, ein unter glücklichen Verhältnissen sich entwickelndes Individuum untergehen, ja ein ganzes Geschlecht aussterben zu sehen. „Aber," fährt er fort (S. 2), „es wird vielleicht eine Zeit kommen, da wir uns so entwickeln, so aufgeklärt werden, daß wir gleichgiltig diesem jetzt rohen, cynischen und herzlosen Schau spiel, welches das Leben darbietet, zusehen werden, da wir diese niedrigeren und unzuverlässigen Gedankenmaschinen, welche Gefühle genannt werden, abgelegt haben, weil sie überflüssig und schädlich werden, sobald unsere Urtheilskraft ausgewachsen ist." Also ganz wie F. Nietzsche, der Mystagoge des Naturalismus (s. S. 69). „Daß mein Trauerspiel einen traurigen (soll heißen mitleiderregenden) Eindruck auf Viele macht, ist also der Fehler dieser. Wenn wir stark werden, wie die ersten französischen Revolutionsmänner, wird es unbedingt einen guten und frohen Eindruck machen, der Ausrottung eines Parkes von morschen, überjährigen Bäumen zuzusehen!" Der Jean in „Fräulein Julie" ist so ein „starker Mann;" er verhöhnt die Heldin, macht sich über die Schande und Vernichtung ihres Stammes lustig, hackt ihrem Zeisig den Kopf ab und reicht ihr kaltblütig sein Rasiermesser zum Selbstmord.

Juliens Schicksal ist nach Strindberg eine Ausnahme, also eine Abnormität; weshalb also solche darstellen? Seine Motivierung beweist die Widersinnigkeit des Unternehmens. Er selbst sagt (S. 6): „Fräulein Juliens trauriges Schicksal habe ich durch eine ganze Menge von Umständen motiviert: Die Grundinstincte der Mutter; die falsche Erziehung des Mädchens durch den Vater; das eigene Naturell und die Suggestionen des Bräutigams auf das schwache, degenerierte (!) Hirn; sodann auch momentane: Die Feststimmung der Johannisnacht; die Abwesenheit des Vaters; die Beschäftigung mit dem Thiere; der aufregende Einfluß des Tanzes; die Dämmerung der Nacht; die starke, berauschende Wirkung der Blumen; und schließlich der Zufall, welcher die Beiden in einen geheimen Raum zusammentreibt, sowie die aufregende Zudringlichkeit des Mannes." — Wir haben oben (S. 61) und in unserer Schrift „über die Freiheit des Willens" gezeigt, daß dieses alles die Selbstbestimmung und Verantwortlichkeit des Menschen nicht aufhebt. Wir behaupten daher das Gegentheil von Strindberg, wenn er sagt: „Ich bin also nicht einseitig physiologisch verfahren, auch nicht monoman (?) psychologisch, ich habe die Schuld nicht nur der Vererbung von der Mutter oder ausschließlich der Unsittlichkeit aufgebürdet, noch blos Moral gepredigt." (Das hat er wahrhaftig gar nicht gethan!)

Mit Recht verwirft unser Verfasser die typischen Charaktere, welche „fix und fertig" sind, wie bei Molière; aber wenn er sich (S. 8) rühmt, seine Charaktere seien „schwankender, zerrissener, von Altem und Neuem zusammengesetzter," so finden sie sich ebenso schon lange bei anderen Dichtern.

Interessant ist es, was Strindberg, ganz à la Nietzsche, unter Schuld und Sühne versteht. „Die Schuld hat der Naturalist mit Gott zusammen ausgestrichen, aber die Folgen der That, die Strafe, Haftbarkeit oder die Furcht davor, kann nicht gestrichen werden, aus dem einfachen Grunde, weil sie bestehen bleiben, ob er nun freispricht oder nicht; denn die Leute, denen Unrecht geschehen, sind nicht so wohlwollend gestimmt, wie diejenigen, denen keins widerfahren, es billig sein können." — Da hat es natürlich mit aller Ethik ein Ende!

Formell übrigens wollen wir gern anerkennen, daß Strindberg Recht hat, wenn er (S. 12) gegen die französische Art des Dialogs polemisiert, wo sich die Personen als Katecheten betrachten, welche sitzen und dumme Fragen stellen, um eine prompte Replik hervorzurufen. Er hat die Gehirne ungehindert arbeiten lassen, wie sie es in Wirklichkeit thun, ohne daß in einem Gespräch das Thema völlig erschöpft wird. — Auch darin sehen wir eine beachtenswerthe Neuerung, daß er die Acteintheilung fallen gelassen hat, weil er glaubt, unsere Fähigkeit, eine Illusion festzuhalten, werde dadurch vermindert. Ob es freilich möglich sein wird, ein Stück von Anfang bis Ende ohne Unterbrechung aufzuführen, ist eine andere Frage.*) — Den Monolog will Strindberg nicht, wie die meisten Naturalisten, aufgeben; doch möchte er ihn einen begabten Schauspieler improvisieren lassen, gewiß ein kühnes Wagniß! Er bemerkt aber selbst, wo der Monolog unwahrscheinlich werden sollte, möge dafür die Pantomime eintreten. Er will nur eine Decoration, damit sich die Personen mit der Umgebung verschmelzen, und die Hinterdecoration und der Tisch sollen schräg stehen, um die Schauspieler en face und in halbem Profil spielen zu lassen, wenn sie sich am Tische gegenübersitzen. — Er polemisiert auch mit Recht gegen das Rampenlicht, welches die Gesichter der Schauspieler verzerrt. Zum Schluß bittet er die letzteren, sich nicht zu schminken und für das Publicum, nicht mit ihm zu spielen; doch hat er keine Hoffnung, diesen Wunsch erfüllt zu sehen.

Aus allem Angeführten erkennt man, daß A. Strindberg manchen beherzigenswerthen Wink für das Theater gibt.

—>—<—

Eine ebenso scharfe Verhöhnung der Ehe, wie „Frl. Julie" ist Hermann Bahr's „Dora" (Berlin 1893). Diese Novelle erzählt, wie der Wiener Professor und Abgeordnete Jan Blubinski, ein Pole von Geburt, die Frau seines ehemaligen Busenfreundes Schlicht, Dora, im Bade kennen lernt, verführt und nun sein Verhältnis zu ihr ganz frech in Schlicht's Hause fortsetzt.

---

*) H. v. Kleist mit seinem „Zerbrochenen Krug" ist übrigens sein Vorläufer.

Sein betrogener, aber zu vertrauensseliger Freund, den anonyme Briefe gewarnt haben, bittet ihn sein Haus zu meiden, aber sein Freund zu bleiben. Als jener, ein großer Eisenbahnunternehmer, nach Ungarn reist, treffen sich die Liebenden in einem kleinen Orte und gerathen bald in Wortwechsel. Schließlich, da Schlicht Bludinski's Fürsprache braucht, um Director der Stadtbahn zu werden, bittet er ihn wieder fleißig in sein Haus zu kommen, nachdem Dora, die „anständige Frau," sich heuchlerisch dagegen gesträubt hat. Jan behauptet in einem Gespräch (S. 83), alle Frauen, auch die sogenannten anständigen, fallen, wenn der Rechte kommt, auch Dora! — Schlicht ist wüthend, er fragt, nachdem jener gegangen, seine Frau, und diese spielt frech die gekränkte Unschuld! Schlicht wird Director und es bleibt alles beim Alten. Motto dieser famosen „Wiener Geschichte" ist: „Chi dice donna, dice danno, malanno tutto l'anno" (Goldoni).

In der That, die Frechheit der Beiden, Jan und Dora, ist unglaublich. Jener beschwichtigt alle Skrupel damit, daß ja seine Freundschaft mit Schlicht gar nicht mehr so eng ist; daß es so von selbst mit Dora gekommen; daß sie ihn unter Thränen gebeten hat, in Wien vorzusprechen; daß eigentlich Schlicht- durch seine Vertrauensseligkeit Schuld an allem ist u. s. w. (S. 56, 57). Nicht weil er sie liebt, sondern aus Eitelkeit und über jenen zu triumphiren, setzt er das Verhältnis fort, welches ihm (S. 65) „reiner, tiefer, heiliger" vorkommt, als sonst eines bisher! — Der Grundgedanke der ganzen Geschichte steht S. 82: „Ich meine es ganz ernst. Wer nicht betrogen sein will, soll nicht heirathen. Sonst gibt es keine Garantie."

Drollig ist's, wie H. Bahr über die Berliner Naturalisten urtheilt. Sein feiner Jan wendet auf seinen zahlreichen Liebesabenteuern ihre Namen an, um incognito zu reisen. „So rächen sie (er und Dora) sich an der neuen Berliner Literatur, weil sie langweilig ist. Sie reisen immer unter einem von diesen gern berühmten Namen..... Wenn es ihre Frau erfährt, so läßt sie sich scheiden, aber wahrscheinlich sind sie gar nicht verheirathet; sie schreiben so unverheirathet!"

Einer der radicalſten Jüngſtdeutſchen iſt **Hermann Conradi**. Seine früheren Schriften „Phraſen“ (1886), „Lieder eines Sün= ders“ (1884) und „Brutalitäten“ (1885) waren ſchon ein ſelt= ſames Gemiſch von Geſchmackloſigkeit, Reflexion und Gemeinheit. Am frechſten aber iſt ſein Roman „Adam Menſch“ (1887).

Der Held des Romans iſt ein verbummelter Philologe, der ſeit längerer Zeit an einem Buche: „Proletariat des Geiſtes“ ſchreibt, aber eigentlich gar nichts thut. Er folgt vielmehr ganz ſeinen Stimmungen (S. 124, 143, 151, 159, 242, 375), mögen ſie ihn zum Guten oder Schlimmen führen. Er verführt Hedwig Irmer, unterhält daneben ein Verhältnis mit Emmy und verlobt ſich zwei Tage darauf mit der reichen Witwe Lydia, das iſt alles. Die Geſchichte ſelbſt iſt alſo ebenſo gemein, als langweilig. Von Intereſſe jedoch erſcheint uns die Charakterzeichnung Adam's und ſeine Weltanſchauung.

Adam's Vater war „verſchwommen an Leib und Geiſt, eigen= willig, aufbrauſend, unſtet in Stimmungs= und Willensgegen= ſätzen lebend, von ſchnurrigen Einfällen behaftet, nicht ohne eine gewiſſe Eigenart und Kraft, aber ohne die Sicherheit, ohne die Lebensgarantie der Beſchränktheit“ (S. 11). Da ſein Bäcker= handwerk rückwärts ging, ergab er ſich dem Alkohol. „Adam's Mutter hatte ſich die Kehlkopfsſchwindſucht anſchaffen müſſen“ (S. 12). Auch unſer Held huldigt dem Abſynth. „Wiſſenſchaft= lichen Ehrgeiz beſaß er nicht. Zur Liebe hatte er nicht Geduld, nicht Ausdauer mehr, Erkenntnisreſultate befriedigten ihn nicht“ (S. 20). Egoiſt ſchlimmſter Sorte (S. 366), Epikureer (S. 112, 118, 143, 179, 343), blaſiert (gâté, râté S. 110), gegen die, welche ſich ihm hingeben, grauſam, ja öfters teuſliſch (S. 260, 279, 303, 335), unzuverläſſig und herzlos (S. 444), geradezu ruchlos (S. 336, 338). Dabei weiß er ſich natürlich völlig vor ſich zu entſchuldigen. Pflicht und Gewiſſen ſind ihm Märchen (S. 325). „Eine ganz anſehnliche, gar nicht ſo minorenne Menge irriger Anſchauungen und eingewurzelter Vorurtheile wird (hofft er) beſeitigt werden. Z. B. die von gewiſſen Zöpfen und Per= rücken heute noch mit ſperrangelweit aufklaſſenden Mäulern be=

anstandeten „materialistischen" Auffassungen in puncto der Beur=
theilung von sogenannten „Verbrechern" — überhaupt von allen
„Gesetzesübertretern" — sie werden natürliches Gemeingut Aller
geworden sein. Die Aera der seelischen Vertiefung und Erkennt=
nis — des psychologischen Verständnisses wird gekommen sein.
Die Märchen vom freien Willen, von persönlicher Schuld, von
persönlicher Verantwortung — sie hat ein freier und klarer und
gegenständlicher denkendes Geschlecht in die Rumpelkammer der
Vergangenheit geworfen (S. 235); die Rücksichtslosigkeit müßte
zum Princip erhoben (S. 434), die freie Liebe eingeführt werden
(S. 237)! Freilich fühlt er sich hoch erhaben über die Moral
der Massen, die „Subalternmoral;" „er stand über allen, die da
an ihm vorübergingen. Er war nicht verpflichtet, ein Opfer
ihrer lächerlichen Subalternmoral zu werden.... Nein! Bei Gott
nicht! Er stand über Allen. Und darum, glaubte er, hätte er ein
Recht zu seiner Freiheit" (S. 341). Er ist, wie ihn Conradi
selbst (S. 350) nennt, ein „unleidlicher Individualitätsfex;" sein
Motto ist (S. 121):

> „Hilfreich ist der Mensch,
> Edel und gut —
> Doch zuweilen, wenn er grade Durst hat,
> Säuft er seines „Nächsten" Blut!"

„Es lebe der Leichtsinn und seine ehrenwerthe Amme, die
Allerweltsgleichgiltigkeit!" (166). Denen, die nicht so denken, ruft
er (S. 359) zu: „Geht, ihr seid nicht vom Geschlecht der Starken
und Freien — vom Geschlecht der Gott= und Weltverächter! Ihr
seid Schwächlinge, Ihr seid Memmen und Lügner!"

Freilich, bisweilen wird er dieses Lebens mit liederlichen Dir=
nen (S. 265 werden zwölf aufgeführt!) überdrüssig, ja, es ekelt
ihm vor sich selbst (238, 356, 394) und er sucht dann Betäubung
im Rausche, doch dann stärkt er sich wieder an sinnlosen Phrasen.

Solches Individuum, dem der Erzähler selbst kaum e i n e n
guten Zug geliehen hat, ist nun ein R e p r ä s e n t a n t der Mo=
dernen! „Wir sind so gut wie ausgehöhlt. Durch Leidenschaften

gebrochen, denen wir uns ergeben haben, weil wir nicht wußten, wie wir besser unsere Zeit todtschlagen sollten. Wir waren rathlos geworden, weil wir erkannt, daß unsere Ideale Illusionen gewesen (S. 103) .... So sind wir — und mag das noch so widerspruchsvoll klingen — hagebuchene Individualisten geblieben und doch zugleich auch Positivisten und Phänomenalisten geworden. Die Entwickelung eines modernen Menschen vollzieht sich ja verhältnismäßig sehr einfach.... So ein armes, wirklich ganz messianisch veranlagtes, mit dem wüthendsten Drange zu helfen, zu erhöhen, zu versöhnen, ausgerüstetes — von allen Welträthseln gequältes, von tausend Ahnungen, Stimmungen, Erwartungen, Hoffnungen, Entsagungen, von tausend Tendenzen, von einer Unzahl von Gefühlen, Gedanken und Problemen hin- und hergeschütteltes Individuum wird dann gewöhnlich nebenbei auch noch für „verrückt,“ „unzurechnungsfähig,“ „pathologisch“ u. s. w. erklärt“ (S. 220, 221). „Wir kommen schließlich dazu, einen schrankenlosen Individualismus zu cultivieren“ (S. 234)... „Nun, wir Mischlinge der Romantik und des modernen Realismus haben ja Vorrath in dieser Beziehung — wir leiden ja alle an einem gewissen trop de coeur. Oder würden wir uns sonst so furchtbar interessant vorkommen, wie es thatsächlich der Fall ist? Würden wir sonst so eifrig an uns herumspintisieren und herumtüfteln, herumschnüffeln und uns von hinten und von vorn begucken und behorchen? Wären wir sonst solche capitalen Narren und machten durch eine ewige Analysierungswuth aller Worte, die wir sprechen, aller Handlungen, die wir in Scene setzen — machten wir dadurch unsere Beziehungen zu einander.... unter einander, zu den denkbar unerquicklichsten von der Welt?“ (S. 266).

— Bravo, Adam Mensch!

Schon aus den angeführten Proben können wir Conradi's Stil kennen lernen. Doch ihm würde ein Hauptzug fehlen, wenn wir nicht auf die rohen, oft scheußlichen Worte und Sätze hinwiesen. So die Bemerkung über Christi Kreuzestod (S. 27), über Gott (167), Unästhetisches (S. 164, 198, 201); oder wenn der Dr. Irmer ein armer „Kartoffelsuppengreis“ genannt wird.

Oft schreibt der Verfasser für „sehr" hagebuchen, verdammt, ver=
flucht, impertinent. Adam's Zustand nach einer wilden Nacht
wird (S. 301) so beschrieben: „Eine filzige Zähigkeit und
zugleich eine nervöse, unregelmäßige Bewegungssucht, eine zitternde
Unruhe spukten in seinen Gliedern, die wie dicker Brei gern in
ihren Lagen verharren wollten und diese doch stetig zu wechseln
strebten (?!). Seine Hände waren schwammig und aufgequollen,
seine Gesichtslinien an einzelnen Stellen, um Augen und Nase
herum, schärfer markiert und zugleich widerlich verwischt (?!).
Die Lippen trocken, spröde, auf der Zunge stand ein faber, dürrer,
kiesig prickelnder Sandgeschmack, die Stirn brannte von einem
pressenden Drucke" u. s. w.

Das ist Naturwahrheit, nicht wahr?

Noch einige feine Züge realistischer Schilderung. „Die Schatten
der auseinanderquellenden Nacht fielen dichter" (S. 5). Er hörte,
wie sich die Dame (Hedwig) mit etwas belegt=ausgefranster Stimme
E. Dühring's „Werth des Lebens" ausbat (5). Dämmerungs=
flocken lagen im Zimmer (9). — Nach dem Tode seines Vaters
hatte es Treugott Duök jun. für nützlich befunden, sich schon in
jüngeren Läuften seines angenehm gesicherten Lebens zum jovialen
Menschen herauszusetzen (S. 32). — Von Lydia wird gesagt:
„Alles solid, Herr Doctor, Geld, Fleisch, Lebensanschauung!"
(35). — Man gewöhne sich, bitte! daran, allenthalben als das
Selbstverständlichste von der Welt, nur Dreck, Moder, Schweiß,
Staub, Koth, Schleim und andere Parfums... zu erwarten! (37).
— Auch ihr mußten die Geständnisse etwas schattentöterig=bizarr
vorkommen (61). Ottilie, die pralle Jüdin, mit den polierten
Sammetaugen und dem Teint, der wie gekochtes Hühnerfleisch
aussah (265).

Nicht wahr, schöne Stilblüthen?

Der Roman endet, nachdem Adam sich entschlossen hat,
künftig zu arbeiten, mit folgenden Worten: „Na, ick bin ja man
doch bloß in absentia uff der Welt" —. tröstete sich Adam —
der brave Klempnergeselle (von dem er diese geistreiche Bemerkung
hat) behielt doch Recht.

„Auf welcher Welt werden wir einmal nicht in absentia da sein?"

„Adam hatte gut fragen. Die Antwort war ihm ja doch furchtbar schnuppe."

Eine ähnliche Gestalt wie Adam Mensch hat **Karl Bleibtreu** in seiner Novelle „**Die Prostitution des Herzens**" ge=zeichnet. *) Charakteristisch ist seine Widmung an M. G. Conrad:

„An der Isar grünem Brausen, vielgeliebter Kamerad,
Deine strammen Fortschrittsbeine wiesen mir den rechten Pfad.
Ja, wie Hagen und wie Volker wollen wir verbunden sein —
Bin dein treuer Heergeselle, du der Heergeselle mein.
Alle die verzagten Wichter, Blaustrumpfschmierer um uns her,
Wonnebrenzler, Feigenblättler jagen wir mit scharfem Speer.
Biß die dreimal heilige Wahrheit ihre schwarze Fahne reckt,
Biß der Menschheit tiefste Wunde keine Phrase mehr bedeckt.
Auf der Schildwacht lehnen trotzig wir an uns'rer Schwerter Knauf,
Doch wir geigen süße Töne, stieg der Mond am Himmel auf.
Realismus und Romantik, — Worte sind nur, Worte sie:
Doch ihr Sinn schmilzt ineinander in der neuen Poesie.
Stählern dröhnt mein Fiedelbogen, eisern haut dein starkes Wort —
Denn wir wissen, wo er schlummert, unser Nibelungenhort!"

So sehr wir den letzten vier Zeilen dieses Gedichtes beipflichten — die Classificierung der Dichtungen und Dichter ist leerer Wort= hall — so wenig scheint uns die Erzählung „Prostitution des Herzens" Poesie. Die eingestreuten Strophen nehmen wir zum Theil aus. Aber schon oben haben wir ausführlich gezeigt, daß Wahrheit nicht ebenso auf das ästhetische Gebiet anzuwenden ist, wie auf das intellectuelle. Wir können daher M. G. Conrad nicht zustimmen, wenn er in der Zuschrift an den Verfasser **Fr. Nietzsche's** Wort citiert: „Also sprach Zarathustra: Rede ich von schmutzigen Dingen? Das ist mir nicht das Schlimmste. Nicht,

---

*) In „Schlechte Gesellschaft" Leipzig, 1886. S. 24—183.

wenn die Wahrheit schmutzig ist, sondern wenn sie seicht ist, steigt der Erkennende ungern in ihr Wasser!" Die Wahrheit, denken wir, ist nie schmutzig, sondern nur die Form ihrer Darstellung. Ueber Prostitution in wissenschaftlicher Absicht und Form zu schreiben, etwa als Nationalökonom, Gesetzgeber, Arzt u. s. w., ist durchaus etwas Löbliches; nicht aber die künstlerische Darstellung derselben ohne einen idealen Zweck!

K. Bleibtreu führt uns einen jungen Journalisten vor, der in einem Tingeltangel eine Dänin kennen lernt, sie „in einer Mischung von Schmachtlappigkeit und cynischer Frivolität" (S. 133) liebt und sich, da er sie nicht dazu bringen kann, daß sie ihre Stelle als Kellnerin aufgibt, erschießt!*) Ob es wohl so verschrobene Glieder der „jeunesse d'horreur" geben mag? Jedenfalls ist die ganze Schilderung recht unschön; wir erinnern nur an die Lust und die Persönlichkeiten bei Lehmann's (S. 30) und im „Café X." (S. 152 u. ff.). Aber noch mehr muß man sich über des Verfassers Verherrlichung jener weiblichen Wesen wundern (S. 36.): „Die Ehe ist heute ein Luxus oder ein Thorheitsbedürfnis für grüne Jungen"; (S. 83.): „Die alleinstehenden Mädchen, von der anständigen Nähterin bis zur Berufsdirne herunter, besitzen weit mehr ernstliches Bedürfnis für Lectüre und Poesie-Anempfindung überhaupt, als die verbildete „höhere Tochter," die in Concert und Theater läuft und gähnend ihren Mode-Ebers und -Wolff herunterschlingt." (S. 153): „Man macht sich keinen Begriff davon, welche Gutmüthigkeit und Ueberschwenglichkeit bei aller sonstigen Gewissenlosigkeit man bei diesen Geschöpfen antrifft."

Dabei deutet es Bleibtreu sowohl im Ganzen wie im Einzelnen an (S. 67, 149, 174), daß ihm sein Held verächtlich erscheint; ja aber wozu denn solche Crudititäten wie S. 70, 124, 71 u. ö? Und ist es gerecht zu sagen (S. 174): „O diese Deutschen, das Volk der Dichter und Denker, das für geistige Genüsse

---

*) Fast denselben Stoff behandelt G. Egestorff (G. von Ompteda) in dem Roman „Die Sünde" (Lpz. 1891), doch sühnt hier der Lieutenant v. Harff sein Unrecht. Freilich läßt uns die Lösung (S. 398—404) unbefriedigt.

undankbarste und unempfänglichste, das materiellste und roheste der
Erde — wie ich dich hasse, mein theures Volk!“

Mit Recht sagt Bleibtreu S. 67: „Wozu gibt man sich denn
überhaupt mit solchen Dirnen ab?“..... Das ist auch ganz
unsere Meinung.

„Eine feine Familie“ schildert uns Bleibtreu in demselben Buche S. 210—264. Herr v. Sommersdorf hat früher
Adele, die Tochter der Frau v. Altdorf, ausgezeichnet, so daß sie
sich Hoffnungen auf ihn machte; er liebt aber jetzt ihre Mutter,
bei deren Gemahl er verkehrt. Um sie zu besitzen, verabredet er
mit ihr, daß er ihre Tochter heirathen werde. Er thut es; vernachlässigt seine ihn zärtlich liebende Gattin; das Kind, welches
Frau Altdorf ihrem 60=jährigen Gatten schenkt, rührt von ihrem
Schwiegersohn her (S. 228), und Adele sucht den Tod, weil sie
eines Tages eine wilde Liebesscene der beiden belauscht hat. Sie
erkältet sich absichtlich und verschlimmert fortwährend durch Erkältung ihren Zustand. Ihr abscheulicher Gatte verläßt ihre Leiche,
um nach Australien auszuwandern.

Dasselbe ekelhafte Thema geplanter und cynisch durchgeführter
Blutschande behandelt **Max Kretzer** in „Drei Weiber,“ nur daß
hier noch die Kammerzofe hinzutritt!

Die letzte Erzählung in dem Bande (Schlechte Gesellschaft):
„Raubvögelchen“ (S. 265—489) zeigt uns einen idealistisch
angelegten Narren, den Componisten Ernst v. Bullrich, der sich
in die Bierhebe Toni verliebt, sie aus Eifersucht brutal beleidigt
und als sie, von ihrem Wirth fortgejagt, nach Wien abreist, dorthin begleitet. Hier überrascht er sie am ersten Tage mit einem
alten Liebhaber, Graf Martinek, ohrfeigt ihn und wird darauf
von ihm im Duell erschossen. Aus Aerger darüber, daß er ohne
Abschied fortgegangen, gibt sie sich dem ersten besten hin und stirbt,
als sein Testament, das sie zur Universalerbin macht, in ihre
Hand gelangt, an einem Blutsturz!

Als Motto hat Bleibtreu der seltsamen Geschichte Molière's
Wort vorgesetzt: „Vous voyez ce que peut une indigne ten-

dresse!" Er findet also Ernst's Liebe auch unwürdig, und dessen Freund nennt ihn wiederholt einen Narren. Wozu aber dann solche Geschichte überhaupt? Wozu vor allem solche Darstellung, die sehr oft in's Cynische, ja Ekelhafte verfällt? Wir wollen unsere Leser mit dem Abdruck der Stellen verschonen, unsere Feder sträubt sich, sie abzuschreiben. Aber der Verfasser scheint sich in der Schilderung solcher Widerlichkeiten gar nicht genug thun zu können. Wir weisen nur auf S. 370, 385, 403, 428, 441, 442, 457, 461, 472, 475, 479, 480 und 483 hin!

Und doch macht es bisweilen den Eindruck, als verabscheue er selbst diese ganze Welt der Gemeinheit, die er malt. So ruft er S. 456 aus: „O Mensch, o Vieh! O Narr, der an seine unsterbliche Seele glaubt! O Idealismus, du Narreninsel, du schwimmendes Irrenhaus mitten im unermeßlichen Morastmeere der Menschheit!" Und das Schlußwort des ganzen Buches (488—496) hat denselben Grundgedanken: „Soll nicht endlich die Zeit anbrechen, wo dem Idealen im Menschen und der Menschheit ein freies Arbeitsfeld geschaffen wird?.... Pfingsten! O wann wird wieder heiliges Geistesfeuer sich wahrhaft in die Herzen ergießen, der Geist gehobener Hoffnung, der Geist des Glaubens an den wahren Fortschritt der Menschheit, der Geist der christlichen Liebe? ..... Kommt, ihr verbitterten Gemüther, ihr mit dem Zeitgeist Ringenden, kommt zur Erkenntniß, daß nur das Christenthum gegenüber heidnischer und jüdischer Selbstsucht, welche nur die Macht und Kraft vergötterte, die Arbeit und das Dulden heilig spricht. Das heilige Mitleid aller mit allen ist die Vorstufe jener werkthätig schöpferischen Liebe, welche allein das Unglück der Menschheit überwinden kann!"

Das ist brav gesprochen.

Auf K. Bleibtreu's soziale Romane kommen wir im nächsten Kapitel.

IV.

Die soziale Dichtung und der Naturalismus.

Das Gebiet, auf welchem sich „Die Moderne" besonderer Erfolge rühmt, ist die soziale Frage. Wir haben ja oben (S. 19) Conradi's und Henckell's Versprechungen gehört. Gewiß, die soziale Frage beschäftigt unsere Zeit mehr als manche andere; daß sie aber die Dichter vor 1885 nicht auch schon auf's lebhafteste beschäftigt habe, ist ein großer Irrthum.

Wir erinnern zunächst an unsere Classiker: Lessing's „Miß Sara Sampson" und „Emilia Galotti," Schiller's „Räuber" und „Kabale und Liebe," Goethe's „Eugenie," „Wilhelm Meister" und „Wahlverwandtschaften" behandeln offenbar soziale Probleme. — Dann folgen die Romantiker, von denen L. Tieck eine Art von Wilh. Meister in seinem „William Lovell" schuf, Fr. Schlegel in „Lucinde" den Cultus der Sinnlichkeit predigte, Achim v. Arnim aber die Ehebruchsgeschichte der Gräfin Dolores sentimental-moralisch erzählte. Die zahlreichen Räubergeschichten, wie Vulpius' „Rinaldo Rinaldini," Zschokke's „Alamontade" u. a. sind auch Sozialromane, denn sie suchen den Verbrecher als tugendhaften Dulder, als achtungswerthen Menschen darzustellen, ähnlich, wie unsere Jüngsten die ganze Schuld für sein Dasein der Gesellschaft zuzuwälzen bemüht sind. Im Grunde ist das eine neue Art von Fatalismus: nicht der Einzelne mit seiner Freiheit soll verantwortlich sein, sondern das Ganze, das ihn hervorgebracht hat, physisch, psychisch und moralisch. — Das Junge Deutschland (seit 1830) brachte das Schlagwort von der Emancipation des Fleisches auf; die Ehe selbst ward ihm ein Problem, nicht der Mann allein, auch das Weib hatte seine Herzensrechte geltend zu machen. Wie unsere Stürmer, wollten sie die Befreiung der Sinnlichkeit aus den Schranken der Sitte, aus den Vorurtheilen der Philister, den dogmatischen Geboten der Kirche. Heinrich Laube's „Neues Jahrhundert" preist im Gegen= satz zu den „beklagenswerthen Galeerensclaven" der Sitte das Weib, „das sich mit Freiheit ergibt, das stark genug ist, die äußeren Nachtheile der Gesellschaft zu tragen, sobald diese den Be= trug gegen sich entdeckt." Karl Gutzkow's „Wally," welche 1835 auf Anlaß von Charlotte Stieglitz' romantischem Selbstmord ent= standen war, rief bekanntlich den Beschluß des deutschen Bundes (vom 10. December 1835) gegen das Junge Deutschland hervor, das Wienberg „Die Modernen" getauft hatte; denn, sagte der Bundestag, sie gingen darauf aus: „Die christliche Religion auf die frechste Weise anzugreifen, die bestehenden sozialen Verhältnisse herabzuwürdigen und alle Zucht und Sitte zu zerstören." Wir sehen also, Märtyrer für ihre sozialen Dichtungen waren die Heine, Laube, Gutzkow, Wienberg und Genossen.

Aber auch andere Dichter aus jener Zeit beschäftigen sich lebhaft mit dem sozialen Problem. Immermann zeigt in seinen „Epigonen" einen fast noch größeren Haß gegen den nüchternen Industrialismus als gegen den Feudalismus; freilich vollzieht sich ihm der Kampf der Stände nicht zwischen Proletariat und Ca= pital — der Gegensatz war ihm noch fremd, — sondern zwischen dem ersten und zweiten Stande, zwischen Geburts= und Geld= aristokratie. Auch die Bauernnovelle, welche Immermann in seinem „Münchhausen" der überbildeten, rein literarischen Gesellschaft gegenüberstellt, gehört zur sozialen Dichtung. — Eine andere

Seite derselben behandelten die Romane der Gräfin Hahn-Hahn
„Aus der Gesellschaft," welche die Vorzüge des Adels einschärfen
und die Demokratie bekämpfen wollen. Traten die Jungdeutschen
für die Emancipation des Fleisches ein, so stritt sie für die=
jenige des Geistes, d. h. des weiblichen Geistes. Wie unsere
Jüngstdeutschen, schalt sie die moderne Civilisation verweichlicht,
feig und schamlos und die Gesellschaft eine große Organisation
der Heuchelei. — Ihr Gegensatz, die demokratisch gesinnte Fanny
Lewald, untersuchte, wie sie, das Verhältnis von Liebe und Ehe,
ohne jene scheint ihr diese durchaus verwerflich; daneben verbreitet
sie sich ausführlich über religiöse, soziale und literarische Fragen.
— Das Beispiel E. Sues, welcher, wie früher Vulpius, die Ver=
brecher als verkappte Tugendhelden geschildert hatte, rief auch bei
uns in Ungern-Sternberg einen Zeichner von Verbrechern
hervor, der das sittliche Gefühl verwirrte; an Dickens erinnert
die Schilderung kleiner Helden, die durch das Leben geschleift
werden. Seine „Diana" (1842) kann man schon als Berliner
Roman bezeichnen. Aristokrat, wie die Gräfin Hahn=Hahn, wollte
der Dichter seinen Stand, den Adel, reformieren, nicht abschaffen;
denn von allem, was ist, hält er ihn für das Beste. Als Gegen=
stück erschien 1845 E. Willkomm's Roman: „Weiße Sclaven
oder die Leiden des Volkes," worin die Gegensätze zwischen ge=
quälten Leibeigenen und grausamen Gutsbesitzern, zwischen hun=
gernden Arbeitern und schwelgenden Fabrikanten sensationell dar=
gestellt werden. Der Arme ist der Tugendhafte, der Reiche der
Schurke, die Dirne die Unschuld. Die Unsittlichkeiten gewisser
Sphären sind mit Behagen ausgemalt, ebenso das Gräßliche; mit
dem Hasse gegen den Adel verbindet er den gegen das Capital
und sucht die rohen Instincte des Naturzustandes gegen sie auf=
zustacheln. — Auch die Dorfgeschichten hatten durchaus eine
soziale Tendenz: Jeremias Gotthelf schrieb sie, um die Bauern
zu bilden, Auerbach, um den Gebildeten einen Spiegel vorzu=
halten. — Das vielfach verbreitete Gefühl des Unbehagens in den
Jahren 1850 — 60 tritt uns in der Vorführung der „proble=
matischen Naturen" entgegen, d. h. jener Menschen, denen keine

Lage genügt, und die selbst keiner Lage genügen. R. Gisele's „Moderne Titanen" (1850), A. Widmann's „Tannhäuser" und der anonyme Roman „Eritis sicut Deus" (1854), als Karikatur jener beiden, zeichnen Menschen, die an der Zeitkrankheit, dem ausschweifenden Subjectivismus, litten. R. Prutz dagegen schrieb im „Engelchen" (1851) den ersten Proletarier-Roman: wie G. Hauptmann in seinem Drama „Die Weber" (1892), malt er die Zustände der zu Fabriksclaven gewordenen Handwerker in den gräßlichsten Farben. — An die „problematischen Naturen" der fünfziger, schließen sich die „heroischen Charaktere" der sechziger Jahre; beidemal vermag der Dichter seinen ethischen Idealismus mit den Anforderungen der Wirklichkeit nicht in Einklang zu bringen. Was unsere Naturalisten meinen, aber unklar aussprechen, hat schon Gutzkow verfolgt: in dem „Nebeneinander" wollte er ein getreues Bild des realen Lebens geben; sozial sind seine großen Romane durchaus, so kraß und ästhetisch anfechtbar sie sein mögen. Hoch über ihm steht Gustav Freytag, dessen „Soll und Haben" (1855) in der That ein Volksbuch im besten Sinne des Wortes ist. Es will das deutsche Volk schildern, „wo es noch in seiner Tüchtigkeit zu finden ist, nämlich bei der Arbeit;" in einer kleinmüthigen Zeit will es die Bürger zu neuer Hoffnung aufrichten. In einfacher, aber ergreifender Sprache zeichnet er den redlichen Gewinn und Segen bürgerlicher Thätigkeit, die Leidenschaft unredlichen Erwerbes und den wirthschaftlichen Niedergang adeliger Hoffahrt und Schwäche. Das ist eine soziale Dichtung, die ebenso viel Nutzen als Vergnügen gespendet hat! Aber auch Wilh. Raabe's Erzählungen verdienen dieses Lob; auch er hat ein warmes Herz für das Volk, aber er besitzt mehr Humor, mehr Realismus als Freytag; beide fordern zum Ausharren, zum Streben auf und verkünden mit freudiger Zuversicht eine bessere Zukunft. Endlich spiegelt Friedrich Spielhagen in seinen gedankenvollen, echt modernen Romanen die großen Probleme und die kleinen Sorgen, die Leiden der Menschheit wie die eigenen Schmerzen wieder. Mit männlichem Geiste, tiefem Gemüth und sittlicher Wärme wußte er die Forderungen des Ideals auch in der naturalistischen Wiedergabe der Wirklichkeit zu betonen.

Durch diesen kurzen literarhistorischen Rückblick*) hoffen wir den Beweis erbracht zu haben, daß unsere Modernen im Irrthum sind, wenn sie glauben, sie hätten es zuerst unternommen hinabzutauchen „in die Abgründe, wo die Armen und Heimathlosen kargend und duldend hausen, um sie zu trösten und Balsam auf ihre bluttriefenden Wunden zu legen.“

Prüfen wir jetzt die wichtigsten sozialen Dichtungen des Jüngsten Deutschlands.

Gerh. Hauptmann, der talentvollste Dramatiker der Modernen, führt uns in dem „sozialen“ Drama „Vor Sonnenaufgang“ (1889) nach Schlesien. Wir lernen die Familie eines durch Auffindung von Kohlen reich gewordenen Bauern kennen. Krause ist ein Trunkenbold, seine zweite Frau steht mit dem Knechte Kahl in einem unsittlichen Verhältnis, welches durch ihre Gesellschafterin, Frau Spiller, ein Gemisch von Bauernstolz und aufgedonnertem Städterthum, begünstigt wird. In diesem sauberen Hause hält sich der Ingenieur Hoffmann auf, Krause's Schwiegersohn, dessen Gattin hier ihre Niederkunft erwartet. Ihn besucht sein Studiengenosse Alfred Loth, ein ehrenhafter, sozialistischer Schwärmer, der für seine unklaren Theorien 2 Jahre gesessen hat. Der Gegensatz dieser beiden Männer, des egoistischen, schamlosen Hoffmann und Loth's, ist trefflich gezeichnet, ebenso der Contrast zwischen Bauern= und Städterthum. Helene Krause, ein sentimentales Mädchen, das ihre Ideale der Herrnhuter=Pension hier nicht verwirklicht sieht, fühlt sich unglücklich. Nach dem Abendessen, wo es schon zum Streit mit ihrem Freier, dem sauberen Wilh. Kahl, und ihrer Stiefmutter gekommen ist, nähert sie sich dem Loth. Im nächsten Acte sehen wir den betrunkenen, delirierenden Hausherrn heimwanken, während sich Kahl aus der Schlafstube der Frau Krause schleicht. Loth theilt Helenen seine sozialistischen Ideale mit, sie klagt ihm ihr Mißbehagen in der

---

*) Vgl. dazu mein Buch: „Die deutsche Nationalliteratur des 19. Jahrhunderts“ Heidelberg, 1893.

ungebildeten, lasterhaften Umgebung. Da unterbricht sie Frau
Krause, welche eine Magd fortjagen will, weil sie sie auf einer
unzüchtigen Handlung ertappt hat. Helene hindert sie daran, in=
dem sie ihr mit dürren Worten ihr eigenes Leben vorwirft. Nun
macht Helenen ihr eigener Schwager, Hoffmann, einen schamlosen
Antrag. Da sie ihn energisch zurückweist, vermuthet er, daß sie
Loth liebe, und sucht deshalb diesen zu verderben. Nachdem Loth
seine Ansichten über die Noth der Bergleute dargelegt und erklärt
hat, er würde nur eine ganz gesunde Frau aus gesunder Familie
heirathen, von der er aber ebenso gern einen Antrag annehmen möchte,
als diesen selbst machen, verläßt Helene erregt das Zimmer. Nun
kündigt ihm Hoffmann in ganz gemeiner Weise die Freundschaft.
Helene will von Loth Abschied nehmen, gesteht ihm aber, von ihrem
Gefühl überwältigt, die Liebe, welche jener von Herzen erwidert.
Indessen ist Dr. Schimmelpfennig, ein biederer, etwas derber
Arzt, zur Entbindung von Frau Hoffmann gekommen. Die Ge=
burtswehen beginnen, und die Frau, die aus Verzweiflung, einen
Ungeliebten geheirathet zu haben, Trinkerin geworden ist, gebiert
ein todtes Kind. Der Arzt klärt Loth, der auch sein alter Be-
kannter ist, über die Alkohol-Leidenschaft der Familie auf, und
Loth verläßt seine Braut, da er seinen Principien treu bleiben will.
Helene ersticht sich „vor Sonnenaufgang," während ihr Vater, der
auf ihre Ehre ein Attentat unternehmen will, betrunken hereinwankt.

Abgesehen von dem nichtssagenden Titel, bietet das Drama
eines der schwärzesten Bilder sozialer Verwilderung. Trunk, Ehe=
bruch, Blutschande, Unzucht, Untreue von Gatte, Freund und
Liebhaber, Selbstmord, dazu die drastisch=realistische Vorführung
einer Niederkunft, — alles Abscheuliche, was sonst nur hie und
da passiert, haben wir hier beisammen. Und dazu die Sprache!
Sie wimmelt von häßlichen Worten, die nicht einmal immer an
rechter Stelle sind. Ferner haben wir hier ein Beispiel für die
oben bekämpfte Vererbungstheorie, der zu Liebe Loth Helenen
verläßt, obgleich sie doch ganz gesund und er selbst erst seit einiger
Zeit ein Feind des Alkohols ist. Das Schicksal dieser ganz zu=
fällig handelnden Menschen ist kein typisches; es ist kein soziales

Drama, sondern eine ganz gemeine Gesellschaft; wir haben in Loth keinen Helden, sondern einen schrullenhaften, pharisäischen Schwärmer vor uns!

Uebrigens scheint Hauptmann L. Tolstoi's „Macht der Finsternis" nachgeahmt zu haben, das uns in eine ganz ähnliche Atmosphäre von Laster und Gemeinheit führt.

Es ist klar, Hauptmann wollte die furchtbaren Folgen der Trunksucht darstellen. Aber wozu sie in einer so scheußlichen Form ausmalen, wie sie uns der Bauer Krause darstellt, der nur besinnungslos betrunken auftritt? Gewiß, es gibt solche verkommene Individuen, aber wann wird ein so besonnener, zielbewußter Mensch wie Loth so bei der Wahl seiner Gattin verfahren, daß er sie in zwölf Stunden findet! Zumal er, der eine Frau aus durchaus gesunder Familie haben will? Und geben wir selbst diese Möglichkeit im Interesse der Schürzung des Knotens zu, zu welchem Zweck hat der Verfasser alle die anderen Scheußlichkeiten gehäuft — den ehebrecherischen Verkehr der alten Frau Krause mit Wilh. Kahl, der noch dazu Helenen's Bräutigam ist; die ehebrecherisch-blutschänderischen Versuche Hoffmann's mit Helene; die ekelhaften Bemühungen des alten Krause um seine Tochter und die unglaubliche Scene (S. 52), wo Frau Krause die Magd mit dem Knecht ertappt? Ist hier nicht wie absichtlich alles Widerliche zusammengesucht, um im Leser Ekel zu erwecken? Und vor allem, die ausführliche Entbindungsgeschichte, die, wenn auch hinter der Scene, doch im Mittelpunkt der Handlung steht! — Wem fiele da nicht Goethe's goldenes Wort (in „Kunst und Alterthum") ein: „Das Zufällig-Wirkliche, an dem wir weder ein Gesetz der Natur, noch der Freiheit für einen Augenblick entdecken, nennen wir das Gemeine." Oder findet sich in solcher Handlung ein Gesetz der Natur? Müssen alle Menschen, die reich werden, sich zu solcher Bestialität entwickeln? Und ist das Freiheit, wenn Loth Helenen, mit der er sich übereilt verlobt hat, feige im Stiche läßt, ohne sich auch nur mit ihr auszusprechen?

Die Sprache ist des Inhaltes würdig. Hoffmann, der studierte Grubenbesitzer, nennt (S. 11) zehn Jahre „'n ekligen Fetzen Zeit;"

Frau Krause äußert sich über Schiller und Goethe folgendermaßen
(S. 34): „Stats doaß doas Froovulk ei der Werthschaft woaß
oagreft... bewoare ne! Doa zeucht se an Flunsch biis hinger
beede Leffel. — Oaber da Schillerich, oaber a Gethemoan, a
junne tumme Sch—karle, die be nischt kinne als lieja: ou dan'c
läßt se sich a Kupp verdreh'n!" Helene nennt ihren, allerdings
abscheulichen Vater (S. 40) „Thier... Schwein!" Von der Scene
mit der Magd, die ganz genau verhandelt wird, haben wir schon
gesprochen. Als W. Kahl hört, daß die erwartete Entbindung
wohl eintreten werde, fragt er (S. 88) lachend: „Ihr ha't wull
Schweinschlachta?" Und Liese muß (S. 79) dem alten Beibst
nochmals der Magd Marie Vergehen mit gleichgiltigster Miene
erzählen!

—➤✕←—

Eine köstliche Parodie darauf hat der Moderne **Conrad
Alberti** mit seiner naturalistischen Spital=Katastrophe „Im
Suff" (Berlin, 1890) geliefert. Es verläuft „in zwei Vorgängen
und einem Nachgang" und trägt das bezeichnende Motto:

> „Die Liebe und der Suff,
> Das reibt den Menschen uff!"

Es ist „den edlen Dioßcuren Otto Brahm und Paul Schlen=
ther in Anerkennung ihrer Verdienste um die neue Fuselpoesie
hochachtungsvoll gewidmet." Indem der Verfasser die Uebersicht
der Personen oder „Handelnden Menschen" und die Angaben des
Schauplatzes genau den naturalistischen Stücken G. Hauptmann's
nachbildet,. bittet er in einer Anmerkung „den Leser von Bil=
dung, an den Roheiten, Zoten und Geschmacklosigkeiten des Stückes
keinen Anstoß zu nehmen." Ganz reizend beschreibt er jede Per=
son, sobald sie auftritt, z. B. den Dr. Krawutschke: „Er trägt
langgestreifte Hosen, ein carriertes Jacket und schmutzige Wäsche
.... der linke Absatz ist unmerklich schief getreten. Er spricht
sehr schnell in hastigen Stößen mit auffallend sächsischem Anklang:

er ist in der Scheffelgasse zu Dresden geboren.“ Lehmann, des
Arztes Diener, ist genau einen Kopf größer, ein spindeldürrer
Mann mit einer rothen Nase, die er sich aber, wie er sagt, in
Rußland erfroren. Er war aber nie da.... Er trägt schmutzige
graue Hosen und einen dunklen Dienstrock voll Fettflecken u. s. w.

Dr. Krawutschke hat eine Anstalt für Deliranten, in welcher
ihm Lehmann und Henriette zur Seite stehen, ist aber ebenso
wie diese dem geheimen Trunk ergeben. Der Arzt setzt seinem
Diener (S. 9) auseinander: „Aehhm!.. Sä'n se mei kudes Tier-
chen, dos is se nämlich... äähhm ... so ... die Verrickten, das
sein se de eenzichen vernünftigen Menschen uff der ganzen Wäld
... ähhm ... der Mänsch ... ähhm ... der Mänsch fängt se
eechentlich überhaupt ärscht beis Drelirium an!“ Worauf Lehmann
antwortet: „Chchsstt!“ Seine Auseinandersetzung unterbricht Dr.
Krawutschke mehrfach dadurch, daß er heimlich einen Cognac nimmt.
— Da bringt das Gebrüll der Deliranten heraus: Lude, der
sich für einen „beriemten Mann“ hält, ist ein Millionärssohn,
Bulle donnert gegen die Thür, daß sie zittert, Angler, ein
Inseratensammler für Destillationen, der sich für Cotta und Brock-
haus in einer Person hält; Abramsen, früher Reporter, der
sich durch 12 Schlummerpünsche allabendlich ruiniert hat, und
Mieze, genannt Fuselsuse.

Der Inhalt des Stückchens besteht nun darin, daß Henriette,
die Aufseherin, schleunigst entbunden wird, Lehmann den Verrückten Schnaps zusteckt, der Arzt den Antrag Helenens, die von
ihrem eigenen Vater in unsittlicher Weise bedrängt wird, annimmt, aber sich schließlich als Trinker für ihrer unwürdig erklärt
und in's Delirium verfällt. Voller Verzweiflung tödtet er sich durch
Schnaps. Krawutschke ruft: „Schw—ei—ne—ban—de—b—a—n
—d—e!“ und schlägt lang hin. Lehmann zieht die Moral:
„Siehste sieh — eich hu's immer gesoat ... sauft nicht, wennster
daß ers nicht verstieht!“

Ein „Zwischengang“ hat die beiden Vorgänge unterbrochen, in welchem „ein Herr mit schwarzem Vollbart und ausgesprochen posenschem Accent,“ der gerufen hatte: „Sind wir hier

in einem Theater oder in einem Saustall?" an die Luft gesetzt
wurde. Im „Nachgang" erscheint derselbe wieder, entpuppt sich
aber plötzlich als der Geist G. E. Lessing's, der den Mitgliedern
der „Freien Bühne" (S. 50—56) tüchtig die Leviten liest. Hören
wir einige Verse:

> „Hanswurste! Schellenleute, Fastnachtsgecken!
> Das also, das ist eure neue Bühne? . . . .
> Wahrheit ist eure Losung? Ach, sehr gut!
> Das soll der Menschheit einzig würdig sein,
> Zu seh'n, wie Trunk'ne sich im Kothe wälzen,
> Ein Mann ein braves Mädchen sitzen läßt? . . . .
> Wahr wollt ihr sein? — Dies schmuß'ge Bild der Welt,
> Koth, nichts als Koth, dies wär' die ganze Wahrheit?
> . . . . . So wenig dieses Bild
> Ein wahr' Gesicht der Charité gezeigt,
> Nein, alles übertrieben, schief, verzerrt —
> So wenig wahr sind eure Bauern, eure Kleinbürger.
> Ihr Knaben wagt auf meinen Namen euch
> Im Kampf zu stützen gegen fränk'sche Kunst?
> Was gebt ihr Besseres als sie? — Die Lüge
> Habt beide ihr gemein, nur daß sie jene
> Mit Grazie umkleidet und Geschick,
> Und ihr, aus Ungeschick, sie offen zeigt. —
> Beide sind sie gemein — doch ihr seid plump! . . . .
> Die Kunst beschmutzen heißt nicht sie befrei'n!"*)

Eine andere Art von Delirium schildert **Max Stempel's**
Schauspiel „Morphium" (1889). Haben Tolstoi und G. Hauptmann
in mehreren Werken die furchtbaren Folgen der Trunksucht ge=
zeigt, so glaubte sich Stempel, der bisher meistens Lustspiele ge=
schrieben hat, berufen, die verheerenden Wirkungen des Morphiums

*) Er treibt die Zuschauer mit einer riesigen Geburtszange aus dem
Theater — Anspielung auf die Thatsache, daß ein Dr. med. bei der Auf=
führung von G. Hauptmann's „Vor Sonnenaufgang" im Berliner „Lessing=
theater", eine Geburtszange schwingend, gegen das Stück laut protestierte.

draſtiſch (von Drama!) vorzuführen. Das Stück, welches am 30. April 1892 im Leſſing=Theater zu Berlin aufgeführt wurde, fand die verdiente Ablehnung. Denn die breite, minutiöſe Schil= derung aller Phaſen eines Morphiniſten bis zu ſeinem furchtbaren Todeskampfe macht den eigentlichen Inhalt des Stückes. Der Verfaſſer hat aber vollſtändig verkannt, was der Zweck der Bühne iſt. So wenig wir Bilder, welche Operationen darſtellen, für äſthetiſch erlaubt halten, ſo wenig ſcheint uns ſolch' ein kliniſch=pathologiſches Drama „in vier Anfällen und mehreren Einſpritzungen" zuläſſig. Wir erinnern an Leſſing's Urtheil über Gerſtenberg's „Ugolino": „Mein Mitleid iſt mir zur Laſt geworden, zu einer gänzlich ſchmerzlichen Empfindung!" Körperliche Leiden darf man auf der Bühne nicht darſtellen, wenn man ſie nicht als Urſache oder Folgen ſittlicher Handlungen vorführt. So hat Sophokles im „Philoktet" zwar einen phyſiſch Leidenden zum Helden gemacht, aber er hat ihn auch in ſo gewaltigem Seelenkampfe gezeigt, daß wir ſein Körperleiden faſt vergeſſen.

Ganz anders bei M. Stempel. Major Starke, ein ehren= hafter Garde=Officier in Berlin, fühlt die entwürdigende Lage, in der er ſich als Morphiniſt befindet; er beſchließt daher ſich zu ändern und übergibt den Schlüſſel zu dem Käſtchen, in welchem ſich das Gift befindet, ſeinem Schwiegerſohn. Als er aber wieder ſeinen Anfall bekommt, fälſcht er das Recept, das er in einem halb verbrannten Fidibus findet, und da der Apotheker es nicht anfertigen will, erbricht er mit ſeinem Degen das Käſtchen. Bei einem Mahle im Officierkaſino bricht die Krankheit aus, er de= liriert und verräth ſeine Fälſchung. Voll Scham will er ſich todtſchießen, ſeine Verwandten entreißen ihm jedoch den Revolver und er endigt im Wahnſinn!

Es mag für Morphiumſüchtige freien Willen geben oder nicht — für den tragiſchen Helden fordern wir ihn jedenfalls. Wie wollen, was ihm zuſtößt, miterleben, er ſoll ſelbſt handeln, ſonſt haben wir kein Intereſſe für ihn. So iſt es hier. — Major Starke iſt nichts anderes als ein kliniſches Verſuchsobject, deſſen pathologiſche Entwickelung den Arzt intereſſieren mag, den Leſer oder Hörer stößt eine solche Geschichte jedenfalls nur ab. Dies ist umsomehr zu bedauern, als der Verfasser offenbar dramatisches Talent besitzt.

Die furchtbare Verheerung, welche der Alkohol anrichtet, hat Gerh. Hauptmann in noch drei Dramen behandelt: im „Friedensfest," „College Crampton" und „Die Weber."

„Das Friedensfest." Der Arzt Scholz, ein gebildeter, ältlicher Mann hat seine Frau Minna als ein sechzehn-jähriges Mädchen aus einer kleinen Provinzialstadt heimgeführt. Seit Jahren lebten sie in Erkner bei Berlin einsam und freudlos. Da seine Gattin ihn nicht versteht, hat er sich dem heimlichen Trunk ergeben. Wegen der Erziehung der beiden Söhne liegen die Gatten stets in Fehde; allmählich bildet sich bei dem Vater ein förmlicher Verfolgungswahn heraus, der zum Ausbruche kommt, als seine Frau mit einem jungen Musiker, den sein Sohn Wilhelm mit in's Haus gebracht hat, täglich vierhändig Clavier spielt. Dr. Scholz behauptet vor der Dienerschaft, seine Frau habe ein sträfliches Verhältnis mit ihm, und der jähzornige Wilhelm schlägt ihm dafür in's Gesicht. Bei Nacht verlassen Vater und Sohn voll Verzweiflung das Haus.

Dies ist vor sechs Jahren geschehen. Heute, am Christabend, putzen die Mutter, die schreckhaft nervös geworden, und ihre Tochter, eine zänkische alte Jungfer, zum erstenmale seit langer Zeit einen Baum, wobei ihnen Wilhelm's Braut Ida und seine Schwiegermutter in spe behilflich sind. Aber Robert, der andere Sohn, ein kalter Egoist, liebt heimlich Ida, Wilhelm's Braut, und bald schlägt der alte Familienzwist wieder zu hellen Flammen empor. Da kommt der alte, wahnsinnige Vater zurück; aus welchem Grunde, wird nicht gesagt. Sein Benehmen erweckt in dem Kreise Furcht, Mitleid und Ekel. Wilhelm, den seine Braut mit vieler Mühe zur Rückkehr in's Vaterhaus vermocht hat, findet unvermuthet den Vater, fußfällig bittet er ihn um Vergebung, und es kommt zu einer allgemeinen Versöhnung. Doch „das

Friedensfest" findet ein jähes Ende: bald bricht wieder, wie ge=
wöhnlich, ein Zank aus, der Vater stirbt durch einen Schlaganfall,
Robert verläßt das friedlose Haus, während Wilhelm mit seiner
Braut ein neues Glück versuchen will.

Vergeblich fragt man sich nach dem ästhetischen oder mora=
lischen Werthe dieses abstoßenden Dramas. Verdient es nicht den
Namen „Colportage=Stück?" Denn die häßlichsten Seiten der
menschlichen Natur sind hier mit wenig Witz und viel Behagen
ausgemalt. Der Vater, ein Trunkenbold und wahnsinniger
Schwächling, die Mutter eine schreckhafte, nervöse, zerfahrene
Person, die Tochter ein zänkisches, gehässiges Weib, Robert ein
kalter Egoist, Wilhelm ein jähzorniger, doch gutmüthiger Mensch,
beide Brüder durch Gewohnheit und Eifersucht verfeindet — das
ist die Familie Scholz! Und wenn sich mit ihr am Ende des
Stückes auch nur das Geringste geändert hätte — aber auch nach
dem Friedensfest bleibt Alles beim Alten. Es scheint, als ob
der Verfasser hier das Gesetz der Vererbung illustriren wollte.
Unter Unfrieden, Furcht und gegenseitiger Abneigung sind die
Kinder gezeugt. Der Vater, zu geistiger Gestörtheit disponiert,
ist ein Trinker; die Mutter, eine hochgradig Nervöse, hat ihren
Kindern wie ihrem Manne das Leben möglichst verbittert. Affec=
tive Gefühle zwischen den Familiengliedern fehlen fast ganz,
während bei Wilhelm eine starke erbliche Belastung hervortritt.
Die Sprache aller Personen, ausgenommen von Ida und ihrer
Mutter, ist ebenso gewöhnlich wie ihr Charakter. —

„College Crampton" führt uns noch tiefer in die Al=
kohol=Atmosphäre hinein. Wir sehen einen gutmüthigen, durch
den Trunk völlig verkommenen Künstler, der durch nichts aus
seinem Schlamm hervorgezogen werden kann; denn seine am Ende
des Stückes aus Liebe zur Tochter versprochene Besserung können
wir kaum glauben. Wie beim „Friedensfest" liegt der Fehler
auch hier nicht nur in der Wahl des häßlichen Stoffes, sondern
auch darin, daß wir fortwährend mit derselben Elendigkeit ge=
peinigt werden. Es fehlt an Abwechselung, an Erhebung, ja an
Contrasten! Anstatt hin und wieder ein Goldfischchen vorüber=

huschen zu lassen, zeigt uns Hauptmann beidemal ein schwarzes Gekrabble, ohne Luft, Licht und Freude.

„College Crampton“ schildert uns das allmähliche Sinken eines Säufers. Professor an einer Kunstakademie, unglücklich verheirathet, durch seine Stellung als Lehrer eingeengt, hat sich dieser Mann dem Trunk ergeben. Von Stufe zu Stufe sinkt er, überall macht er Schulden; obgleich seine Familie darbt, schwelgt er mit zweifelhaften Personen; sein liebster Umgang ist sein Factotum Löffler, der ihm fortwährend Bier und Schnaps heranschafft, ihm seine Sachen versetzt, für ihn auslegt u. s. w. Mit tiefer Sorge verfolgt seine Tochter Gertrud sein Treiben; sie ist sein Herzblatt; wenn er an sie und ihre Zukunft denkt, wird er auf einen Augenblick ernst. Bald aber schüttelt er alle Gewissensbisse wieder von sich ab.

Die Handlung beginnt an dem Morgen, wo der Herzog August die Akademie mit seinem Besuche beehren will. Alles ist in Aufregung, am meisten Crampton. Denn von dem hohen Gaste, den er von früher kennt, hofft er Rettung aus seiner verzweifelten Lage. Er allein wisse ja sein Genie zu würdigen, alle anderen Collegen an der Akademie sind in seinen Augen Anstreicher, Pinselmeier und Sudler! Schon hat sich unser Held durch manchen tüchtigen Absynth Muth getrunken, eine Ansprache zurecht. gelegt und seine Schüler zum Hochrufen angestiftet — da kommt die Schreckensnachricht, der Herzog ist, ohne nach ihm auch nur zu fragen, abgereist! Crampton ist vernichtet. Aber sein Kummer wird noch durch die Nachricht gemehrt, die Gertrud bringt, daß die Gläubiger seine Wohnung versiegelt haben, seine Frau abgereist sei und ihn der Senat ersuche, seinen Abschied einzureichen. Er weint, er tobt, er klagt, er flucht; da bietet sich ihm eine Hülfe in dem treuen Schüler Max Strähler, einem reichen Kunstjünger, der wegen übermüthiger Streiche von der Akademie relegiert ist. Der verspricht sich Gertrud's anzunehmen, und College Crampton wandert, auf Löffler gestützt, hinaus — in's Elend. Der 2. Act ist mit den Bemühungen Maxens ausgefüllt, des Professors Aufenthalt ausfindig zu machen, damit er ihm helfe.

Gertrud hat bei Maxens Bruder, einem nüchternen, aber biedern Fabrikbesitzer, Zuflucht gefunden, und herzliche Liebe umschlingt beide junge Leute. — Im 3. Acte finden wir Crampton in einer ärmlichen Stube eines Budikers, wo er Tag und Nacht trinkt. Derselbe hat ihn nur aufgenommen, weil ihm der Professor noch Geld schuldet, und er es so am ehesten von seinen Verwandten zu bekommen hofft. Da bietet dem Crampton ein Stubenmaler in cynischer Weise Arbeit an; er will ihm dafür auch heute Freibier geben! Außer sich vor Wuth, denn er fühlt sich immer noch als Künstler, will er fort. Zum Glück erscheint Max, den er übrigens gar nicht wieder erkennt (!), und bezahlt seine Schulden. Er bittet ihn, er möchte doch seine Schwester malen, für 600 Mark, anders thut es der Professor nicht, und zwar in seinem, Maxens, Atelier. Dort spielt der letzte Act. Max und Gertrud haben sich verlobt; jener hat alle durch den Gerichtsvollzieher gepfän=deten Atelierstücke Crampton's zusammengekauft und ihm sein altes „Studio" wieder eingerichtet. Nach mehreren unmotivierten Wuthansbrüchen kann ihm die Verlobung seines Lieblings mit=getheilt werden. Er freut sich, daß er seine alten Sachen, seine Gertrud wieder hat, lacht und weint, wie ein Kind, verspricht in dem schönen Atelier mächtig zu arbeiten und schließt das Stück, indem er mit Beziehung auf Maxens Verlobung einmal über das andere ausruft: „Der Dummkopf, der Dummkopf!"

Wir kennen wenige Dichtungen, die so abstoßend auf uns gewirkt haben, wie dieses Drama. Der Held ist ein Säufer, dessen Schicksal nicht die Spur Tragisches an sich hat. Gewiß, es ist sehr schlimm, Schulden halber gepfändet, ja vom Amte ent=hoben zu werden. Aber wenn einer sich fort und fort so un=würdig benimmt, so wird dadurch jede Achtung, ja fast jedes Mitleid für ihn in uns erstickt. Daß er ein wirklicher Künstler ist, behauptet nur er fortwährend; er zeigt sich als einen lieder=lichen, anmaßenden, brutalen und undankbaren Menschen, der die, welche es gut mit ihm meinen, kränkt und mißhandelt. Wie ekelhaft ist sein Gebaren beim „Spelunkenkönig," wie er treffend den Bierwirth nennt. Bisweilen scheint sein Verstand gelitten zu haben, so sinnloses Zeug schwatzt er zusammen. Und wollte man sagen, seine Liebe zur Tochter sei ein edler Zug an ihm, so zeigt auch dieser wenig Einfluß auf sein Thun. Er wird durch den Gedanken an sie gerührt, er küßt ihr Bild, das er bei sich trägt, das ist alles. Aus seiner Höhle treibt ihn doch nicht die Liebe zu ihr, sondern die Eitelkeit, die durch den Stubenmaler verletzt ist. Man glaubt am Schlusse nicht an seine Besserung Das Erste, wonach er in seinem Atelier sucht, ist — die Schnaps-flasche! Und was soll das heißen, daß er den edlen, treuen Strähler einen Dummkopf schilt, als er dessen Verlobung erfährt. War es in seinen Augen dumm, überhaupt zu heirathen oder gar seine Gertrud zu nehmen und solchen Schwiegerpapa dazu?

Ferner wimmelt das naturalistische Stück von Unwahrschein=lichkeiten. Daß Löffler so bei ihm aushält, Gertrud gleich, nach=dem sie Max gesehen hat, in dessen Familie aufgenommen wird, daß dieser alle Sachen Crampton's aufgekauft und sich mit Gertrud so schnell verlobt haben, daß endlich Max seine Künstler-laufbahn festhalten soll, erscheint wenig glaublich. Aber abgesehen davon — wozu dies ganze Gemälde eines charakterlosen, selbst=süchtigen, nicht einmal gutmüthigen, geschweige eblen Professors? Man hat fast das Gefühl der Uebelkeit, wenn man vom Verfasser durch diese Gallerie widerlicher Scenen, in denen sich nur wenige Lichtpunkte finden, geschleppt wird. Hier fällt uns P. Heyse's Urtheil ein, welches er in seinem „Merlin" (1892) dem Georg (Bd. I, S. 211) in den Mund legt: „Die Leute wagen ihren Mißmuth nicht laut werden zu lassen, und zumal, wenn sie haar=sträubenden Scenen beigewohnt und sich vom Widerwärtigsten haben verblüffen lassen, sind sie ganz zufrieden mit der neuen Kunst und ersticken die schüchterne Sehnsucht nach dem, was ihre Väter geliebt und bewundert haben, und verlassen das Theater nicht viel anders, als etwa den Platz, wo eben an einem armen Sünder die Execution vollzogen worden ist. Aber man mag das Ideal, das Heimweh nach dem Schönen und Großen, mit der Mistgabel des Naturalismus noch so hitzig austreiben, es kehrt immer wieder zurück!"

Ein höheres Ziel steckt sich G. Hauptmann mit seinem Drama: „Einsame Menschen“; denn hier verknüpft er mit einer oft behandelten Liebesgeschichte eine Seite der sozialen Frage aus den höheren Schichten der Gesellschaft. Bei Dr. Vockerath und dessen Conflict mit Gattin und Eltern handelt es sich nämlich um den Gegensatz zwischen der neuen und alten Weltanschauung. Jener, ursprünglich Theologe, hat Naturwissenschaft studiert und ist jetzt gerade damit beschäftigt, in Friedrichshagen am Müggelsee sein psychophysisches Werk zu schreiben. Zur Taufe seines ersten Kindes sind seine strenggläubigen Eltern aus Schlesien gekommen, aber auch sein Studienfreund, der Maler Braun, ein Materialist, dem alle religiösen Fragen gleichgültig sind. Der Doctor hingegen schwankt zwischen dem ihm anerzogenen, theuren Glauben und den Lehren Häckel's haltlos hin und her. Er ist reizbar und unzufrieden und fühlt sich von seinem treuen Weibe Käthchen nicht verstanden. Da schneit plötzlich Anna Mahr ins Haus, eine deutschrussische Studentin und Freundin Braun's; sie bleibt zur Taufe, sie bleibt Tage und Wochen lang, spaziert und rudert mit Hans Vockerath, philosophiert und disputiert mit ihm. Endlich hat dieser ein Wesen gefunden, das ihn ganz versteht, und sein gutes Käthchen freut sich darüber mit ihm. Der Argwohn der anderen, des Freundes, der Mutter, der Gattin, wird für das philosophische Paar zum „Galeoto.“ Sie scheiden „mit brüderlichem Kuß,“ nachdem der Doctor einmal Annas Abreise hintertrieben hat.

Anna geht in die weite Welt, um ihre Liebe tapfer niederzukämpfen, Hans hingegen stürzt sich in den Müggelsee! „Denn,“ sagt er (S. 105), „ich bin ein andrer geworden. Nicht einmal der bin ich in diesem Augenblick, der ich war, ehe Sie (Anna) zu uns kamen. Ich habe nur noch Ekel in mir und Lebenswiderwillen. Mir ist alles entwerthet, beschmutzt, besudelt, entheiligt, in den Koth gezogen. Aber ich fühle, daß ich etwas war, durch Sie, Ihre Gegenwart, Ihre Worte — und wenn ich das nicht wieder sein kann, dann — dann kann mir auch alles andere nichts mehr nützen. Dann mach' ich einen Strich unter die Rechnung und — schließe — ab.“ — —

Man fragt sich vergebens, woher Johannes zu solchem Par=
oxysmus der Verzweiflung gelangen konnte. Aber er ist jeden=
falls eine ganz ungesunde Natur. Ursprünglich Theologe, hat er
am Kirchenglauben Schiffbruch gelitten, ohne sich zu einer klaren,
in sich begründeten Weltanschauung durchzukämpfen. Daher seine
Reizbarkeit und Heftigkeit, wenn man ihm widerspricht, seine Halb=
heit gegenüber Dingen, die er consequenterweise ablehnen müßte.
Aber der Grund seiner Krankhaftigkeit liegt noch tiefer. Er war,
wie wir hören, stets ein schwächliches Kind; er ist, wie wir
glauben möchten, nicht gerade glänzend begabt, obgleich er sich für
ein Genie hält. Daher wollen seine Freunde von seinem Schrift=
stellerberuf nicht viel wissen. Natürlich fühlt er sich nun verkannt
und entfremdet seine alten Freunde durch sein heftiges, absto=
ßendes Wesen. Das Arbeiten geht ihm auch nicht leicht von der
Hand. So sagt er zu Käthe, als diese ihm einen sehr wichtigen
Brief vorlesen will: „Daß du mir dabei eine ganze mühselig
zusammengehaspelte Gedankenkette durchreißt, das
kommt dir nicht in den Sinn" (S. 49). Dazu gesellt sich sein Ge=
lehrtenhochmuth, der ihn verhindert, seine Frau zur Theilnehmerin
seiner Gedanken zu machen. Denn gerade auf dem philosophischen,
dem psychophysischen Gebiet, auf dem Gebiet der Naturphilosophie
und des Vernunftglaubens hätte er seine Käthe recht gut zur
Mitwisserin seiner Ideen machen können. Scheint sie doch, wie
ihre Mutter (S. 4) sagt, auch schon nicht mehr recht gläubig
zu sein. Und wenn Hannes den etwas oberflächlichen, aber her=
zensguten Braun nicht durch seine Buchgelehrsamkeit abgestoßen,
sondern in die ihn bewegenden Sätze der neuen Entwickelungs=
lehre eingeweiht hätte, so würde er sich nicht so einsam, so ver=
kannt gefühlt haben! Daher ist die ganze Voraussetzung dieses
Dramas eine Schrulle. Dasselbe ist die Handlung selbst. Man
kommt nicht zur Klarheit, ob Liebe oder Freundschaft Johannes
und Anna mit einander verbinden. Seine Galanterie, seine Be=
geisterung für Anna, seine Hingebung, seine Verstocktheit gegenüber
allen gutgemeinten Rathschlägen, seine Blindheit gegen Käthchen's
Eifersucht, Weh und Dahinsiechen, die Heftigkeit, mit der er

Anna's Abreise hinausschieben will — alles dies deutet auf Liebe. Freilich macht er sich weis, daß nur Freundschaft sie verbände. — Hören wir S. 87:

Frl. Anna. Sie haben mir oft gesagt, Sie ahnten einen neuen, höheren Zustand der Gemeinschaft zwischen Mann und Frau.

Johannes (mit Wärme und Leidenschaft): „Ja, den ahne ich, den wird es geben, später einmal. Nicht das Thierische wird dann mehr die erste Stelle einnehmen, sondern das Menschliche. Das Thier wird nicht mehr das Thier ehelichen, sondern der Mensch den Menschen. Freundschaft, das ist die Basis, auf der sich diese Liebe erheben wird. Unlöslich, wundervoll, ein Wunderbau geradezu. Aber ich ahne noch mehr: noch viel Höheres, Reicheres, Freieres.“ .... Der gute Johannes verkennt, daß Freundschaft zwischen Menschen verschiedenen Geschlechts, so lange sie jung sind, unmöglich ist.*) Das erkennt Anna (S. 88): „Wenn es Käthe gelänge — zu leben — neben mir.... dann würde ich mir selbst doch nicht trauen können.... In mir — in uns ist etwas, was den geläuterten Beziehungen, die in uns dämmern, feindlich ist, auf die Dauer auch überlegen, Herr Doctor.“ — Und wie Johannes, so ist auch die Studentin Anna Mahr eine ganz seltsame Figur. Da sie nicht Liebe am Anfang, nicht Eifersucht auf Käthe leitet, so versteht man ihr Benehmen gar nicht. Ist sie so eine platonische Schwärmerin, daß sie nichts merkt von der Welt um sie her, oder solche Kokette und Heuchlerin, daß sie oft versichert Käthe und Frau Vockerath zu lieben, und doch ganz fröhlich dableibt, obgleich sie sieht, daß dadurch das Glück der ganzen Familie zerstört wird?

Seltsam muthet es uns auch an, daß Käthe, die unter dem Kummer um ihres Gatten thörichte Leidenschaft dahinsiecht, nach seinem Tode zu seinen Eltern sagt: „Mutter, Vater! Ihr habt ihn zum Aeußersten getrieben! Warum habt Ihr das gethan?“ So scheint Hauptmann die Schuld den guten frommen Alten zuwälzen zu wollen. Und doch, was haben sie denn gethan? Es

---

*) Vgl. mein „Buch der Freundschaft“ Halle, 1891. S. 37.

sind fromme, keineswegs orthodox-fanatische Leute, welche der An=
sicht sind, ein gottgläubiger Mensch habe mehr Frieden und Halt
als ein Atheist, worin wir ihnen durchaus Recht geben. Das
Einzige, was auf ihr Conto kommt, ist, daß sie indirect des Soh=
nes Tod veranlaßt, aber nicht verschuldet haben, indem sie ihn
auf die sittliche Gefahr, in der er schwebte, hinwiesen. Aber
deshalb sind sie doch ebenso wenig schuldig, wie etwa ein Lehrer,
wenn sich ein Schüler tödtet, den er nicht hat versetzen können.
Die ganze sittliche Rohheit des Dr. Johannes leuchtet aus fol=
genden Worten hervor (S. 102):

Vockerath: Komm' zu dir selber, Sohn. Denk' derer,
Hannes, die dich ermahnt haben, denk' an Pastor Pfeiffer, deinen
frommen Lehrer und Seelsorger. Vergegenwärtige dir.....

Johannes (außer sich): Vater, laß mich mit meinen Lehrern
in Ruh', wenn ich nicht lachen soll. Erinnere mich nicht an diese
Gesellschaft von Schafsköpfen, die mir das Mark aus den Knochen
erzogen haben.

Frau Vockerath: O himmlischer Vater!

Vockerath: Still, Marthchen, still! (zu Johannes): Das haben
deine Lehrer und wir nicht verdient.

Johannes (schreiend): Gebrochen haben sie mich!

Vockerath: Du frevelst, Hannes!

Johannes: Ich weiß, was ich sage: gebrochen habt Ihr
mich!" —

Das eigentlich „Moderne" an diesem Drama: Helden, deren
Charaktere uns kein Interesse abgewinnen, eine gewöhnliche Aus=
drucksweise und die Vermeidung von Monologen, wirkt abstoßend. —
Das Gute an dem Stücke: geschickter scenischer Aufbau und effectvolle
Actschlüsse, gehört dem Dichter, das Schlechte dem Naturalismus.

Wieviel richtiger und gesünder ist die Darstellung desselben
Problems bei **Richard Voß** in seinem Drama: „Die neue
Zeit." Auf einer kleinen, öden Insel der Nordsee lebt Pastor
Firle seit 30 Jahren mit seiner treuen Gattin, die er sich einst

vom schönen Rhein her geholt hat. Er ist ein wohlmeinender, aber glaubensstrenger Mann, der jede Weltfreude verabscheut, am Buchstaben der hl. Schrift hängt und seiner Frau alle Lebensfreudigkeit genommen hat. Diese macht den Eindruck einer geknickten Blume; denn sie darf weder singen, noch Clavier spielen, weder an Lectüre, noch sonst einem irdischen Dinge Freude haben. Ihr einziges Glück ist ihr Sohn Johannes, den der Vater zum Theologen erzogen und unter großen Entbehrungen auf die Universität geschickt hat. Er wird jetzt von den Eltern, der braven, derben Magd Marik und am meisten von Elke zurückerwartet, der Enkelin des Küsters Ole Bosch. Der alte Ole hegt einen tödtlichen Haß gegen den Pastor, denn dieser hat vor langen Jahren seiner Tochter, die, weil ihr Verführer sie verlassen, den Tod in den Wellen gesucht hat, als Selbstmörderin das christliche Begräbnis verweigert; abseits liegt sie „an der Kirchhofsmauer, eingescharrt, wie ein krepierter Hund!" (S. 11). Elke, der man den Sachverhalt verheimlicht hat, hegt, wie ihre Mutter, eine tiefe Sehnsucht nach der schönen, unbekannten Welt: sie liebt ihren alten Spielkameraden Johannes. Bevor dieser kommt, theilt Pastor Jansen, ein weltfreundlicher Amtsbruder von der Nachbarsinsel, die ein Bad geworden ist, der erschrockenen Mutter mit, er habe gehört, Johannes sei Rationalist geworden. In der That, so war es. Als daher Pastor Firle dem Sohne eröffnet, der Superintendent habe genehmigt, daß er morgen hier seine Probepredigt halte, ist Johannes gar nicht erfreut, im Gegentheil bittet er seinen Vater, ihm dies zu erlassen. Der aber will nichts davon wissen, selbst als er hört, daß jener weit abgewichen ist vom Evangelium des Glaubens. Johannes ruft (S. 39): „Belohnt mit Lebensfreude! Die Kreatur in uns lechzt darnach. Auf des Daseins Plagen Daseinswonnen! Diese zu fordern ist unser Recht. Das Leben, das wir nicht freiwillig auf uns genommen haben, das uns aufgezwungen ward, ist uns schuldig, weit die Thüren für uns zu öffnen und uns eintreten zu lassen in seinen Festsaal, wo die Tafel gedeckt ist! (Rasch weiterredend mit glühendster Schilderung). Denn das ist die Parole unserer Zeit: Arbeit

und Genuß! Aus den dumpfen Gründen, welche der Schweiß
unseres Tagewerks mit eklem Dunst erfüllt, wollen wir aufsteigen
zu den leuchtenden Gipfeln der Freude, die staubige Erde tief
unter uns!"*) — Elke hat ihm leidenschaftlich, begierig zugehört,
er zieht sie an sich und fragt sie: „Möchtest du auch da oben
stehen?" Elke: „Im Glück — mit dir!" worauf er antwortet:
„Du und Ich, Hand in Hand!"

Voll Zorn über solche Aeußerungen und über die Möglichkeit,
daß sein Sohn die Tochter einer Selbstmörderin liebe, beschließt der
Pastor Elken zu sagen, wer sie eigentlich ist, und daß „die Misse-
thaten der Eltern heimgesucht werden an den Kindern." Vor der
Predigt weist er noch energisch eine Fischerdeputation ab, die ihn
bittet, die Einrichtung der Insel als Bad zu befürworten. Marik
geht und sagt der arglosen Elke, was ihre Mutter war; verzweifelt
stürzt sie aus der Kirche und wirft sich auf das Grab ihrer Mutter,
wo sie ein junger Badegast von Pastor Jansen's Badeinsel findet
und sie zu verlocken sucht. Er bestellt sie, wider ihren Willen,
zu einem Rendezvous am Abend auf der Aldermanndüne. Als
ihr Großvater sie verzweifelt findet, beschließt er sich sogleich an
dem Pastor zu rächen, der ihm „die Tochter in's Loch werfen ließ,
dem Vater die Seele zerstampfte, dem unschuldigen Kinde das
Herz brach!" Er erzählt ihr, wie er damals von Haus zu Haus
lief und gebeten habe: „Da ist meiner Tochter Wieke ihr Kind;
sagt es dem Kinde nicht; laßt sie das vierte Gebot halten!" In
jedem Hause hatten sie Mitleid mit dem Kinde; „aber als ich unter
jenes christliche Dach kam — — die alte Frau freilich; doch er —
unter jenem christlichen Dache darf ja nicht gelogen werden; um
Gottes willen nicht eine Lüge, auch aus Barmherzigkeit nicht."
Seine Rache vollzieht des gläubigen G. Firle ungläubiger Sohn —
Kind um Kind. Der alte Küster hetzt die Leute gegen den Pastor auf,
weil er das Bad nicht will, und zieht mit ihnen am Nachmittage
zum Pfarrhause. Hier hat indessen die Mutter tiefernste Gespräche

---

*) Denselben Gedanken führt Theod. Wolff durch in seinem
Roman „Der Heide." Berlin, 1891.

mit ihrem Johannes gehalten über Glauben und Vernunft, über Offenbarung und Vernunftglauben. Der Sohn gesteht ihr, daß er trotz alles ernsten Sehnens und Suchens Gott nicht gefunden, ja daß er in seiner Verzweiflung sogar schon einmal zum Gift gegriffen habe. Sie entreißt ihm die Kapsel und verspricht ihm, der „dem urewigen Allgeist des Guten," nicht „dem dogmatischen Gotte des Vaters" dienen will, für ihn zu beten. Da kommt sein Vater, und als Johannes auf ihn zueilt, stößt er ihn zurück und ruft: „Atheist!"

Hierauf schließt der Pastor sich ein, um allein mit seinem Gott sich Ruhe zu erringen; als seine Frau kommt, fragt er von innen: „Du glaubst an ihn?" — „Mutterliebe glaubt immer." — „So baue ihm mit deinem Segen Häuser! Ich —" Pastorin: „Mann Mann! Um Gottes willen!" — Pastor (fanatisch): „Mein Vaterfluch reißt sie nieder!" Pastorin: „Hör' ihn nicht, Vater im Himmel!" Pastor (wie oben, machtvoll): „Höre mich!" So hat er also seinen einzigen Sohn verflucht. Da kommt Elke, um der Pastorin, die sich liebreich gegen sie zeigt, zu sagen, daß sie auf Johannes verzichte; sie wolle ihrer Natur folgen — damit geht sie hinaus in die Nacht. Im letzten Auftritt bringen die armen Fischer unter des Küsters Führung in die Stube, fordern tumultuarisch das Bad und erklären, sie wollten an Stelle seiner den Sohn, „der die neue Zeit versteht" (S. 76). Als sie das Zimmer verlassen, sucht Firle den Sohn zum Verzicht auf jede Pfarre zu bewegen, damit er nicht durch seine Predigt Gott lästere; dann sagt er zu seiner Frau: „Nur um der Tochter, der Dirne und Selbstmörderin willen, wurde er der Mensch, als welcher er dort vor dir steht: Renegat an uns, Renegat an Gott, Renegat an sich selbst!" Dadurch zum Aeußersten gebracht, da auch der Vater jedes Band zwischen sich und ihm für zerrissen erklärt, verspricht Johannes dem Küster, er wolle Prediger dieser Gemeinde werden, denn sie vertrauen ihm, sie lieben ihn. Der Pastor hingegen ruft: „Und so gelobe ich: ehe ich dulde, daß ein Unwürdiger an meine Stelle tritt, eher stelle ich diesen jungen Menschen vor ein geistliches Gericht und lasse mein zermalmtes Vaterherz wider ihn zeugen!" (Gewaltige Bewegung.) Richtig schließt die Pastorin den Act: „Vergib ihnen, denn sie wissen nicht, was sie thun!" — Im letzten Acte versucht sie noch einmal Johannes von seiner Absicht, Geistlicher zu werden, abzubringen; er dürfe das hohe Amt nicht schänden, er solle lieber im Elend sterben, wenn er sich nicht sonstwie er= halten könne; sie erinnert ihn an den Fischer Detlef Pahlen, dessen alte Mutter an dem Tage starb, da er sie um eines Mädchens willen vernachlässigt hatte, und der dann dem Sarge nachstürzte und rief: „Jetzt verklagt mich meine Mutter bei Gott!" Er solle ablassen von seinem Vorhaben, oder bald werde sie ihn da oben verklagen! Bestürzt eilt Johannes hinaus. Als sie nun doch ihren Gatten für ihn günstig stimmen, ihn mit dem Sohne versöhnen will, stellt ihr dieser in seiner strengen, kalten, fana= tischen Weise die Alternative, sogleich zwischen ihm oder jenem zu wählen — da nimmt sie in ihrer Verzweiflung das Gift, das sie heute Morgen dem Sohn entrissen hat. Jetzt kommt der Küster hereingestürzt — seine Elke ist geworden, was die Mutter ge= wesen, sie hat sich von dem Badegast entführen lassen! Johannes, der zurückkehrt, sieht seine Mutter sterben und ruft dem Pastor zu: „Vater, sieh doch nur, Vater! Dahin haben wir's gebracht! Durch meinen Unglauben!" — Er verspricht der Sterbenden ein neues Leben anzufangen, zu sühnen und schreit: „Jetzt verklagt mich meine Mutter bei Gott!" — Der Pastor hingegen, als er ihren letzten Wunsch hört, neben der Selbstmörderin begraben zu werden, hat nur die eisigen Worte: „Diese Frau stirbt nicht als Christin." — Das Stück schließt so:

Johannes (aufschreiend): Vater! Wenn wir beide jetzt nicht erkennen, jetzt beide nicht sühnen, dann — — Bei dem lebendigen Gott, der sich mir in dieser fürchterlichen Stunde offenbart — Vater —

Küster (hoch aufgerichtet): Sühne, Pastor, für jene Todte und diese Sterbende!

Pastor (stammelnd): So lang ich noch im Amt bin, muß ich meine Pflicht erfüllen. Das ist für mich nun einmal das Gesetz.

Pastorin (öffnet die Augen, richtet sich in Johannes' und Marik's Armen hoch auf): Die Liebe ist das Gesetz. (Sie bricht tobt zusammen.)

Pastor (lallend): Die Liebe ist — — (Er geht schwankend auf sie zu, sieht ihr in's Gesicht, schreit auf): Todt! — — Herr, sei mir Sünder gnädig! (Er wirft sich über sie, umfängt sie mit beiden Armen).

Marik (mit erstickter Stimme und mit der ganzen Macht ihrer treuen Liebe): Miene Fru Pastern! (Sie drückt ihr die Augen zu.)

Wir besitzen in dieser ergreifenden Tragödie von R. Voß einen der wenigen gelungenen Versuche, die unsere Zeit bewegenden Probleme dramatisch zu behandeln. Mit meisterhafter Sicherheit sind hier die alte und die neue Zeit gegenübergestellt worden. Aber diese Gegenüberstellung findet nicht nur heutzutage statt — jede Epoche birgt sie ja für den tiefer Blickenden, in jeder ringt Altes und Neues. In jeder wird die eine Seite mit Johannes (S. 39) rufen: „Fort mit dem Alten, dem Morschen, dem Abgelebten! Hinüber über Todtes und Sterbendes, schonungslos, erbarmungslos hinüber!" Und die andere Seite mit Pastor Firle (S. 73): „Das neue Evangelium ist Lüge — der Himmel weiß nichts davon!" Wie klar ist hier der eigentliche Conflict vorgeführt, festgehalten und zu furchtbarem Austrage gebracht: Der strenggläubige, aber harte, pedantische, fanatische Vater, der seine geliebte Frau unter das harte Glaubensjoch zwingt; er meint es ehrlich mit seinem Amte, er darbt mit seinen armen Fischern, ja setzt sich für sie der Todesgefahr aus, aber die Liebe hat keinen Raum in seinem Herzen. Nur für seinen Sohn empfindet er etwas davon; daher seine freudige Unruhe vor dessen Ankunft — und doch — als er hört, die Frau Pastor habe Mehl zusammengespart für einen Kuchen, fordert er es ihr ab, für seine Holmser! Seine Frau ist durch ihn völlig geknickt; Lebensgenuß, Lebensfreude, ja Frohsinn kennt sie in seiner Nähe nicht mehr. Sie ist trüb, matt, kraftlos geworden. Da weckt sie die Sorge und Angst um Johannes zu neuem Leben; sie erkennt die Kluft zwischen ihrem Manne und ihm, aber sie fühlt sich auch selber durch ihres Sohnes

Ansichten in ihrem Glauben bedroht. Als Mutter freilich glaubt
sie an ihn, ihre Gebetsthränen bürgen für ihn, auch ahnt sie, daß
seine Religion im Kerne nicht falsch sei. Aus Mitleid würde sie
selbst gegen eine Ehe zwischen ihm und Elke nichts haben. Aber
ihren Mann zu verlassen, ihn aufzugeben, der seit 30 Jahren ihr
Fels und Hort gewesen ist, das heilige Amt „durch einen frei=
sinnigen Geistlichen geschändet" zu sehen, ist ihr unmöglich. Ueber=
drüssig eines freudlosen Lebens und unfähig Gatten und Sohn
zu versöhnen, stirbt sie, um jene zusammenzubringen.*) Sie sagt
(S. 88): „Wenn ich todt wäre — — Herr, führe mich nicht
in Versuchung! Aber wäre ich todt, dann nicht nur Frieden für
mich, dann auch Frieden für sie. Herr, schenke uns Frieden!"
Freilich ist dieser Selbstmord, der an Charlotte Stieglitz erinnert,
nicht genug motiviert. Er ist aber aus den Seelenqualen, mit
denen ihr harter Gatte sie foltert, wohl zu begreifen. — Ihr Sohn
Johannes hat viel von ihr geerbt: ihre Sehnsucht nach der Welt
und ihren schwachen Glauben. Er ist Prediger wider Willen ge=
worden, nur aus Gehorsam gegen die Eltern. Er hat freisinnige An=
sichten, aber tiefe Religiosität. Er würde vielleicht für's erste nicht
Geistlicher geworden sein, aber sein Vater treibt ihn zur Predigt
auf der Dorfkanzel, und zwar sogleich. Er kann nicht heucheln. Er
muß auch den Wünschen der Fischer nach einer Badeinsel Recht
geben. Der Bruch ist unvermeiblich; denn Johannes hat auch
etwas vom Vater, die starre Consequenz. Verhöhnt, verflucht,
zum Aeußersten gebracht, tritt er sogar als Candidat gegen seinen
Vater auf. Aber zuletzt erkennt er doch sein Unrecht, während
der alte Zelot, der noch viel mehr Schuld hat an seiner Gattin
Tode, fast ungerührt bleibt. Auch die Nebenfiguren sind trefflich
gelungen: Der alte Küster, den die Liebe zur gebrandmarkten
Tochter und zur mißhandelten Enkelin furchtbare Rache am Pastor
nehmen läßt; die reizende, unruhige, sehnsuchtsvolle Elke, die das
Verhängnis der Erbsünde in's Verderben stürzt; die brave Marik,
„das öllerhafte, unverfrigte, äwer anständige Fruentimmer," das
Mutter und Sohn so innig liebt, die Verhältnisse klar durchschaut

*) Aus demselben Grunde sucht der Herzog den Tod in R. Voß' „Malaria."

und gleichsam den Chorus darstellt. „Die Liebe ist das Ge=
setz“ — das ist die Wahrheit, welche dieses in bestem Sinne
moderne Stück uns eindringlich predigt!

Dasselbe Thema behandelt in der Form des Romans **Max
Kretzer's** „Bergpredigt“ (2 Bände 1889), welche uns ähn=
lich wie Gerh. Hauptmann und Rich. Voß den Gegensatz zwischen
alter und neuer Religiosität vorführt. Dr. Conrad Balbus hat ein
Buch über die Bergpredigt geschrieben, in welchem er auf Jesu Men=
schenliebe als auf den Kern des Christenthums hinweist. Er selbst
übt durch die That, was er lehrt. Ein 15-jähriges Mädchen,
Josepha, das er im Regen schlafend vor seiner Thür findet, nimmt
er mit in sein Zimmer, um es zu erquicken. Daraus aber er=
wachsen ihm viele Unannehmlichkeiten. Als designierter Prediger
von St. Martha in Berlin wohnt er beim Kirchendiener Bren=
nerlein, dessen Mutter das Schlimmste über diesen Samariterdienst
denkt und es Herrn Hofprediger Bock mittheilt. Nach einer Stunde
geht Conrad mit Josepha zu seinem um 16 Jahre älteren Bru=
der Julius, einem orthodoxen Pastor, bei dem er gerade einige
Gesinnungsgenossen, darunter auch den Hofprediger, mit der Grün=
dung eines Vereines zur Rettung der verwahrlosten Jugend vor=
findet. Eine lebhafte Discussion über das wahre Christenthum
entspinnt sich zwischen ihm und Herrn Hofprediger Bock, infolge
dessen sich dieser Ehrenmann alsbald vornimmt, Conrad's Wahl
zu hintertreiben. Denn Conrad hat sich gegen die antisemitische
Agitation desselben erklärt. Als nun jener, um das praktische
Christenthum praktisch zu bewähren, plötzlich Josepha hereinruft,
schrecken alle vor Bethätigung ihrer schönen Worte zurück; nur
der alte Balbus erklärt sich dazu bereit, die Arme bei sich aufzu=
nehmen; doch fordert Claudine, mit der Julius in wilder Ehe
lebt, daß sie bei ihr bleibe. Sie will sich nämlich durch solche
scheinbare Menschenliebe in gutes Licht setzen.

Am folgenden Tage erscheint Josepha's Stiefbruder, August
Jannusch, ein durchtriebener Mensch, bei Julius, um durch fromme
Phrasen dessen Unterstützung zu erlangen. Während ihm Julius

eine Empfehlung an Bock aufsetzt, stiehlt er ihm eine werthvolle Statuette, die er dann als „Crispin" dem Flickschuster aufschwatzt, bei welchem er den herabgekommenen Candidaten Oskar Bläsel trifft. Bevor August ging, hat er noch Josepha als Diebin bei Julius verleumdet, der sie nun mit Mißtrauen betrachtet. Claudine behandelt sie demgemäß; sie sucht sie zur christlichen Taufe zu bestimmen und, da diese aus egoistischen Gründen darauf eingeht, bereitet sie sie darauf vor, prägt ihr aber zugleich energisch ein, daß Conrad allein schlecht an ihr gehandelt habe! Nun taucht Oskar Bläsel's Vater, ein frischer, urwüchsiger Landpfarrer, beim alten Baldus auf, um Erkundigungen nach seinem verlorenen Sohn einzuziehen. Hier lernt Conrad ihn und, was wichtiger für ihn ist, dessen Nichte Agathe kennen, an die ihn bald tiefe Neigung fesselt.

Bald darauf geht Conrad, um sich nach Josepha's Familie zu erkundigen. Er findet sie in Armuth und Schmutz; Vater Jannusch will mit seinem saubern Sohn August „die Kirche erobern," d. h. ihre Hülfe, zumal Josepha, seine Stieftochter, das Kind eines Predigers ist! In Conrad's Armen stirbt ihr junges Schwesterchen an Krämpfen — in dem Augenblick taumelt August mit Bläsel betrunken herein! Vor letzterem flieht Josepha entsetzt, denn er hat sie vor einem Jahre wie sich später herausstellt, auch einmal in das Küsterhaus genommen, aber mißbraucht! Daher ihr sonderbares Benehmen, das in Conrad den Gedanken erweckte, als müßte sie schon einmal in seinem Zimmer gewesen sein! Dort trifft der alte Pastor Bläsel nun mit seinem Sohne, der Conrad anborgen wollte, zusammen. Um ihn aus dem Schlamme zu ziehen, gibt er ihm Geld, welches dieser, einer guten Regung folgend, sofort dazu verwendet, um die Statuette dem Schuster mit Verlust abzukaufen.

Am nächsten Sonntag hat Conrad seine Probepredigt zu halten. Ein scharfer, verleumderischer Zeitungsartikel, von Bock inspiriert oder verfaßt und in vielen Exemplaren verbreitet, hat tüchtig gegen ihn gewühlt. Die Kirche ist ganz gefüllt, auch alle bisher genannten Personen sind zugegen. Zuerst ist Conrad etwas

befangen; sobald er aber seinen guten Vater und die geliebte
Agathe erblickt, predigt er freudig und kraftvoll, so daß er allgemein Eindruck macht. Als jedoch Superintendent Thürmel fragt,
ob jemand etwas gegen seine Wahl einzuwenden habe, rufen viele
Stimmen: „Jawohl!" und eine sogar: „Atheist!" Unter Tumult
schließt der Gottesdienst. Nur einer von den Hörern bleibt sitzen
— es ist der alte Baldus — er ist todt! Wie er es gewünscht,
ist er während des Gebetes verschieden.

Nach Josepha's Taufe, als sie sich für die Geschenke bedankt,
sagt sie auf Bock's Aufforderung, wie Claudine es ihr eingeprägt
hatte: Einer nur habe ihr Uebles gethan — Conrad! Bald darauf jedoch zwingt sie das Gewissen zum Bekenntnis des Gegen-
theils. Hierbei erhält Conrad die Genugthuung, den Hofprediger
Bock als Anstifter aller Ränke gegen ihn zu entlarven. Julius,
der Josepha als sein Kind anerkennt (er hat sich früher vergangen), will sich von Claudine trennen, um seine Schwester Hedwig,
die jetzt allein steht, zu sich zu nehmen; er bekommt es aber nicht
fertig. Conrad's Wahl zum Prediger von St. Martha wird von
der Behörde annulliert. Er aber tröstet sich mit seinem Gewissen,
beschließt Schriftsteller zu werden und verlobt sich mit Agathe.

Der Roman, welcher sich auf Thatsachen zu stützen scheint, hat
sein Problem: die praktische Bethätigung des Christenthums, scharf
durchgeführt. Julius ist der Vertreter jener Pastorenclasse, welche
die Kirche als eine gute Versorgungsanstalt ansehen; er macht
kein Hehl daraus, daß Essen und Trinken ihm die Hauptsache
ist. Hofprediger Bock dagegen hat höhere Ziele — ihm schwebt
als Ideal die Allgewalt der Hierarchie vor, die er mit jedem
Mittel zu fördern sucht. Kritik ist ihm verhaßt. Beide, er wie
Julius, sehen in Conrad einen gefährlichen Schwärmer, dessen
Eindringen ins geistliche Amt auf alle Weise verhindert werden
muß. Baldus und Bläsel Senior endlich sind beide redliche Naturen, die ihr Amt treulich und kindlich gläubig verwalten. Jener
ahnt in seinem Sohne den reformatorischen Geist, dieser achtet ihn
als offenen Charakter. In der That ist Conrad beides, aber er
hat nicht Besonnenheit, nicht Weltklugheit genug, um sein Ideal

auf eine durchführbare Weise zu verfolgen. Daß er Josepha bei sich aufnimmt, war schon gewagt; daß er den ihm wohlbekannten Charakter Bock's reizte, noch mehr; daß er endlich in seiner Probepredigt öffentlich gegen Dogmen polemisierte, am meisten. Andererseits bleibt es hochachtbar, daß er für seine Ueberzeugung auch zu leiden bereit ist.

Wir sehen, mit welchem Ernste Kretzer auch hier eine in anderem Sinne soziale Frage behandelt, wenn auch die Fabel der Handlung etwas unwahrscheinlich ist. Ueberhaupt stehen wir nicht an, ihn als einen derjenigen Schriftsteller zu loben, welcher das Richtige an der jüngstdeutschen Schule immer klarer und erfreulicher zur Darstellung bringt. — Freilich entfernt er sich dadurch immer mehr von ihr und gesellt sich den gesunden Realisten, wie G. Freytag, G. Keller, Th. Fontane u. a., zu!

Eine der angenehmsten Erscheinungen in der jüngstdeutschen Literatur ist **Detlev v. Liliencron**, den wir oben S. 27 als Lyriker besprochen haben. Sein Roman „**Breide Hummelsbüttel**" (1887) führt uns das nüchterne, aber biedere, prosaische und doch unbewußt poetische „Lenneken" Schleswig-Holstein vor. Baron Breide stammt von einem Grafen und einer Leibeigenen ab, deshalb sein unstetes, leichtfertiges Wesen, das doch im Grunde ehrlich, offen und mannhaft ist. Seit 8 Jahren mit Heilwig vermählt, hat er sie durch seine steten Liebschaften tief gekränkt; auch ist er in ungeheure Schulden gerathen, so daß sein herrliches Gut Wittensee schließlich zwangsweise versteigert werden muß. Sein Vetter, Graf Henning, der ihn haßt, weil er von Heilwig abgewiesen wurde und weil Breide ein lockerer „sündhafter" Mensch und ein „Hurensohn" ist, will Wittensee an sich kaufen und verspricht auch zuerst, seine Schulden zu bezahlen, wenn Breide für immer außer Landes gehen wollte. Als er aber in die Hände von „frommen Sendboten," d. h. von muckerischen Schwindlern, geräth, denkt er lieber ihnen seine Reichthümer zu vermachen. Furchtbar

ist die Scene, wo Breide seinem Weibe gesteht, er habe einen
Sohn, der gerade mit ihrem eigenen, leider verstorbenen Söhnchen
zu gleicher Zeit geboren sei. Sie fürchtet wahnsinnig zu werden,
sie will ihrem Mann entfliehen, doch zum Glück kommt seine
Schwester, die gute und kluge Wulfhilde, und beruhigt sie. Heilwig will nun treu bei Breide aushalten. Sie verlassen, völlig
verarmt, Wittensee, Breide wird Schaffner im Posen'schen, ringt
sich aber bald empor zum Stationsvorsteher. Nach 1½ Jahren
stirbt Graf Henning in religiösem Wahnsinn; sein Bruder Detlev,
ein wilder Thunichtgut, der Heilwig mit Liebesanträgen verfolgt
hat, wird Universalerbe. Breide aber findet seinen Tod, als er
einen Tagelöhnerjungen vor dem heranbrausenden Zuge retten
will. Nun adoptiert Heilwig seinen Sohn — Detlev stirbt an
Blutvergiftung durch seinen Liebling, eine zahme Natter, und der
kleine Breide erbt den Titel und den ganzen großen Besitz.

. Jüngstdeutsch ist zunächst Liliencron's Betonung der Vererbungstheorie (S. 124, 199, 232); wie Henning wirklich verrückt
wird, so hat auch Breide etwas Abnormes, weil ihr Ahn verrückt
war. Sodann liebt der Verfasser derbe, oft häßliche Worte; so
z. B. S. 70 nennt er unsere Bildung „viehisch, oberflächlich,"
S. 215 spricht er vom Waidmann als „Aasjäger," S. 96 spricht
er von „der mehlsattgefressenen Frau Nüchternheit," S. 22 nennt
er die Eitelkeit „das stinkende Aas. in der Brust." Oder seltsame Worte kommen vor: S. 82 Methusalemität, 135 das Ge-
wehe, 144 dienstmädchenräuberromanerisch, 216 Fraßkummer,
230 beispiellose Bondireingenommenheit. Endlich sagt er falsch
S. 236 „komme" als Imperativ und wendet öfters zwei Präpo-
sitionen an S. 37 mit auf u. ö. — Doch ist die psychologische
Entwickelung trefflich und der Stoff decent und ernst behandelt.

Von einer andern Seite zeigt sich uns D. v. Liliencron
in dem Buche: „Eine Sommerschlacht" (1887), dessen Titel
uns unverständlich geblieben ist. Denn es ist nicht eine fortlau-
fende Geschichte, sondern eine Reihe von Skizzen aus Schleswig-
Holstein, aus dem eigenen Leben des Dichters oder dem seiner
Verwandten und Freunde, ja aus der Vergangenheit seiner Heimath.

Und diese letzteren scheinen uns sogar am besten gelungen. So „Die Könige von Norderoog und Süderoog" (1752), „Die Schlacht bei Stellau", (1201), „der Sühneversuch" und „Josua Qualen" (1521). Man athmet historische Luft, denn der Verfasser weiß alte Bilder, Chroniken, Schlösser und Waldstellen zu beleben. Seine stärkste Seite aber ist die Naturschilderung. Liliencron lebt und webt in der Natur; Wald und Haide, Vögel und Wild, Spinnen und Käfer, alles sind ihm traute Gefährten, mit denen er Rücksprache hält. Hier und da sind auch Sentenzen eingestreut, so S. 263: „Wie über jeden Begriff kleinlich und engherzig denken wir Menschen, alle ohne Ausnahme;" S. 248: „Die Menschen sind wirklich nicht so schlimm, wie immer gesagt wird; — man muß die Bestie nur streicheln!"

Wie in solchen Worten, klingt uns in seiner Beurtheilung der Geschlechtsliebe seine jüngstdeutsche Richtung vor. Die Liebe zu Lizzie in New=York, zu Abel (d. h. Apollonia) auf dem Deiche, zu Maria bei Granzow, mit der dicken Lise in Hamburg ist durchaus sinnlicher Natur; der Verfasser erzählt davon mit fast homerischer Naivetät; Finden, Genießen, Verlassen scheinen ihm selbstverständliche Phasen der Liebe zu sein.

———>⌣<———

Doch kehren wir zu **G. Hauptmann** zurück. In dem kürzlich erschienenen sozialen Drama „**Die Weber**" (oder dialectisch „De Waber") führt er uns in das Eulengebirge, um uns die bis zur Verzweiflung und Revolte getriebenen Elenden zu zeigen. „Allen," sagt er im Eingange, „haftet etwas Gedrücktes, dem Almosenempfänger Eigenthümliches an, der, von Demüthigung zu Demüthigung schreitend, im Bewußtsein nur geduldet zu sein, sich so klein als möglich zu machen gewohnt ist. Dazu kommt ein starrer Zug resultatlosen, bohrenden Grübelns in allen Mienen. Die Männer, einander ähnelnd, halb zwerghaft, halb schulmeisterlich, sind in der Mehrzahl flachbrüstige, hüstelnde, ärmliche Menschen mit schmutzig=blasser Gesichtsfarbe: Geschöpfe des Webstuhls, deren Kniee in Folge vielen Sitzens gekrümmt sind;

ihre Weiber zeigen weniger Typisches auf den ersten Blick; sie sind aufgelöst (?), gehetzt, abgetrieben, während die Männer eine gewisse klägliche Gravität noch zur Schau tragen — und zerlumpt, wo die Männer geflickt sind. Die jungen Mädchen sind mitunter nicht ohne Reiz; wächserne Blässe, zarte Formen, große, hervorstehende, melancholische Augen sind ihnen dann eigen." — Diese, durch viele Stellen im Buche ergänzte Schilderung beruht wohl auf Wahrheit; denn Hauptmann's Großvater hat, wie die Widmung an seinen Vater sagt, auch als armer Weber hinterm Webstuhl gesessen. — Die Klagen und Bitten der Armen werden durch das freche Auftreten des „rothen Bäcker" unterbrochen, dem der Fabrikant, ein nervöser Mensch, das Absingen des Liedes „vom Blutgericht" verbieten will. Ein fast verhungerter Knabe, der die Parchendstücke $1^1/_2$ Meilen weit hergebracht hat, wird ohnmächtig. Nachdem er sich in Dreißiger's Stube etwas erholt, hält dieser eine beruhigende Ansprache an die Weber, entzieht sich aber schleunigst ihren Bitten und Klagen. Der 2. Act spielt im Hause des alten Baumert; die Familie befindet sich in größter Noth, sie harrt auf den Vater, der Geld bringen soll. Diesen begleitet Moritz Jäger, der früher gar nichts getaugt, sich aber als Husar und Officierbursche jetzt etwas gespart hat. Er ist aufgeklärt und wiegelt die Familie Baumert und ihren Häusler Ansorge gegen die Fabrikanten auf, indem er ihnen das Weberlied vorliest:

> „Hier wird der Mensch langsam gequält,
> Hier ist die Folterkammer,
> Hier werden Seufzer viel gezählt
> Als Zeugen von dem Jammer....." u. s. w.

Im 3. Act, der in Welzel's Kretscham spielt, unterhält sich zunächst ein Reisender mit dem Tischler Wiegand über die Noth der Weber, welche er für übertrieben hält, ein Bauer und ein Förster höhnen die alten Weber Ansorge und Baumert; da kommen Jäger und Bäcker lärmend herein, zu denen sich der Schmied Wittig gesellt. Diese machen anzügliche Redensarten gegen den Gensdarm Kutsche, der sich unter Drohungen entfernt, indessen die

Weber das Lied vom Blutgericht singen. — Der 4. Act spielt
im Hause des Fabrikanten, dessen Hauslehrer, der Candidat Weinhold, mit dem gutmüthigen Pfarrer Kittelhaus über die Weber-
noth spricht und für die Forderung höherer Löhne eintritt. Darüber entrüstet, kündigt ihm Dreißiger und Weinhold verläßt das
Haus. Da bricht der Aufstand aus. Jäger wird von Fabrik-
arbeitern gefangen genommen und nach einem heftigen Wortwechsel
mit dem Polizei-Verwalter gefesselt; aber bald befreien ihn die
durch Schnaps begeisterten Aufständischen, mißhandeln den Verwal-
ter, Gendarm und Pfarrer und demolieren das Haus Dreißiger's,
der jedoch mit seiner Familie und Pfeifer glücklich entkommt. —
Der letzte Act spielt beim alten Hilse in Langenbielau. Auch
hierher wälzt sich die Schaar der Rebellen; vergebens sucht ihn
und seinen Sohn Gottlieb seine Schwiegertochter, der alte Baumert, Jäger und Bäcker zur Theilnahme am Krawall zu bewegen
— er bleibt ruhig am Webstuhl sitzen, an welchem er, da Militär herangerückt und ein Kampf im Dorf entbrannt ist, erschossen
wird. Vergebens ruft ihm sein 4-jähriges Enkelchen Milchen zu:
„Großvaterle, Großvaterle, se treiben de Soldaten zum Dorfe
naus, se haben Dittrichens Haus gestirmt, se machen's a so, als
wie driben bei Dreißigern! Großvaterle!?" Und vergebens sind
auch die Worte seiner schwerhörigen alten Frau: „Nu mach' ock,
Mann, und sprich a Wort, 's kann een'n orntlich Angst werd'n."

Damit schließt das Stück. Ein soziales Drama ist es gewiß, die Frage nach Brot, nach Capital und Arbeit, Handarbeit
und Fabrikarbeit, nach dem Unterschiede der Stände wird gründlich durchgesprochen. Aber als Drama hat die Dichtung große
Mängel. Zunächst ist der eigentliche Held derselben das Volk, die
Weberbevölkerung; dadurch kommt etwas Unruhiges, Unklares in
die Handlung. Sodann zeigen die Hauptpersonen: Herr Dreißiger,
Moritz Jäger, der rothe Bäcker und der alte Hilse, keine Entwickelung; fix und fertig treten sie gegen einander auf und handeln. Ferner ist der eigentliche Inhalt des Stückes nur ein Aufstand, der allerdings motiviert, aber nicht zu Ende geführt wird;
von einer Fabel des Stückes ist nicht die Rede. Endlich leidet

es auch an Uebertreibungen: Die Fabrikanten leben nicht alle so wie Dreißiger's, viele davon müssen sich auch sehr durchschlagen; es wäre billig gewesen, dies anzudeuten. Realistisch ist das Stück in hohem Grade: Die ganze Misère des Weberlebens tritt mit furchtbarer Nacktheit vor uns hin. Da sehen wir den vor Hunger ohnmächtigen Knaben, den alten Baumert, der sein Hundl hat schlachten lassen und hernach doch das Gebratene nicht bei sich behalten kann, weil sein Magen nicht mehr daran gewöhnt ist; die Weberfrau, welche zweimal „den Ibergang" gehabt hat; Mutter Baumert: „ein Gesicht, abgemagert zum Skelett, mit Falten und Runzeln in einer blutlosen Haut, mit versunkenen (?) Augen, die durch Wollstaub, Rauch und Arbeit bei Licht entzündlich geröthet und wässrig sind — einen langen Kropfhals mit Falten und Sehnen, eine eingefallene, mit verschossenen Tüchern und Lappen verpackte Brust;" den alten Ansorge, der immer „Nu, ja, ja! — nu, nee, nee!" sagt und erzählt, wie er als 13=jähriger Junge zu seinem sterbenden Vater („der starb a gerne genug!") in's Bett kroch und einschlief, und als er dann aufwachte, „war a schonn kalt." Dann die Schimpfereien, welche die Leute, ihrem Stande gemäß, von sich geben! So bricht Luise, des alten Hilse Schwiegertochter, als jener und ihr Mann sich nicht am Aufstand betheiligen wollen, in die Worte aus: „Euch is nich zu helfen. Lappärsche seid ihr. Haderlumpe, aber keene Manne. Gattschliche zum Anspucken. Weechquarkgesichter, die vor Kinderklappern Reißaus nehmen. Kerle, die dreimal „scheen Dank" sagen fer ne Tracht Prügel!" Seltsam endlich sind im 5. Act die oft wiederkehrenden „Stimmen der Hausbewohner," denen jedesmal 5—6 Sätze in den Mund gelegt werden, offenbar, um die belebten Volksscenen anzudeuten. — Der Eindruck, den das Stück auf den Leser macht, ist jedenfalls ein abstoßender, etwa dem ähnlich, den die „Familie Selicke" hervorruft. Beidemal ein Gemälde grau in grau, ohne jeden Lichtton, „wahr" bis zur Unnatur! — Auf den technischen Mangel wollen wir nur kurz hinweisen, daß, da das Drama seinen Abschluß mit dem Siege der Arbeiter findet, der 5. Act („Vorgang") überflüssig ist. Schon im 4. Act üben ja die Weber am Gut ihres hartherzigen Brotherrn Vergeltung, der fünfte schildert nur das Anwachsen des Streikes.

In allen Stücken G. Hauptmann's tritt uns, und das ist seine hohe Bedeutung, am klarsten das Streben der „Modernen" entgegen, ganz objectiv Wirklichkeitsmenschen zu zeichnen, mögen sie uns gefallen oder nicht. Er will nicht Mustermenschen schaffen, die uns erhabene Gedanken oder Gefühle predigen, sondern ganz alltägliche Wesen, wie sie leben und reden. Ihm ist nicht Wahrheit, sondern Wirklichkeit das Ziel, er spricht nicht als Prophet des Guten und Schönen, sondern als Chronist seiner Zeit, der sine ira et studio alles, Gutthaten wie Verbrechen, einfach berichtet.

Es ist gewiß von Interesse hier kurz die technischen Eigenthümlichkeiten des realistischen Dramas zu betrachten.

Die erste Folge der Forderung, daß die Vorgänge auf der Bühne denjenigen des wirklichen Lebens gleichen, ist der Fortfall des Monologs. Wie Ibsen in seinen späteren Dramen, vermeiden ihn die Jüngstdeutschen möglichst. An seine Stelle tritt die Pantomime des Schauspielers, der infolge der Umstände auf der Scene allein bleibt, und der Dichter gibt mehr oder weniger ausführliche Andeutungen darüber. So G. Hauptmann im „Friedensfest" 16 Zeilen! Das erregte Schwanken Robert's, ob er Frau Buchner nacheilen soll oder nicht, dann sein Stumpffinn, der sich in resigniertem Tabakrauchen kundthut, hierauf sein verzweifelter Hohn, als er den Christbaum erblickt; endlich sein Liebeseffect, als er Ida's Handarbeit findet und küßt — alles dies drückt nicht nur die Gefühle der Personen aus, sondern auch Thatsachen, die dem Leser oder Hörer bisher unbekannt waren. Den Monolog gestattet der Naturalist nur so weit, als er sich auf Interjectionen beschränkt; nur Geistesgestörte, meint er, werden längere Monologe halten.

Nun mag man ja freilich zugeben, so lange Einzelreden, wie Faust's und Wallenstein's Monologe, halten die Menschen im allgemeinen nicht; wenigstens nicht laut. Aber so wenig es der Wirklichkeit entspricht, daß ein Mensch, z. B. Schiller, weiß, was

Elisabeth, Maria Stuart, Burleigh u. s. f. überhaupt miteinander gesprochen haben, und wir ihn deshalb tadeln, so wenig scheint uns ein Monolog verwerflich, der uns mit den Gedanken des Helden bekannt macht, vorausgesetzt, daß, was er sagt, von ihm in dieser Lage gedacht sein konnte.

Mit mehr Recht lassen die modernen Realisten das sogenannte parler à part fort, wenigstens vielfach. Sudermann freilich in der „Ehre" und Wildenbruch in der „Haubenlerche" machen davon noch vielfach Gebrauch. Wir halten diese alterthümlichen Ansprachen an das Publicum für überflüssig.

Damit hängt die Abneigung der realistischen Technik gegen die Charakteristik der Personen durch eigene Reden oder durch fremde zusammen. An Stelle langathmiger Selbstcharakteristiken, die im gewöhnlichen Leben mit Recht skeptisch aufgenommen werden, tritt die Charakteristik durch Handlungen, welche absichts= los und objectiv sind. Dasselbe gilt für die Vorgeschichte der Handlung. Nicht durch längere oder kürzere Erklärungen (früher gab sie sogar der Ehrenhold vornweg!), sondern durch gelegentliche, scheinbar durchaus unbeabsichtigte Bemerkungen machen uns die Personen mit den Verhältnissen bekannt. Daß dabei dem Dichter freisteht, auch den Zufall walten zu lassen, der ja, richtig ge= deutet, im Leben eine so große Rolle spielt,*) ist natürlich; doch wird er ihm keinen zu großen Raum lassen, wie schon Schiller in seiner Vorrede zu „Fiesco" auseinandergesetzt hat. In dieser Hinsicht ist aber Sudermann's Stück „Die Ehre" noch sehr man= gelhaft. Denn es klingt zu unwahrscheinlich, daß Graf Trast am Abend vorher gerade das Tingeltangel besucht haben soll, wo Alma war, und gerade ihre Bekanntschaft gemacht haben soll, und daß sie gerade in dem Moment hereintritt, wo er ihrem Bruder von jenem Abenteuer erzählt.

Ein ferneres Mittel, realistisch die Wirklichkeit wiederzugeben, ist die Sprache, d. h. jede Person ihrem Bildungs= und Vor= stellungskreise, ihrem Dialect und den Verhältnissen gemäß reden

---

*) Vgl. meine Abhandlung: „Ueber den Zufall." Halle, 1890.

zu lassen. Selbstverständlich wird sich da zu pathetischen und geistreichen Reden sehr selten Gelegenheit bieten; denn wenige Menschen sind geistreich und pathetisch. Auch hier zeigt sich, wie unrealistisch Sudermann's „Ehre" ist; scheint doch Graf Trast an dem einen Abend mehr Pointen auszugeben, als einem leiblich gebildeten Menschen in einem Jahre einfallen.

Trotz alledem haftet auch dem realistischen Drama in seiner Vollendung, z. B. bei Ibsen, eine mit dem Wesen der Poesie nothwendig verbundene Unwahrscheinlichkeit an. Der Dramatiker drängt mit Recht seinen Stoff auf möglichst kurze Zeit (etwa 24 Stunden) zusammen; er bringt möglichst nur wesentliche Momente in Wort und Handlung vor. Aber wann in aller Welt werden vor einer Katastrophe in den letzten Stunden alle die für das Verständnis nöthigen Worte gesprochen, alle die vorgeschichtlichen und sonstigen Momente vorgebracht, welche zur richtigen Moti= vierung unerläßlich sind?

Wir sehen also, das Drama an sich ist etwas Idealistisches, ist ein ästhetischer Schein, welcher der krassen Wirklichkeit nie und nimmer gleichkommt.

———>×<———

Wilhelm Bölsche verlangt, die moderne Poesie soll sich mehr mit den naturwissenschaftlichen Problemen der Gegenwart beschäf= tigen. Wir haben die Berechtigung in gewissem Grade zugegeben (S. 71). Eine Anwendung seiner Theorie bietet er uns in dem Roman: „Die Mittagsgöttin" (1891), worin er die spiri= tistisch=hypnotischen Phänomene behandelt.

Bölsche ist kein Anhänger des Spiritismus, er will ihn weder vertheidigen noch anklagen; ihm kam es vielmehr darauf an, an einem Einzelfalle zu zeigen „den Kampf des Gemüthes wider eine bestimmte Art von Geist, die Sehnsucht nach Mystik in einer Zeit kalter Berechnung, den Aufschrei des Herzens in einer Stunde, da die Gegenwart erbärmlich scheint, die Flucht der Verzweiflung vor ihrer eigenen Doctrin." Er betont, daß drei Dinge für die Handlung seiner Geschichte bedeutend sind:

bewußter Betrug, unbewußte Selbsttäuschung, endlich Zufall. Namentlich das letzte Moment gibt den Ausschlag; denn der Zufall als solcher in einem ganz bestimmten Falle wird zum Problem gemacht und jede Zeile in den Bann dieser Grundidee gestellt.

Wir haben uns anderen Orts ausführlich über diese beiden Probleme geäußert*) und beidemal die Objectivität geleugnet: wir glauben nachgewiesen zu haben, daß es thatsächlich weder Spirits noch Zufall gibt; aber wir haben auch die psychologische Noth=wendigkeit jenes Aberglaubens dargethan.

In diesem Ich=Roman erzählt W. Bölsche, wie er an seinem 30. Geburtstage seinen Freund Edmund Thäler und dessen Schwester Therese, eine angehende Lehrerin, die er liebte, besucht und jenen zur Entlarvung des Mediums Thomas zu Herrn Fedor v. Alsen begleitet habe. Diese Entlarvung sei auch gelungen, aber der „Spreewaldgraf“ Otto habe ihn eingeladen, mit ihm, da Edmund in der allgemeinen Verwirrung fortgegangen war, noch eine Tasse Kaffee bei Bauer zu trinken. Zur Rückkehr in Theres̓chens Wohnung war es ja zu spät. Unterwegs bekennt sich Graf Otto als Spiritist, erzählt unserem Helden auf seinem fein eingerichteten Zimmer während der Nacht seine Bekehrung und nimmt ihn am folgenden Morgen mit hinaus auf sein Spree=waldschloß. Bölsche's Beschreibung des Spreewaldes ist meisterhaft. Er lernt nun drei Freunde kennen, welchen der Graf als seinen Jüngern großartige Gastfreundschaft erweist; ferner Lilly Jackson, sein Medium, eine interessante Amerikanerin, die der Graf in Paris kennen gelernt hat, und deren französische Gesellschafterin Ernestine.

Nach einer in wirren Träumen verbrachten Nacht wohnt unser Held der Sitzung bei, in welcher Lilly als Geist Nelly's, der von einer Locomotive geräderten Geliebten des Grafen, er=scheint, ihm zärtliche Worte zuflüstert, aber, als sie sich an Wilhelm

<hr>

*) Vgl. meine Schrift: „Der Spiritismus, die Narrheit unseres Zeitalters.“ Berlin, 1883.

wendet, von ihm ergriffen und entlarvt wird. Trotzdem wird
der Glaube der vier Herren nicht wankend — sie geben zu, daß
es Lilly war, behaupten aber, durch sie habe Nelly gesprochen.

„Die Mittagsgöttin" nennt Bölsche seinen Roman, weil
ihm unter dem zauberhaften Einfluß Lilly's zumuthe war, als
habe ihn Pschipolniza, die Mittagsgöttin des Spreewaldes,
begrüßt. Die Charakteristik des Grafen ist vorzüglich. Aus
alter Familie, aber ohne Standesvorurtheile, hat er seine Jugend
an Frauen, Sport und Jagd verschwendet. Im Verkehr mit
„verlornen Mädchen" hat er Mitleid mit den Armen bekommen.
„Ein Weib stand mir durchweg tiefer als ein gutes Pferd, das
seichte, frömmelnde Moralgeschwätz existierte für mich so wenig
wie der Kirchenbesuch.... Das große Dichterwort sagt, das
Weib sei die Rache des Volkes an den Reichen, es steige zu ihnen
herauf wie der Vampyr, der sie berückt und dann vergiftet....
Und ich fühlte, was nur der Beobachter fühlen kann, der Genuß-
jäger nicht fühlen darf, ich fühlte Mitleid — diese armen Mädchen,
die alljährlich durch rein soziale Mißstände in die Arme der
oberen, zahlenden Lebewelt gehetzt werden, fingen an mir aus
schönen und famosen Mädels ernstlich arme Mädchen zu werden"
(S. 120—123). — So kam der Graf auf die soziale Frage und
widmete sich ihr fortan mit Eifer. In Amerika gehörte er bald
zu den beliebtesten Führern. Als aber seine Geliebte Nelly ge-
rädert wurde, verlor das Parteitreiben seinen Reiz. Er sah ein,
daß noch Jahrhunderte vergehen müßten, bevor die sozialistischen
Träumereien sich verwirklichen könnten; und selbst wenn sie sich
realisiert hätten — würden die Menschen dann glücklicher sein?
Gewiß nicht! Denn die Wissenschaft, welche dann alle Köpfe er-
leuchtet haben würde, biete ja keinen Trost. „Ein allmächtiges
Rad ohne sichtbare Ziele erscheint in ihr das ganze Geschehen,
furchtbarer Zufall greift erbarmungslos in das Leben der Kämpfenden auf der Erde ein, der einzelne ist ein Flämmchen, das
zwecklos — zwecklos wenigstens für sein eigenes Fühlen und Erkennen — verflackert, der Trost eines Gottes, der das Unrecht
straft, erstarb vor dem Satze: Alles ist Naturphänomen, das Gute,

wie das Schlechte, nichts steht höher, nichts tiefer. Der Trost
eines zukünftigen Lebens nach diesem verzweifelten Daseinskampfe
zerbrach vollends rettungslos. Und selbst das Zukunftsstück der
ganzen befreiten Menschheit erschien im allerschärfsten Lichte
doch auch nur als eine winzige, ebenso ergebnislose Welle, denn
der Tag stand in der Rechnung, wo dieser Erdball zusammenbrach"
(S. 133). — Aus Sehnsucht also nach Unsterblichkeit wurde
Graf Otto Spiritist.

Ungläubig, wenn auch tief erregt, kehrt unser Held nach
Berlin zurück, wo er hört, daß Therese auf ein zweimaliges Tele=
gramm verzweifelt nach Magdeburg gereist sei. Ihm fällt ein,
daß Edmund zum Duellieren geneigt war, daß er schon vorgestern
von der Reise nach Magdeburg gesprochen hatte — er hat jeden=
falls ein Duell gehabt und ist gefallen! Als er Abends in seiner
nur von einer Kerze erleuchteten Stube träumt, erscheint ihm Ed=
mund mit einer blutenden Herzwunde, und er hört die Worte:
„Ich bin das zweite Gesicht!" (II, 35). Trotz seines Entsetzens
notiert Wilhelm genau Zeit und Umstände, irrt dann die Nacht
im Thiergarten umher, wobei sich seine ganze Weltanschauung
ändert. Sein naturwissenschaftlicher Standpunkt scheint ihm eng=
herzig, thöricht, falsch. Er sucht am folgenden Morgen seinen
hochverehrten Lehrer (Helmholtz? II, 72—85) auf, der ihn aber
lächelnd und warnend abweist. Nun fährt er wieder zum Spree=
wald hinaus, in vollem Regen, findet Lilly, die zu ihm in's Boot
steigt, ihn jedoch warnt und nach Berlin zurückweist. Von allen
jubelnd begrüßt, sieht er dann, wie sie als Medium schreibt, und
zwar naturwissenschaftliche Enthüllungen in einer ganz anderen
Schrift, die er hernach mit des Grafen Hülfe als die Al. v. Hum=
boldt's erkennt (II, 241); er badet sich dann im verzauberten
See während eines Gewitters, wobei er mit Lilly herumschwimmt,
dann scheint sie à la Swedenborg den Brand des Mühldorfes
vorausgeschaut zu haben! Uebrigens ist allmählich in seinem Herzen
Liebe zu dem sonderbaren Mädchen erwacht, so daß ihm ein Brief
Theresens unangenehm ist. Schon 14 Tage weilt er im Spree=
walde, jetzt fährt er nach Berlin, vom Grafen und Lilly begleitet,

trifft Therese, ohne sich dessen zu freuen, und verlebt dann einige schöne Stunden mit Lilly.

Der allmähliche Uebergang Wilhelms von der Naturwissenschaft zur Mystik ist mit großer Kunst geschildert (II, 48); ebenso der Gegensatz zwischen Wissenschaft und Spiritismus (76 u. ff.), zwischen Religion und Wissenschaft (133). Wie treffend schreibt W. Bölsche S. 135: „Kirche? — Gab es noch eine Kirche für die junge Generation? — Die Generation nach Kant und nach Strauß? Hatte nicht Kant uns für all' unser Denken mit absoluter Logik nachgewiesen, daß das Metaphysische, die Welt an sich, dem Menschengehirn nach unerbittlichem Gesetz ewig verschlossen bleibt? Hatte nicht die Schule des einsamen Apostaten aus dem Schwabenlande, des Mannes, der sein Lebenskreuz in blutender Entsagung getragen, dafür aber stolz seinen Blick zu den Mysterien des anderen Kreuzes erhoben hatte, den Märchentraum vom Jordanthal unerbittlich zermalmt?" S. 137: „Unsere Zeit ist heraus aus den Kinderschuhen der Mystik und Romantik, das Wissen ist unsere Religion, der Dienst der Wahrheit unser Gottesdienst."

Im 3. Bande finden wir Wilhelm und Lilly auf der Fahrt zum Grunewald in vollem Regen; sie kommen sich immer näher, er trägt ihr das Du an, und als sie auf Schildhorn einregnen und im Kremser mit einer Gesellschaft zurückfahren, „Kuß auf Kuß und immer wieder nur Kuß auf Kuß" (III, S. 31). Er geleitet sie nach des Grafen Wohnung, irrt die Nacht im Thiergarten umher, nachdem er in der Concordia eine Art Vision gehabt und zwischen Lilly und der Luftspringerin, aber auch einer tragischen Maske eine wunderbare Aehnlichkeit bemerkt hat. Am folgenden Morgen bittet er sie seine Frau zu werden. Sie aber antwortet (S. 81): „Nein, mein Freund, das nun nicht. Du weißt das nicht, weißt nicht, wer Lilly ist. Du bist gut, ich weiß, aber das nicht, nie, kann nicht sein!"

Sie fahren nun hinaus, feiern „ihre Hochzeitsnacht" im Heuschober (101) und manche „wilde Orgie" vier Wochen lang (110), infolge dessen Lilly's mediumistische Kraft mehr und mehr zu schwinden scheint. Da kündigt sie eines Tages in Verzückung an, daß um Mitternacht am See etwas Großes geschehen werde. Alle gerathen in hochgradige Aufregung. Sie gehen hin, nachdem Wilhelm vom Zweige einer Linde aus beobachtet hat, daß Lilly zuhause geblieben ist; doch mit Hülfe des großen Hundes stellen sie fest, daß jenseits des Teiches kein Geist, sondern — Ernestine in phosphorescierendem Gewande spukt. Sie flieht, wird verfolgt und schließlich blutend im Tempelchen gefunden. Lilly's Schuld, ihre Zofe zu diesem Betrug angestiftet zu haben, wird nicht erwiesen, aber der Maler Frey schießt sich eine Kugel vor den Kopf. Ernestine stirbt an Blutvergiftung und unserem Helden wird, da er schon skeptisch geworden, durch einen Brief Theresens gemeldet, daß Edmund gar nicht Abends, sondern früh elf Uhr gestorben und nicht in's Herz, sondern in den Unterleib geschossen worden ist. Natürlich ist's nun mit dem „zweiten Gesicht" nichts! (S. 213). Auch Lilly erweist sich als freche Betrügerin. Als Wilhelm abreisen will, erklärt sie ihn begleiten zu wollen und erzählt ihm, sie habe den Grafen aus Rache betrogen, habe seine Tagebücher gelesen, daher als Nelly gespukt, habe sich Humboldt's Werke verschafft u. s. w. Er ohrfeigt sie (262), sagt es dem Grafen, der fast wahnsinnig vor Wuth, sie mit seiner Flinte niederschießt und dann sich selber tödtet (276). Wilhelm schreibt nun an Thereschen, bietet ihr seine Hand und eilt in ihre Arme.

Abgesehen von dem wenig wahrscheinlichen Schlusse hat uns der Roman W. Bölsche's auf's höchste interessiert. Er löst sein Problem, wie sich beim Spiritismus Betrug und Selbstbetrng, Zufall und psychologische Momente merkwürdig vermischen. Freilich, wenn er (S. 304) sagt, auch Lilly war nur das Product der Verhältnisse, so können wir ihm nicht beipflichten; ebenso wenig, wenn er (S. 303) fragt, ob es Werth habe das kurze Leben an eine Frage zu setzen, die der Tod allerorten löst. — Jedenfalls hat hier Bölsche den Beweis geliefert, daß ein Roman „modern" sein kann, ohne in Sexualismus und Materialismus zu schwelgen!

Einen „sozialen Roman aus dem modernen Berlin" gibt Conrad Alberti unter dem Titel: „Wer ist der Stärkere?" (1888). Er schildert darin in frischer, anschaulicher Darstellung den Kampf zwischen Arbeit und Capital, Tugend und Laster, Genie und Borniertheit. Auf den letzten Gegensatz scheint es ihm am meisten anzukommen, wie das Wort Friedrich Wilhelm III. zeigt, das er zum Motto gewählt hat: „Den Menschen, den Stein, nicht leiden mögen, weil er ein Genie sein."

Dr. Breitinger in Stolp hat die Bazillen als Krankheitserreger entdeckt und hofft dadurch die Wissenschaft und das Volkswohl gleich sehr zu fördern. Bald aber muß er erkennen, daß Geh. Rath Lassarius sein heftigster Gegner ist, der ihn mit seinen Schülern auf alle Weise bekämpft. „Es verschwören sich, von einem Interesse geleitet, die Eitelkeit, die Unwissenheit, die Anmaßung, die Gewinnsucht gegen das einzelne Talent" (I, S. 166). Durch Lockungen und Drohungen, durch Spott und Grobheit, durch Polemik und Todtschweigen suchen sie ihn zu unterdrücken. — Ein anderer Gegensatz besteht zwischen den reichen Bauunternehmern und den Maurern. Jene antworten auf die Wünsche der Maurer nach besseren Löhnen mit — Lohnherabsetzung. Der arglose, edle Baumeister Otto Hilgers, der die Bauten einer großen Gesellschaft leitet, läßt sich aus Gerechtigkeitsgefühl bestimmen, die Streikenden zu unterstützen. Da er aus Ueberzeugung handelt, stimmt ihm seine Braut, Julie Semisch, bei, obgleich sie voraussieht, daß ihr Bruder es jenem nicht verzeihen wird. In der That wird Hilgers auch alsbald entlassen. Semisch, Juliens Bruder, ist der Gatte Luciens, der Heldin des Romans, welche wieder Julien gegenübersteht. Denn als Tochter einer Wäscherin der Vorstadt, früh verdorben und aus Eitelkeit und Genußsucht Schauspielerin geworden, hat sie den reichen F. Semisch nur geheirathet, um Geld, Luxus und Diamanten zu haben. Ihr Charakter ist gemein; sie folgt nur ihrem Triebe nach Vergnügen, das Urtheil der Menschen ist ihr gleichgiltig, sie will nur beneidet sein (I, S. 22, 63). Ihren Mann behandelt sie verächtlich, brutal; er aber aus Verliebtheit, fügt sich allen ihren Launen. So sehr sie zu prunken liebt, so ist sie doch noch lieber im engeren Kreise ihrer „Freundinnen“ vom Theater, mit denen sie in Costüm Offenbach'sche Arien singt. Julien haßt sie, weil diese ihr von ihrem Manne öfter als Muster des Taktes vorgehalten wird. Fortwährend hat sie Verhältnisse, die sie aber nie ernsthaft werden läßt, denn aus Kälte spielt sie nur mit den Männern (I. S. 258). „Mein Gott, ich muß doch ein Spielzeug haben, einen Menschen, dem ich ein bischen den Kopf verdrehe, mit dem ich mich zeigen kann, mit dem ich meinem Mann drohe und alle Welt ärgere und über mich reden mache!“

Aus diesem Grunde allein hat sie auch den Lieutenant Robert v. Führinghausen in sich verliebt gemacht. Daß ihr dieses, und daß es ihr so schnell gelungen, glauben wir freilich, trotz des Verfassers Schilderung (I, 235—241) nicht; dazu ist er anfangs zu idealistisch, zu keusch gezeichnet. *)

Die Charakteristik der Berliner Verhältnisse verräth vielfach den geübten Beobachter. „Essen, tanzen, klatschen, Karten spielen: das ist die Berliner Geselligkeit“ (I, S. 101). Oft stoßen uns Gestalten auf, die nach lebenden Modellen gezeichnet zu sein scheinen, so Prediger Hessel, Redacteur Greifenstein, Professor Lassarius, Dr. Breitinger, Otto Hilgers und — last, not least — Lucie! — Alberti's Ansicht vom weiblichen Geschlecht ist eine recht niedrige (I, 142): „Die Weiber taugen alle nichts; die Demimonde steckt allen im Blute, und meist verhindert nur ein Zufall, daß dieser schlummernde Keim zur Entwickelung kommt. Von hundert Frauen, die in Gefahr gerathen, hat kaum e i n e Festigkeit zu widerstehen, neunundneunzig unterliegen, und bei der Einen ist vielleicht nur die Furcht der Wächter der Tugend!“ Obgleich wir dasselbe Urtheil schon bei manchem Jüngstdeutschen gelesen haben, können wir ihm doch nicht beipflichten.

Im 2. Bande kommen die verschiedenen Conflicte zur Entscheidung: O. Hilgers wird von allen guten Freunden, von Arbeitgebern wie Arbeitern verlassen und aus Berlin, ja aus Deutschland ausgewiesen. Seine edle Braut Julie, die majorenn ge-

---

*) Einen ähnlichen Stoff behandelt R. Voß in seinem Drama „Malaria“ (Reclam, Leipzig, 1892), aber in idealerer Weise.

worden, folgt ihm mit ihrem Vermögen nach Amerika. Robert, von Leidenschaft zu Julie verzehrt, macht ihr in der Nähe der Wartburg eine Liebeserklärung, die von ihr höhnisch abgewiesen, von ihrem Manne belauscht wird; dieser ruiniert den Lieutenant dadurch, daß er alle Wechsel, die jener ausstellt, aufkauft. Zuletzt ertappt er ihn Nachts in seinem Hause und, da jener nicht gestehen will, daß er Luciens wegen gekommen, verdächtigt er ihn des beabsichtigten Diebstahls. Robert muß den Abschied nehmen und schließt sich Dempwolfs Expedition nach Afrika an. Dr. Breitinger endlich wird vom Aerzte-Congreß zu Eisenach verhöhnt und ausgewiesen, aber als er durch Hessel die Frau des Cultusministers kennen lernt und ihren fetten Mops curiert, verspricht ihm ihr Mann die erste freigewordene Professur, zumal der „Figaro“ ihn anerkennt, und wird nun auch von Lassarius und seiner Clique hoch gefeiert.

Alberti's Meisterschaft in der Schilderung Berliner Zustände haben wir schon anerkannt. Der Ring der Fachgelehrten (II, 12), die Urtheilslosigkeit der Menschen (II, 329), die Käuflichkeit mancher Journale, die Borniertheit der Fachgelehrten u. s. w. sind trefflich gezeichnet. Dagegen scheinen uns einige Figuren doch mißlungen. Besonders Semisch, Luciens Gatte. Daß derselbe Mann in allen geschäftlichen Dingen so klar, fest und resolut und seiner Frau gegenüber so verächtlich schlaff sein soll, scheint uns nicht glaublich; ebenso ist sein Benehmen fast zu boshaft (II, 150, 171, 201) gedacht. Ebenso glauben wir nicht, daß Dr. Breitinger (II, 331) allen Glauben an die Ideale verlieren und sich (354) Lucien in die Arme werfen kann. Endlich scheint uns Robert's Verkehr mit Mieze bei seiner Gluth für Lucie höchst unwahrscheinlich (II, 104).

Der Verfasser huldigt insofern dem Modernen, als er öfters sonderbare oder auch widerliche Worte braucht; was ist z. B. „molscher Käse“ (II, 62), vor Vergnügen „aufgrommeln“ (99), „lunzen“ (69), „dahlende Engländer“ (168), „vorwärtszeltern“ (278)? Auch finden sich einige recht häßliche Scenen: I, 36, 215. II, 112, 186.

Manche Ansichten des Verfassers möchten wir auch als zu modern beanstanden. So Dr. Breitinger's Gebet an die Natur (II, 175), ein Nest voller Widersprüche, dann das Lob der freien Liebe (87) und vor allem die Lehre II, 336: „Um nicht umzukommen aus heller Verzweiflung, müssen wir sündigen, und weil wir sündigen, müssen wir leiden bis zur Verzweiflung. So war das Leben! Alles in unserer Organisation, in unseren Nerven, unserem Hirn, unserem Blut ist auf Abweichung vom rechten Wege angelegt, alles flüstert und schreit uns zu: „Sündige! Denn die Sünde allein ist die Befreiung! Die Sünde allein ist das Ideal!“ — Wir hoffen und nehmen es auch nach der ganzen Haltung des Romans an, daß dies Alberti's Ansicht nicht ist, sondern nur Robert's. Uebrigens drängte sich uns bei der Lectüre die Parallele zwischen Hilgers und Truck in Holländer's „Jesus und Judas“ auf. Auch jener ist beides in den Augen derer, für die er alles einsetzt. Aber er rettet sich aus dem Untergange, freilich durch Juliens Vermögen, während Truck rettungslos untergeht.

Jedenfalls gehört Alberti's Roman zu den besseren Dichtungen des jüngsten Deutschlands.

——⟩⟨——

Eine ausführliche Darstellung der Sozialdemokratie, aber an einem Einzelnen, nicht wie „Die Weber“ an einer ganzen Bevölkerung, ist **Felix Holländer's** moderner Roman „**J e s u s u n d J u d a s**“ (1891), dessen Lectüre einen tiefen Eindruck auf uns gemacht hat.

Karl Truck, der einzige Sohn eines tüchtigen Beamten in Leipzig, hat als Primaner einen sozialdemokratischen Abgeordneten kennen gelernt, der ihn für die Ziele seiner Partei gewonnen hat. Als Student der Rechte hat er zuerst in seiner Vaterstadt ganz geheim agitiert und ist, als ihm der Boden unter den Füßen warm wurde, nach Berlin gegangen, wo er seine Thätigkeit eifrig fortsetzt. Er wohnt hier bei einer Arbeiterfamilie, deren 15=jährige Tochter Lene ihn wunderbar anzieht. Ihr zu Liebe erträgt er die widerlichen Seiten ihrer Mutter, unterstützt die Familie, hilft, wenn auch vergeblich, ihre freche Schwester Käthe erziehen und verknüpft sein Schicksal immer fester mit dem des Mädchens. Seine beiden Freunde und Gesinnungsgenossen: Höfke und Silberstein, die mit ihm in demselben Hause wohnen, verehren ihn als einen klaren, consequenten Menschen, ja, nachdem er ihnen Andeutungen über seine kühnen Ziele gemacht (S. 56), als eine Art von Messias. Er selbst fühlt sich durchaus als solchen. Als er dies aber auf Grund seiner confusen Weltseelentheorie dem Dr. Lüdeke entwickelt (101 u. ff.), hält ihn dieser für verrückt und bringt ihn nach der Charité. Doch wird er nach einer furchtbaren Nacht als gesund entlassen.

Nun hat er einen gewissen Yttel dadurch, daß er ihn als Spitzel entlarvte, sich zum Todfeinde gemacht. Dieser theilt seinem Vater sein agitatorisches Treiben mit. Der bisher ahnungslose hochconservative Mann kommt und, da Truck nicht leugnet, verflucht er ihn. Der aber fühlt sich nun umso mehr als der sozialistische Jesus, der für eine hohe Sache leiden muß. In einer Sitzung des philosophischen Vereins, wo er wieder seine Ansichten lebhaft verficht, verhaftet ihn Dr. Mixius*) als Verfasser der anonymen anarchistischen Schrift: „Ideen der Zukunft;" er kommt in's Gefängnis, und als er wieder frei ist, weisen ihm alle, bei denen er Stunden sucht, die Thür. Lene's Mutter, die ihm ihre Tochter an ihrem Einsegnungstage als Maitresse angeboten und mit Hülfe Käthe's, der schon zur Dirne Gewordenen, Lenen fast mit Gewalt auf denselben Weg hat bringen wollen, verlangt stürmisch die rückständige Miethe; er versetzt alles, wirft ihr das Honorar für seine Brochüre vor die Füße und zieht mit Lene in einen Vorort, wo sie in wilder Ehe leben. Er will nun ausschließlich der Partei dienen, macht aber mit Entsetzen die Erfahrung, daß er, welcher der Jesus der Sozialdemokraten werden will, von diesen als Judas verhöhnt wird. — Yttel, den der Russe Simirenko aus Blutrache ermordet hat, hatte ihn überall verdächtigt. Seine zweite Bro-

---

*) Vgl. denselben Namen in Holländer's und Land's Drama „Die heilige Ehe." S. 99.

chüre wird wegen ihres Radikalismus verboten, so daß der Ver=
leger nichts mehr von ihm wissen will; er geräth mit Lene, die
sich Mutter fühlt, immer tiefer in Noth und sucht hungernd im
Winter überall vergebens Arbeit. Da, als alle Aussicht geschwun=
den, wird er wirklich zum Judas — für ein Sündengeld verräth
er viele Parteigenossen der Polizei! Doch Gewissensbisse treiben
ihn in den Tod — nachdem er sein ganzes Elend seinen beiden
Freunden, die ihn schon einmal unterstützt hatten, ausführlich ge=
schrieben und sie für Lene und ihr Kind gebeten hat, stürzt er
sich von der Schloßbrücke in die Spree gerade an dem Tage, wo
Kaiser Wilhelm II. seine Erlasse über die Arbeiterfrage publiziert.

Künstlerisch hat der Roman große Mängel. Die Geschichte
Höske's und seiner Geliebten Gustel, welche am Anfang einen so
breiten Raum einnimmt, läßt Holländer völlig fallen: ebenso die
Entwickelung des problematischen Charakters Sam. Silberstein, der
übrigens in ähnlicher Lage wie Adam Mensch (s. o. S. 109) viel
edler handelt. Auch Dr. Lüdeke entschwindet völlig unseren Augen.
Endlich erscheint uns Lenes Charakter viel zu wenig herausgear=
beitet, um glaubhaft zu sein. — Aber K. Truck, der Held der
Geschichte, ist überaus lebenswahr gezeichnet, so daß man annehmen
möchte, ihm liege ein Erlebnis des Verfassers zu Grunde. Schon
sein Aeußeres ist eigenartig: „Breitstämmig mit einem wie aus
Marmor gemeißelten Gesicht: unter mächtig und bedeutsam aus=
gearbeiteter Stirn merkwürdig tiefe Augenhöhlen, in denen heiß=
blütige Leidenschaft, — etwas wie Fanatismus schlummern mochte.
Die leise angeschwellten Lippen mit dem breit hervorstehenden
Kinn, die scharfgeschnittene Nase, dazu das kurz geschorene Haupt=
haar, die struppigen, dicht zusammengewachsenen Brauen gaben
diesen Zügen ein bestimmtes, charakteristisches Gepräge." (S. 7.)
Infolge davon, daß er seine Gedanken vor aller Welt, am meisten
vor den Seinigen verheimlichen mußte, hatte er etwas Unstetes,
ja Anwandlungen von Verfolgungswahn (104): wie alle Schwär=
mer, ist er sich über die Mittel, seine Ideale zu erreichen, nicht
klar (84). Er hat in der That Anlage zur Verrücktheit; das
erhellt nicht nur aus seiner Weltseelentheorie, sondern auch aus

seinem Benehmen dem Dr. Lüdeke gegenüber, dem er das ge=
füllte Weinglas in's Gesicht wirft; aus seiner Unfähigkeit, seinen
„Urgrund" irgendwem zu enthüllen (179); aus seinem Zustande
nach seiner Freilassung (249) und aus seiner Ehe mit Lene, welche
zwischen Liebe, Haß und Brutalität wechselt (315). Vor allem
ist sein Größenwahn ein Zeichen seiner Verrücktheit. Er hält sich
für Jesus oder Sokrates (84, 221, 295, 316), verachtet alle
seine Freunde als Philister, Spießgesellen und Narren (265).
Aber es dämmert ihm auch einmal (119) die Ahnung auf, daß
Dr. Lüdeke am Ende doch recht gehabt, freilich in ganz anderem
Sinne, daß vielleicht „sein ganzes Leben eine einzige Wahnsinns=
that" sei.

Uns scheint es in der That so; und wenn F. Holländer
derselben Ansicht wäre, könnten wir sein Buch durchaus loben.
Es wäre dann eine künstlerische Darstellung der Wahrheit, daß
unreife Köpfe durch die sozialdemokratischen Chimären ganz ver=
dreht werden. Leider scheint aber der Verfasser etwas Anderes zu
bezwecken. Er ist nämlich, wie so viele Jüngstdeutschen, ein Adept
F. Nietzsche's!

Demgemäß prangt als Motto Nietzsche's Wort (Zarathustra
III, 62): „Der Mensch ist schwer zu entdecken und sich selber am
schwersten; oft lügt der Geist über die Seele. Also schafft es der
Geist der Schwere. Was uns das Leben verspricht, das wollen
wir dem Leben halten." So entdeckt Truck, „den neuen Menschen,"
nämlich sein Kind, als Repräsentanten der besseren Zukunft. Höchst
seltsam schreibt Holländer S. 187: Zu dieser Zeit las er Nietz=
sche's gold'nes Wort: „Der Gewissensbiß ist unanständig." Von
der stolzen Weisheit dieses merkwürdigen Mannes fühlte er sich
wie durch einen Magneten angezogen. Hören wir einige Früchte
dieser „stolzen Weisheit." Als Silberstein im Kampfe mit sich
selbst ist, ob er Höffe seine Geliebte stehlen soll oder nicht, räson=
niert er so (S. 133): „Vielleicht war das Bessere nur Firnis,
künstlich von den Menschen hervorgebracht und hatte mit der Na=
tur im Grunde nichts zu thun; vielleicht war all sein Kämpfen
nutzlos, war es am Ende borniert, hirnverbrannt, den folternden

Leidenschaften Widerstand entgegenzusetzen und so gewissermaßen sich selber zu verleugnen. Welchen Sinn hat es denn überhaupt, sich selber zu kasteien? Das von der Freundschaft und Treue war schließlich weiter nichts, als eitle Phrase von verkrüppelten Tugendbolden, von Falschmünzern für wahre Worte ausgeschrieen..." Oder S. 136: „Ja, so war's: der bislang getretene Wurm steckte noch mit aller Macht in ihm.... der elende, sich krümmende, versuchte Wurm — Gewissen nannten es die da draußen!" Oder S. 184: „Verlogen ist alle Blutsverwandtschaft. Nur einen frechen Egoismus giebt es. Denn wo diese Affenliebe (Truck spricht von seinen Eltern!) — er bebte — ihre Lumpenprobe (?) bestehen soll, erlischt sie wie glimmendes Strohfeuer .... Wahnpflichten .... dreiste Zufallsrechte, die verblendete Väter gegen ihre Söhne in's Feld führen!" Oder S. 314: „Die Bibel, Lene, lügt," sagt K. Truck, „lügt von Anfang bis zu Ende, und die zehn Gebote könnten gerade so gut umgekehrt lauten. .... Habe ich, oder hast du etwa deine Eltern gebeten — sie sollten dich in die Welt setzen? — Nein — das haben wir nicht gethan — wir fluchen ihnen darob. — Nicht zu unserer Freude, zu ihrer Lust, Lene, erzeugten sie uns; und deshalb, Lene, haben Eltern nur Pflichten und keine Rechte. Deshalb, Lene, ist es unsinnig — die Eltern zu ehren — um dessentwillen — weil sie uns're Eltern sind!" Diese scheußliche Doctrin ist wirklich eine „Umwerthung aller Werthe!"

Freund Höfke huldigt auch Herrn Zarathustra, natürlich! „Elender Philister," ruft er sich S. 29 zu, „zum Teufel mit allem Streben, Hoffen, Lieben, zum Teufel mit allen kindischen Idealen — — — trinken und schlafen und buhlen, und buhlen und schlafen und trinken, so lange die Hand noch den Becher zu halten vermag — — — das ist die höchste Lebensweisheit. — Und alles Andere ist Plunder, eitel Plunder, Nachteulen und süßliche Träumer mochten ihren Hirngespinsten nachjagen, — das menschgewordene Thier hatte nur die Wahl zwischen Selbstmord oder Betäubung .... dem Sichselbstvergessen." — Gegen solche Weltanschauung ist der schlimmste Epikuräer noch ein

— „Tugendbold." Daß Willi Höfke seine Gustel, die sich heute ihm, morgen einem andern hingiebt, nicht tadelnswerth findet (S. 45), wundert uns daher nicht. Sie ist „nur verdorben durch diese Jammerwelt und dieses Lumpenpack, das sich Menschen nennt." Und Truck will ebenso wenig zwischen der gefallenen und ehrbaren Frau, wie zwischen dem Verbrecher und dem Ehrenmann einen Unterschied gemacht wissen (219, 220), die Verhältnisse allein sind daran Schuld! Er huldigt Nietzsche, vgl. S. 83: „Das wundervolle (?) Wort des großen, unglücklichen Mannes, der in der Irrenzelle zu Jena dahinsiecht, kam ihm plötzlich in den Sinn: Und besser noch Ehebrechen, als Ehebiegen, Ehelügen. — So sprach zu mir ein Weib: Wohl brach ich die Ehe, aber zuerst brach die Ehe mich!"

Bedenkt man nun, daß diese Romane meist von jungen Leuten gelesen werden, deren Urtheilskraft noch unentwickelt, deren Weltanschauung noch nicht gefestigt ist, dann kann man sich die moralischen Folgen solcher Lectüre vorstellen! Anstatt die heranwachsende Generation zu erheben, zieht solches Buch sie herab; anstatt sie zu veredeln und zu stärken im Kampf um's Dasein und, was noch wichtiger ist, im Kampf mit sich selbst, bestätigt es alle niedrigen Instincte; anstatt ihr im Glauben oder im Wissen einen Stecken zur Lebensfahrt in die Hand zu geben, zerstört es ihr allen Halt. Erfüllt scheint, wenigstens bei den Vertretern der jüngstdeutschen Schule, was einst L. Feuerbach schrieb:*) „An die Stelle des Glaubens ist der Unglaube getreten, an die Stelle der Bibel die Vernunft, an die Stelle der Religion und Kirche die Politik, an die Stelle des Himmels die Erde, des Gebets die Arbeit, der Hölle die materielle Noth, an die Stelle des Christen der Mensch." Und auf dieser Überzeugung fußend, entwarf Feuerbach seine realistische, atheistische und demokratische Philosophie. Aber in seinem fast fanatischen Gotteshasse, den Schopenhauer und F. Nietzsche einerseits und die Materialisten anderseits

---

*) L. Feuerbach, Grundsätze der Philosophie 1842 (bei Grün, L. Feuerbach's Briefwechsel und Nachlaß, S. 411).

mit ihm theilen, übersah er die Nothwendigkeit der Religion für
das Herz und ihre Vereinbarkeit mit dem Verstande. Denn Glauben
und Wissen schließen einander ebenso wenig aus wie Gemüth
(Fühlen, Wollen) und Denken, und unsere Weltanschauung wird
viel weniger durch unser Wissen als durch unser Wollen bestimmt.
Was uns wichtig erscheint, halten wir für das Wesentliche der Welt,
das allein Wirkliche.   Die Religion ist volksthümliche Philosophie!

Eine überraschende Ähnlichkeit mit F. Holländer's eben be-
sprochenem Roman hat **H. Land's** (eig. Hugo Landsberger's) Roman
aus der Gegenwart: „**Der neue Gott**" (1890); doch gebührt
diesem die Priorität, wenn auch jener das Problem viel tiefer
erfaßt und durchgeführt hat.

Friedrich Graf von der Haiden, Sohn eines Generals und
Gardelieutenant, fühlt sich von seinem aristokratischen Leben unbefriedigt, eilt nach einem heftigen Wortwechsel mit seinem Vater um
nichts in die Nacht hinaus, gelangt zufällig auf den Lehrter Bahnhof,
wo er Zeuge wird von der Abfahrt ausgewiesener Sozialdemokraten.
Er läßt sich in's Gespräch mit dem Arbeiter Herning und Dr. Jacoby ein, und da ihm jener einen Aufruf an die Arbeiter zeigt,
unterzeichnet er ihn! Nach schlaflos verbrachter Nacht kommt es
zum Bruche zwischen seinem Vater und Friedrich, dem sein Oberst
schon den Aufruf gebracht hat. Friedrich verläßt das Haus,
scheidet aus der Armee und hält am folgenden Abend in der sozialdemokratischen Versammlung eine solche Ansprache, daß sie aufgelöst wird. In der Nachtkneipe fraternisiert er mit den schmutzigen, öligen, schnapsenden Arbeitern. Tags darauf lädt ihn
Herning ein, Lehrer in der (verbotenen) Arbeiterschule zu werden.
Ernst Hart, der Sohn des reichen Arbeitgebers von Herning,
der wegen des Aufrufs entlassen wird, verschafft ihm Beschäftigung als Übersetzer, und der Verkehr mit Dr. Jacoby, einem
wahren Christen à la Nathan, begeistert ihn. Auch Theodor Hart,
der andere Sohn des Fabrikherrn, ein cand. theol., wird der

sozialdemokratischen Sache gewonnen. Da hört Friedrich, daß sich sein Vater selbst getödtet und Schulden hinterlassen habe; er erfährt aus einem Briefe seiner fast als Heilige verehrten Mutter, die bei seiner Geburt gestorben, daß sie seinen Vater nie geliebt, daß sie ein uneheliches Töchterchen gehabt habe. Dieses werde in Rauen bei Kruses erzogen; sie beschwöre ihn sich ihrer anzunehmen.

Obgleich er seine Mutter nun verachtet, erfüllt er doch ihren Wunsch; Dr. Jacoby findet sie nach langem Suchen als öffentliche Dirne und nimmt sie zu sich und seiner gleich edlen Schwester Judith in's Haus. Friedrich aber, da er sich infolge dieser Aufregungen von seiner Partei etwas zurückgezogen hat, wird als Judas gebrandmarkt; er leidet Noth, wird von seinem Verleger fortgewiesen und verräth, fast wahnsinnig vor Hunger, an den Baron v. Linden, einen alten Schulkameraden und Spitzel, die Fortbildungsschule um eine Mahlzeit! Auf der Straße erkennen ihn seine früheren Freunde, die Arbeiter, und schlagen ihn fast todt. Im Krankenhaus liegt er sechs Wochen, dann kehrt er als Bettler zu seiner alten Wirthin zurück, die sein Zimmer längst anderweit vermiethet hat. Als er hört, daß Herning gewählt werden soll, eilt auch er in's Wahllocal, wird aber, da sein Name nicht in der Liste steht, nicht zugelassen. Jetzt ist alles aus. Ziellos rennt er hungrig und frierend im Winter umher — da hört er einen Menschen auf sich zulaufen und hinfallend schreien (244): „Hier — rasch — Acten — Listen, Parteipapiere — Familien werden unglücklich — schnell — Sie — über das Eis — drüben — rasch — drüben Freunde — rasch, rasch — da — ach, da ach — die Spitzel....." Schnell ergreift Friedrich das Packet und geht stolz aufgerichtet über den kaum fest gefrorenen Fluß. „An den Heiland, der auf dem Meere ging, mußte er denken. Hinter ihm fluchte die Welt, vor ihm jauchzte die Freude." Er bricht ein und ertrinkt.

Der Hauptcharakter, Graf Friedrich, ist mißlungen. Ist es glaublich, daß sich ein junger, 25 Jahre alter Ulanenlieutenant, Graf und Generalssohn so leichtfertig benehme? Seinen Vater brüskieren, sich mit Fremden auf dem Bahnhof so schnell bekannt machen und einen phrasenhaften Aufruf des jugendlichen Ernst Hart, den er kaum versteht, unterzeichnen werde? daß er sodann gleich in der Versammlung sprechen und sich im Schnaps betrinken werde u. s. w. — „Der neue Gott" übrigens, wonach die Er= zählung heißt, ist das Mitleid (S. 189): „Das große Mitleid geht um, wie ein neuer Heiland sucht es nach Jüngern. Es packt, es entflammt, es reißt heraus aus Stand und Familie, Eltern, Vaterland, Gott, wie Schemen sinken sie in Staub, — der neue Gott — das große Mitleid hebt sein Haupt und alle Heiligthümer sinken hin." Nun, das ist, scheint uns nicht gerade nöthig. Wenigstens beweist Dr. Jakoby in der Geschichte selbst das Gegentheil (S. 184); er hat die Liebe zu seinem alten, ganz anders denkenden Vater nicht aufgegeben. — Auch die Schürzung des Knotens ist seltsam: Friedrichs Mutter hat sich vor der Ehe vergangen, seine Schwester wird eine Dirne, Herning's auch, die Tochter des Rechnungsraths Weber auch! Beide Söhne des braven und christlichen Hart wenden sich dem „neuen Gotte" zu, ohne rechte Begründung.

—◦✦◦—

Mit kühler, fast furchtbarer Consequenz verfolgt John Henry Mackay, der „erste Sänger der Anarchie," das soziale Problem in seinem Culturgemälde aus dem Ende des 19. Jahrhunderts: „Die Anarchisten." (Zürich 1891.)

Es ist kein eigentlicher Roman, denn es passiert fast nichts, sondern Mackay berichtet nur über Gespräche, Besuche und Em= pfindungen einiger Anarchisten, besonders von Auban, Trupp und Dr. Hurt. Er führt uns nach London, dessen Glanz und Elend er gründlich kennt, in das Jahr 1887, wo 8 Individuen wegen eines Volksaufruhrs in Chicago hingerichtet (Mackay schreibt: ermordet!) wurden. Carrard Auban, der Held der Erzählung, ist etwa 30 Jahre alt, der Sohn eines Franzosen und einer viel jüngern Deutschen, die er nie gekannt hatte. Als sein Vater „mit einem schrecklichen Fluch gegen Napoleon III. starb" (S. 115), nahm sich Adolphe Ponteur des sechsjährigen Knaben an; „er theilte sein schmales Brot, sein enges Zimmer und sein altes Herz mit ihm;" in seinem 14. Jahre brachte er ihn zu einer alten Verwandten in Mülhausen, wo er fast ganz auf sich selbst angewiesen war und mit den Wünschen und Hoffnungen der Arbeiter bekannt wurde. Mit 18 Jahren ging er nach Paris. — „Wie eine schon verloren geglaubte Mutter begrüßte er die Stadt seiner Kindheit: tagelang that er nichts Anderes, als mit weitgeöffneten Augen und klopfendem Herzen selig durch die Straßen zu irren und den Duft der Weltstadt auf seine erregten Sinne wirken zu lassen." (120.) Nachdem er seine kleine Baarschaft aufgezehrt, war er zwei Jahre lang Secretär eines englischen Gelehrten, hierauf stürzte er sich in das Studium der sozialen Frage. Er sah nur zwei Heerlager (123): „Die, welche das Schlechte wollten, und ihnen gegenüber die, welche das Gute erstrebten. Jene erschienen ihm völlig corrumpiert, in der Auflösung bereits begriffen, schon halb besiegt; diese als der gesunde Boden, bereit den Samen der Zukunft in sich aufzunehmen." Fortan lebte, arbeitete und kleidete er sich als Handarbeiter; er wurde erst Setzer, dann Corrector einer sozialistischen Tageszeitung. Bald fühlte er sich im Banne der Partei, er war nichts mehr als der Soldat, der geschworen hat, der voranflatternden Fahne zu folgen. Doch er erkannte auch die Zerrissenheit der Bewegung (125). „Er sah, daß sich hier Ehrgeiz, Neid, Haß und die triviale Gemeinheit mit demselben Pompe des Idealismus: den Wortgewändern der Brüderlichkeit, Gerechtigkeit und Freiheit umgab, wie bei allen Parteien unseres öffentlichen Lebens." Er selbst wollte nur Freiheit, Freiheit. Durch Otto Trupp lernte er 1881 die Ideen des Anarchismus kennen. „Wenn es keinen Staat, kein Privateigenthum, keine Religion mehr gab, wenn alle Institutionen der Herrschaft abgeschafft waren, konnte es dann noch eine Herrschaft geben?" Er wurde begeisterter Communist. „Jedem nach seinen Fähigkeiten, jedem nach seinen Bedürfnissen!" Als er bei der Auflösung einer Versammlung von einem Polizisten angepackt und gegen die Wand gestoßen wurde, schlug er ihm die Faust in's Gesicht und wurde nach einer Auf=

schen erregenden Rede zu 1½ Jahr Gefängnis verurteilt. „Die Idee, für die Sache der Menschheit zu leiden, hielt ihn. Anderthalb Jahre! — das war nichts. Welch lächerlich geringes Opfer, verglichen mit den tausendfachen Opfern der Blutzeugen — um nur an den Heldentod der Czarenmörder zu denken! — welche vor ihm gelitten hatten! Mit stolzer Verachtung betrat er das Gefängnis.“ (S. 130.)

Als er es 1884 wieder verließ, war er ein Anderer geworden — ruhig, kalt und nüchtern. Er studierte und verstand jetzt Proudhon, besonders seinen berüchtigtsten Satz: „La propriété, c'est le vol!“ Er erkannte, daß jener damit nicht den berechtigten Ertrag der Arbeit meine, sondern die gesetzlich geschützten Privilegien dieses Ertrages (Wucher, Zinsen und Rente). „Er erkannte, daß es galt, nicht die Lehren der Selbstentäußerung und der Verpflichtung, sondern vielmehr den Egoismus, die Erkenntnis der eigenen Interessen, zu vertheidigen!“ (134). — „Seid Egoisten! der Egoismus ist die einzige Waffe gegen den Egoismus eurer Ausbeuter!“ (219.)

Mackay führt uns nun, indem wir Auban begleiten, in das Herz der Weltstadt, in das Reich des Hungers (Whitechapel), in die sozialistischen und kommunistischen Clubs, in die Meetings der Arbeitslosen, in die Disputier-Clubs, nachmittags bei Auban, um überall und stets die Lehre der Anarchisten zu entwickeln. Das ist auch das Lehrreiche an dem Buche. Die Sozialdemokraten verachtet er am meisten, es sind Schwätzer (308); höher stehen ihm schon die Kommunisten, zu denen Otto Trupp gehört: sie streben nach Freiheit, Gleichheit, Brüderlichkeit, die sie mit Gewalt herbeiführen wollen; die Anarchisten dagegen wollen die individuelle Freiheit, aber auch die Macht der Vernunft (S. 28, 57, 106). Hören wir noch einige Sätze:

„Was ist Anarchie? (S. 44.) Es ist ein Gesellschaftssystem, in welchem keiner die Handlungen seines Nachbarn stört; wo Freiheit frei von Gesetz ist; wo Vorrecht nicht existiert; wo Gewalt nicht der Ordner der menschlichen Handlungen ist. — S. 146: Die organisierte Gewalt nun ist der Staat. Wie

Gewalt sein innerstes Wesen ist, so ist Raub sein Privilegium: so ist die Beraubung der Einen zu Gunsten der Andern das Mittel seiner Erhaltung. Der Anarchist sieht daher im Staate seinen größten, seinen einzigen Feind. — S. 148: „Ich verlange und erwarte keine Zuertheilung von Rechten seitens der Gesammtheit, und ich fühle mich ihr gegenüber zu nichts verpflichtet! Setzen Sie an Stelle des Wortes „Gesammtheit" was Sie wollen: Staat, Gesellschaft, Vaterland, Gemeinwesen, Menschheit — es bleibt sich gleich! Ich negiere die Vergangenheit; ich negiere alle menschlichen Institutionen, welche sich auf das Recht der Gewalt gründen. Ich bin mir selbst mehr werth, als sie es mir sind. Noch sind sie stärker als ich. Eines Tages werden sie es nicht mehr sein. Denn worin besteht ihre Macht? In der Thorheit der Bethörten!" — S. 160: „Gerecht allein ist die Freiheit: die Abwesenheit aller Gewalt und alles Zwanges. Ihre Basis wird gebildet durch die Gleichheit der Bedingungen für alle Menschen. Auf dieser Grundlage gleicher Lebensbedingungen das freie, unabhängige, souveräne Individuum, dessen einzige Forderung an die Gesellschaft in der Respektierung seiner Freiheit besteht, und dessen einziges selbstgegebenes Gesetz die Respektierung der Freiheit Anderer ist — das ist das Ideal der Anarchie."

Daß diese Sätze lauter utopistische Träumereien sind, leuchtet jedem Verständigen ein.

Mit solchem Radikalismus in der Gesellschaftstheorie stimmen Mackay's sonstige Ansichten. Die Grundlage der Moral ist die Sentimentalität (168); Schuld gibt es überhaupt nicht (57); Egoismus ist die Triebfeder alles Handelns (177); die freie Liebe ein Ideal (172). Die Religionen haben aus der Erde nicht den Himmel, sondern die Hölle gemacht (127); der Glaube an Gott ist Lüge, ebenso die Lehre von einem gerechten Richter droben (18, 99); der Vater im Himmel ist jetzt abgesetzt (364) und „der größte Verbrecher an der Menschheit war der gewesen, welcher vorgegeben hatte, sie am meisten zu lieben. Seine Lehre der Selbstentäußerung, sie hatte die Entsagenden geschaffen: das Elend, welches jetzt nach Befreiung schreit. Der Gott mußte fallen in jeder Gestalt!" (184). Daneben werden die Vertheidiger von Recht, Gesetz und Ordnung verhöhnt und beschimpft (51, 129, 275, 276 u. ö.) Es ist unglaublich, bis zu welcher Kühnheit der Sprache sich diese Parteischrift verirrt.

* * *

H. Sudermann. Neben G. Hauptmann und Liliencron scheint uns Hermann Sudermann der begabteste Vertreter Gründeutschlands. Von vornherein fällt dem Leser der große Unterschied zwischen seinen Dramen und seinen Erzählungen auf. Als Dramatiker ist er knapp und packend, als Epiker voll behaglicher Breite; dort strebt er nach naturalistischer Wiedergabe des Wirklichen, hier ist er Idealist; dort zeigt er sich schlagfertig, witzig, humoristisch, hier fast stets ernst und feierlich. Düstres Temperament und starkes Familiengefühl treten uns in allen Novellen entgegen; besonders liebt er es, unheimliche Familienkonflikte zu zeichnen, so in dem Drama „Die Ehre," im „Katzensteg" und in „Frau Sorge."

Der Roman „Frau Sorge," der in 6 Jahren 14 Auflagen erlebt hat, scheint uns nicht nur Sudermann's bestes Werk, sondern die beste Leistung „des jüngsten Deutschlands" überhaupt. Und doch, wie anders zeigt sich der Verfasser hier als in seinen beiden Dramen!

„Frau Sorge" ist „die graue, verschleierte Frau," welche sich einer armen Mutter zur Pate für ihren Sohn anbot, unter der Bedingung, daß sie dafür seine Seele empfinge. Die unglückliche Mutter willigte ein. Und ihr Sohn wuchs heran und arbeitete schwer, um ihr Brot zu schaffen. Aber da er keine Seele hatte, so hatte er auch keine Freude und keine Jugend, und oftmals sah er die Mutter mit vorwurfsvollen Augen an, als wollte er sagen: „Mutter, wo ist meine Seele geblieben?" Da ging die Mutter aus, ihm eine Seele zu suchen. Aber weder Sterne, noch Blumen, noch Vögel, noch Bäume, noch Schlangen wollten ihm eine Seele geben. Zuletzt fand sie eine gütige Prin zessin, die wollte ihm ihre Seele schenken. „Aber," sagte sie, „aus freien Stücken thu' ich's nicht, er muß mich darum fragen!" Da ging die Mutter zu ihrem Sohne, aber Frau Sorge hatte einen grauen Schleier um sein Haupt gelegt, daß er blind war und die Prinzeß nicht sehen konnte. Als die Mutter die Frau Sorge bat ihn doch frei zu geben, antwortete sie: „Er muß sich selbst befreien!" — „Wie kann er das?" fragte die Mutter. „Er muß mir alles opfern, was er lieb hat," sagte Frau Sorge. — Da grämte sich die Mutter sehr und legte sich hin und starb. — Die Prinzeß aber wartet noch heute auf ihren Freiersmann.

So ungefähr erzählt Sudermann selbst S. 301—303 „das Märchen von der Frau Sorge." Dies ist auch der Inhalt des Buches, auf Paul Mayhöfer übertragen. Dieser, als jüngstes Kind einer zeitlebens sorgenvollen Mutter und eines prahlerischen, selbstsüchtigen Vaters geboren, muß schon als Säugling mit der verarmten Familie von Haus und Hof, vom schönen Helenenthal nach dem wüsten Haidehof, nicht weit davon. Hier wächst er in sich gekehrt, scheu und gedrückt auf, vom rohen Vater, den älteren Brüdern und den Kameraden mißhandelt. Was ihn aufrecht erhält ist seine grenzenlose Liebe zur stillen, traurigen Mutter und zur schönen, guten Elsbeth Douglas, drüben auf Helenenthal. Schwerfällig im Lernen, weiß er sein Innerstes nur durch seelenvolles Pfeifen zu erleichtern. Er wird Landwirth, um seine Familie zu erhalten. Wohl liebt er Elsbeth, aber getraut es sich, bei seiner linkischen Art, ihr nicht zu sagen. Deren edlen Vater beleidigt Paul's Vater, ja hetzt den Hofhund auf ihn. Weil er auch einen tückischen Knecht mißhandelt, steckt dieser den Haide= hof an, als sich Meyhöfer's Verhältnisse bessern. Paul selbst fühlt sich an dem Unglück schuldig, weil er an dem Abend nach Helenenthal hinübergeschlendert war, um Elsbeth oder ihren Vater zu sehen und jene Mißhandlung gutzumachen. Er rettet das Haus, sein Vater wird durch einen Fall zum Krüppel und seine Mutter, infolge des Schrecks und der schlechten Behandlung durch ihren Gatten, siecht dem Grabe zu. Um seine Familie zu retten, beschließt er die alte Lokomobile, die „schwarze Suse," in Gang

zu bringen. Der Tod der Mutter und die Verführung seiner
beiden Schwestern durch zwei leichtsinnige Gutsnachbarn hält ihn
auf. Er zwingt diese durch Bedrohung mit dem Tode sie zu
heirathen. Endlich hat er die Lokomobile in Stand gebracht; er
sticht fleißig Torf; sein Glücksstand hebt sich; der Haidehof steigt
wie ein Phönix aus den Trümmern. Aber Paul ist nicht
glücklich (S. 257). „Dumpf und stumpf lebte er seine Tage
dahin. Sein ganzes Innenleben war der platten Sorge um Gut
und Geld verfallen, doch ohne daß er je an dem Erworbenen
Freude gefunden. Er besaß niemand mehr, den er glücklich zu
machen hatte, und arbeitete, ohne zu wissen, warum? — wie ein
Ackergaul an seinen Strängen zieht, unwissend, was der Pflug thut,
den er durch die Dornen schleppt." Da tritt wieder ein furchtbares
Unglück ein: sein Vater, längst unzufrieden über Paul's Erfolg und
Rache gegen Douglas brütend, legt am Polterabend Elsbeth's, den
sie nun, da sie vergebens Jahrelang auf Paul gewartet, mit ihrem
Vetter Leo feiert, Feuer in Haidehof und in Helenenthal an. Paul
merkt es; und um den Alten, der fortgehumpelt ist, dadurch zurück=
zurufen, steckt er selbst seine Scheune an — der ganze Haidehof brennt
nieder. Er selbst wird schwer verletzt nach Helenenhof geschafft,
zugleich mit der Leiche seines Vaters, den ein Schlagfluß getödtet
hat. Elsbeth, die seine edlen Motive erkennt, pflegt ihn. Vom
Schwurgericht wird er, da er sich, trotz der geschickten Vertheidigung,
als schuldig bekennt, zu zwei Jahren Gefängnis verurtheilt. Jetzt
ist er glücklich — er hat, um seinen Vater vor Schande,
Elsbeth vor dem Tode zu retten, alles geopfert! Als er seine
Zeit abgebüßt hat, holt ihn Elsbeth, die ihrem Bräutigam den
Laufpaß gegeben, mit ihrem edlen Vater ab, um an seiner Seite
Helenenhof zu bewirthschaften.

Der Schluß befriedigt nicht, weil er unwahrscheinlich ist, und
im Widerspruch mit dem Märchen von der Frau Sorge steht. Sonst
aber hat die Erzählung, die in kräftigem Tempo und charakteri=
stischer Sprache dahinschreitet, viel Ergreifendes. Paul ist ein
Mensch, der an Spielhagen's „Uhlenhans" erinnert. Beide plagen
sich für andere, selbstlos, freudlos, glücklos. Ein grauer Schleier

liegt über ihren Augen. Durch Vererbung, das ist offenbar des Dichters Meinung; doch auch nicht ganz ohne ihre Schuld; so sagt sich Paul S. 245, als er die beiden Erdmanns einschüchtert: „Hättest du sie als Junge ein einzigmal so behandelt wie heute, dir wäre manche schwere Kränkung erspart geblieben — und den Schwestern vor allen!" Freilich fragt man sich, warum Paul so unglücklich ist? Genügt es nicht zu arbeiten für andere, seine Pflicht zu thun und Erfolg zu sehen? Sudermann denkt anders, obgleich er selbst Paul's Mutter S. 193 sich fragen läßt, warum sie eigentlich zeitlebens so traurig gewesen sei, im ganzen und großen habe sie es doch gut gehabt. Das ist's — es fehlt ihrem und ihres Sohnes Wesen an Dankbarkeit für das, was das Leben bietet. Im übrigen sind die Charaktere der Geschichte sehr anschaulich geschildert.

Auch Sudermann's Roman „Der Katzensteg" (1889 erschienen, 1892 in 15. Auflage!) ist ein bedeutendes Werk. Es führt uns in das Jahr 1814, wo die Verbündeten den frechen Korsen nach vieler Mühe niedergerungen und auf Elba gefangen gesetzt hatten. Alles athmete glücklich auf und freute sich des ruhmreichen Friedens. Aber die Gemüther waren durch die langen Kriege verwildert; „das Jahr, dessen Name zu uns, den Spätgebornen, wie ein großer Akkord aus Lobgesängen, Orgelrauschen und Glockenklang herübertönt, sah mehr Gewaltthat und Verbrechen, als irgend ein andres vorher oder später." Eine Episode aus dieser Verbrecherchronik berichtet hier der Dichter.

Der Baron von Schranden, ein gewaltthätiger, grausamer Mensch, hatte seine weiche Gattin mit seinem Zorn und seiner Liebe zu Tode gequält. Seine Mutter war eine Polin gewesen und hatte ihn für die verlorene Sache ihres unglücklichen Vaterlandes so begeistert, daß er, als Napoleon 1807 Preußen besiegte, die Zeit für gekommen hielt, den Polen beizustehen. Mit Hülfe Reginens, des Tischlers Hackelberg 15-jähriger Tochter, verübte er das Bubenstück: Er zwang sie, ein Regiment Franzosen über den Katzensteg in das Schloß Schranden zu führen, wo 300 Preußen lagen; diese wurden sämmtlich niedergemacht. Als Regine ihrem

Vater das Sündengeld gab, kam die Sache heraus, und sie wie
der Baron waren fortan verfehmt. Wo sie sich sehen ließ, verfolgte
man sie, um sie zu lynchen; das Schloß aber steckten die Schrandener in Brand und verhinderten jeden für den Baron zu arbeiten.
So verwilderten seine Aecker; allein hauste er in den Schloßtrüm-
mern, nur Regine war bei ihm, die zugleich seine Magd und
Maitresse war. Um sich vor Ueberfall zu sichern, hatte er den
ganzen Schloßbezirk, welcher eine Insel bildete, mit Selbstschüssen
und Fuchsfallen umgeben.

Unterdessen wuchs sein einziges Kind Boleslav heran. Zuerst war er, da sein Vater sich nicht um die Erziehung kümmern
mochte, im Hause des Dorfpastors Götz gewesen, dann zu einer
Tante nach Königsberg gebracht worden. Das Bild der Helene
Götz begleitete ihn dahin, und als er sie dort wiedersah, wurde
sein Herz von reiner Liebe zur Jugendgespielin entzündet. Da
stürzte ihn plötzlich ein Brief seines Studiengenossen Felix Merkel,
der auch aus Schranden war, in Verzweiflung; denn dieser kün-
digte ihm die Freundschaft, weil er sich nicht durch den Umgang
mit dem Sohn eines Vaterlandsverräthers beschimpfen wollte.
Auch Helene mied ihn, versicherte ihn jedoch ihrer Treue. Alles
floh ihn, wie einen Aussätzigen. Nachdem ihm sein Vater mit
cynischer Freude die Wahrheit des Gerüchts bestätigt hatte, entwich
Boleslav aus Königsberg, schwur mit den Lützow’schen Jägern in
der Kirche zu Dannigkow und kämpfte unter dem falschen Namen
Baumgart so tapfer, daß er zum Lieutenant befördert wurde. Seine
Kameraden ehrten und liebten ihn, obgleich sie nie etwas über
seine Vergangenheit aus dem finstern, traurigen Jüngling heraus-
bringen konnten. Als Felix Merkel in die Freischaar trat, verschwand jener plötzlich und focht in einem Landwehrregiment weiter.
Er wurde gefangen und kehrte erst spät aus Frankreich heim.

Hier beginnt unsere Erzählung. In der Nähe von Schranden hört er plötzlich von ehemaligen Lützowern, die sich seiner
Ankunft freuen, daß sein Vater vom Schlage gerührt todt umge-
fallen sei und die Schrandener ihm nun ein ehrlich Begräbnis
verweigerten. Voll Entsetzen vernimmt er die Kunde, gibt sich als

des Verfehmten Sohn zu erkennen und stürmt in die Nacht hinaus.
Er will seinen Vater, den er selbst verabscheut, begraben. Im
hellen Mondlicht wandert er nach dem Schlosse seiner Jugend —
aber da war nur noch ein Trümmerhaufen, und fast wäre er in
eine der Fuchsfallen getreten. Als einziges lebendes Wesen findet
er Regine, die gerade damit beschäftigt ist, für seinen Vater eine
Grube zu machen — „ein Weib .... ein schlankes, kräftiges Weib
mit krausen, dunklen Flechten, welches nur mit einem rothen
Wollenrock und einem Hemde angethan war und mit energischen
Spatenstichen das schwarze Erdreich aus dem Boden hob" (S.
54). Erst will er sie, die Verrätherin und Buhlerin, mit der Pi=
stole von der Insel jagen, dann läßt er sich von ihr seines Vaters
Leiche zeigen, die sie im Gärtnerhäuschen verborgen hatte. „Deine
Schuld sei meine Schuld," sagte er zum Todten, „wenn ich dich
nicht vertheidige, 's thut wahrhaftig sonst keiner auf der Welt!"
Die Erkenntnis, daß auch Regine um den Todten trauert, daß
auch sie von Haß und Rachsucht gegen die Dörfler erfüllt ist, ver=
söhnt ihn etwas mit ihr; er behandelt sie herrisch und hart, aber
duldet sie um sich.

Nun versucht er zuerst den Schulzen Merkel, einen heuchle=
rischen Schuft, dann den Pfarrer Götz, einen alten Trotzkopf,
dazu zu bewegen, daß sie seinem Vater ein ehrliches Begräbnis
bewilligen. Vergebens erträgt er Hohn und Spott. Pastor Götz
hat seinen Vater vor 6 Jahren als todt in das Kirchenbuch ein=
getragen und sein Andenken verflucht, weil sich das Gift seines
Vaters seinen Pfarrkindern mitgetheilt, sie und ihn selbst demora=
lisiert habe (S. 95). Nun ruft Boleslav durch Regine seine alten
Kriegskameraden, die „Haidesöhne," herbei, welche ihres in der
Kirche zu Dannigkow geleisteten Treuschwurs eingedenk, ihm den
Vater in die Familiengruft bringen helfen, sich dann aber still
und scheu entfernen.

Nun will er Regine fortjagen, aber ihre Hundetreue rührt
ihn. Sie sorgt für ihn geräuschlos, selbstlos; sie holt bei Nacht
meilenweit Nahrung her; sie erträgt alle seine Barschheit, ja Ro=
heit mit Lust. Und als er, davon gerührt, einmal zu ihr sagt:

„Es ist gut, Regine, du bist ein braves Mädchen!" (S. 132), bricht sie in Thränen aus; denn sein Vater und ihr Vater haben sie stets wie ein Thier behandelt! Da planen Merkel und Sohn ein neues Mittel, ihn zu verderben: sie denunzieren ihn als Deserteur und Schwindler, weil er einen falschen Namen geführt, er sei gar nicht Offizier u. s. w. Indeß durchforschte Boleslav die geretteten Briefschaften, um wo möglich seines Vaters Unschuld darzuthun. Das Gefühl der Einsamkeit, die stete Nähe und der Einsturz des Häuschens, wo Regine schlief, brachte sie ihm immer näher; er lud sie schon ein, abends bei ihm zu sitzen, ließ sie sich eine schöne Pelzjacke kaufen, ja holte selbst ihr dem Schnee aus= gesetztes Bett in sein Zimmer! Dies rührte sie auf's tiefste, ja sie empfand Angst darüber. Vgl. S. 170: „So hör' doch auf," be= fahl er, „du mußt doch dein Bett haben. — Wo hast du denn früher geschlafen?"

Sie schrak zusammen und schlug die Augen nieder.

„Ach früher!" stammelte sie.

„Nun?"

„Früher — lag ich entweder draußen vor der Thür" — sie stockte —

„Oder?"

Sie schwieg und zitterte.

„Oder wo sonst?"

Sie warf einen scheuen Blick nach dem Himmelbette. „Sie wissen ja, Herr," stammelte sie. Dann schlug sie, überwältigt vor Scham, die Hände vor's Gesicht.

Ja wohl, er wußte! daß er es nur für einen Augenblick hatte vergessen können!

„Hinaus!" rief er, geschüttelt von Zorn und Grauen, und streckte den Arm nach der Thür.

Schweigend, gesenkten Hauptes, schlich sie von hinnen. Trotz dieser Scene lud er sie wieder zu sich in's Zimmer, feierte mit ihr Weihnachten, da sie ihm ein Bäumchen geschmückt hat, mit starkem, altem Weine!

Am 3. Januar sollte er sich vor dem Landrath verantworten, ob er wirklich Offizier sei, und warum er sein Regiment ohne Abschied verlassen habe. Es war eine furchtbare Scene, inmitten seiner blutgierigen Feinde. Aber sie endete wider alles Erwarten: durch eine königliche Ordre ward er wegen seiner Tapferkeit zum Kapitän befördert und mit dem eisernen Kreuz 1. Classe geschmückt. Da schwoll ihm sein Herz: er forderte alle auf ihn anzuklagen, wenn sie könnten. Alles schwieg — nur der alte Säufer Hackelberg trat vor und forderte Regine, sein Kind, und der Pastor Götz ihre Seele von ihm. Auch darauf wußte er zu antworten — da stürmte diese selbst blutend herein, von den Dorfweibern fast gesteinigt. Als er sie in Schutz nahm, verflucht ihn der Pastor feierlich, und unangefochten geht er mit ihr von dannen. Heimgekehrt fordert er von ihr genaue Auskunft, wie sie dereinst den Verrath der Preußen am Katzensteg vollführt habe. Als sie es nicht sagen will, wird er wüthend, es erwacht die Brutalität, die altererbte, in ihm (S. 257). „Die Knöpfe ihrer Jacke sprangen unter seinem Griffe. Leuchtend wogte ihr Busen ihm entgegen. Sein Blick umflorte sich. „Soll ich sie erwürgen, oder soll ich sie küssen?" fragte er sich und tastete nach ihrem Halse. Ein lautloses Ringen begann .... „Verflucht seid ihr ja doch!" schoß es ihm durch den Kopf. Da neigte er sich mit einem Seufzer zu ihr herab und — küßte sie auf den Mund. Sie ächzte laut auf, preßte sich an ihn und schlug ihre Zähne in seine Lippen. Dann glitt sie erschlaffend zurück und fiel mit dem Hinterkopf hart gegen die Diele...."

Um sich von dieser ihrer dämonischen Macht zu befreien, eilte er in der Nacht zum Pfarrhofe, wo er womöglich Helenen sprechen wollte. Es gelang ihm nicht; er stürmt hinaus in den Wald und sank endlich ermattet an den Gräbern der durch seinen Vater verrathenen Soldaten nieder. Hier verbrachte er die Nacht in dumpfem Brüten. Als er am Morgen heimkehrte, fand er ein Briefchen von Helene, die ihn bat, nie wieder in den Garten zu kommen, ihm aber in allgemeinen Sätzen Muth zusprach. In der folgenden Nacht schlich sich Regine zu ihm an's Bett — ein Pistolenschuß von ihm, der sie verwundete, scheuchte sie fort — sogleich stürmte er fort, um ihr und sich zu entfliehen!

Erst nach 3 Monaten kehrte er zurück, und zwar mit bewaffneten littauischen Arbeitern, die er geworben, um sein Erbe wieder aufzubauen. Als aber nun Napoleon wieder von Elba losbrach und sein König zu den Waffen rief, vergaß er alles, entließ seine Leute und übernahm als Kapitän den Befehl in seinem Dorfe. Felix Merkel, der sich ihm widersetzte, hieb er nieder und sperrte ihn in die Kirche. Helene, die ihn, nicht Boleslav liebte, bat um eine Zusammenkunft, um — für Felix zu bitten. Enttäuscht und ernüchtert kehrte er nach seiner Ruine zurück — da fand er Regine todt — ihr eigener Vater hatte sie erschossen. Wahnsinnig fast vor Weh begrub er sie selbst an der Stelle, wo sie seinen Vater hatte begraben wollen. Die Scene, wie er die Unglückliche mit eigenen Händen bestattet, ist ergreifend. Am folgenden Morgen zog er mit seinen murrenden Schrandenern in den Krieg. Bei Ligny soll er gefallen sein. — —

Nicht ohne tiefe Theilnahme haben wir diese Geschichte gelesen. Mitleid und Furcht oder vielmehr Abscheu haben sich seltsam in uns gemischt. Boleslav hat entschieden etwas Heroisches an sich, er, der die Schuld, ja den Fluch für seinen Vater auf sich nimmt, aus Kindesliebe zwar nicht, aber aus Trotz und Rachsucht. Doch bleibt er uns ein Räthsel — wie sollte er Monate lang in der Ruine gehaust haben, allein mit Regine, diesem verrätherischen, buhlerischen Weibe! Und dieses selbst, was sollen wir von ihr denken? Mit 15 Jahren, wie es scheint, vom alten Freiherrn verführt, seitdem fast zum Thier herabgesunken durch seine Mißhandlung und die Verfolgung der Schrandener, und doch bei jeder Gelegenheit vor Scham erröthend (S. 61, 62, 179, 180, 301); zuerst nur voll Anhänglichkeit an Boleslav als den Junker, dann von Liebe zu ihm ergriffen. Und was sagt Sudermann selbst über sie? Man lese S. 345:

„Nein, kein Thier und kein Dämon war sie gewesen, sondern nichts wie (soll heißen: als) ein ganzer und großer Mensch. Eine jener Vollkreaturen, wie sie geschaffen wurden, als der Heerdenwitz mit seinen lähmenden Satzungen der Allmutter Natur noch nicht in's Handwerk gepfuscht hatte, als jedes junge Geschöpf sich ungehemmt zu blühender Kraft entwickeln konnte und eins blieb mit dem Naturleben, im Bösen wie im Guten...... das, was man das Gute und das Böse nennt, wogte (dem Boleslav) haltlos in den Nebeln der Oberfläche umher, drunten ruhte in träumender Kraft das — Natürliche."

Wir werden hier lebhaft an F. Nietzsche erinnert, der, wie oben (S. 68) gezeigt, auch jenseits von Gut und Böse, dem Natürlichen, d. h. dem Bestialischen den Preis zuerkennt vor dem Sittlichen. Wenn es wahr wäre, was Sudermann sagt: „Ein so begnadeter, ganzer Mensch war dies verfehmte, ehrlose Geschöpf," so würde damit die ganze Kulturarbeit der Menschheit Lügen gestraft; freilich, denkbar ist sie ja auch nur auf einer Insel im Ocean, wie bei Robinson der Freitag, oder auf der künstlichen Insel der Schrandenschen Schloßruine.

Daraus ergiebt sich ein weiteres Bedenken gegen den Roman: er ist viel zu romantisch und daher unwahrscheinlich. Mit Verwunderung sieht man hier den Naturalisten Sudermann das unnatürlichste aller Verhältnisse zur Grundlage seiner Entwickelung wählen. Ebenso romantisch ist Boleslav's jahrelange Schwärmerei für Helene. Selbstredend spielt der Zufall eine Hauptrolle. Daß Boleslav mit Helene und Fritz Merkel wieder in Königsberg zusammentrifft, mag noch hingehen; unglaublicher aber ist sein Eintreffen in Schranden gerade als sein Vater gestorben ist, seine Ankunft auf der Schloßinsel, als Regine gerade begraben will; unglaublich ist seine Beförderung zum Kapitän, seine Rückkehr, gerade als des Königs Aufruf durch denselben, ihm feindlichen, Landrath verlesen wird; unwahrscheinlich endlich die Tödtung Regines durch ihren Vater, den Trunkenbold.

Immerhin erscheint uns der Verfasser hier, wie auch in „Frau Sorge" als ein ernster, von sittlichen Idealen beseelter Mann. Die Pflicht ist seine Lebensnorm. Wie Paul sein Lebensglück für seine im ganzen unwürdige Familie freudig opfert, so schlägt es auch Boleslav ohne Zögern in die Schranke. Beide sind romantische Träumer in der Liebe; Paul erreicht schließlich sein Ziel, wenn auch ohne eigenes Zuthun, Boleslav geht unter, nachdem er betreffs seiner „madonnenhaften" Helene die schlimmste Enttäuschung erfahren hat. Dort ist die Familie, hier das Vaterland der Pol, um welchen sich des Helden Leben dreht.

„Jolanthe's Hochzeit" (1892) ist eine Schnurre im burschikosen Ton, worin ein älterer Rittergutsbesitzer seinen mißglückten Versuch sich zu verheirathen berichtet. Am Hochzeitstage betrinkt er sich und merkt erst am Abend, daß seines Freundes junger Sohn, ein schneidiger Dragoneroffizier, seit Jahren Jolanthe liebt. Er verzichtet daher, großmüthig (sehr wahrscheinlich!) auf Jolanthe, bringt sie zu seiner Schwester, wo sie bis zur Scheidung bleiben soll, und geht höchst befriedigt, noch Junggesell zu sein, zur Ruhe! Der Ton ist flott, bisweilen etwas roh. Das Ganze unbedeutend.

Gehen wir jetzt zu Sudermann als Dramatiker über.

Sein Drama „Die Ehre" hat einen glänzenden, und was mehr ist, dauernden Erfolg errungen, obgleich er an „Treue" gegen Hauptmann's „Vor Sonnenaufgang" weit zurücksteht. Aber die Gegenüberstellung von Vorder- und Hinterhaus, die gelungene Schilderung der Leiden und Freuden der Armen, das Berliner Kolorit und einige, den Klassen-Gegensatz scharf beleuchtende Schlagworte haben ihm zu dem Erfolge verholfen. Das Stück soll ein realistisches sein. Aber die Figuren des Dramas sind in Wirklichkeit schwerlich anzutreffen. Ein Elternpaar, das sich der Heimkehr des Sohnes so herzlich freut und ihm dann wegen seiner „höheren" Anschauungen die Thür weist; ein Vater, der sich etwas darauf zu gute thut, daß er seine Tochter doch verfluchen kann; eine Mutter, die für die Schande ihrer Tochter gar kein Gefühl hat („Na, sie geht mit ihm!"); ein Sohn, Robert, der von Tugend predigt, aber seine Schwester im Sumpf verläßt und sich mit seiner Liebsten aus dem Vorderhause mit dem gräflichen Freunde nach Indien fortmacht; die Schwester, das Urbild einer Dirne, die Verkörperung des naiven Lasters, ohne jeden idealen

Zug, jede moralische Regung, und die kupplerische Schwester Auguste mit ihrem Trunkenbold, welche den Stempel eherner Gemeinheit tragen — das alles sind ganz häßliche, unwahrscheinliche Charaktere. Ebenso der geschwätzige Graf Trast, der Kaffee-König, und der Kommerzienrath, wie sein Sohn und dessen 2 Freunde — alles Zerrbilder. Als Kunstwerk ist das Stück von sehr geringem Werthe. Häßliche, schmutzige Situationen werden ohne rechten Zusammenhang aneinander gereiht und gruppieren sich lose um ein Paar platte oder phantastische Charaktere. Graf Trast, der viel zu viel erzählt, hilft dem Gange der Handlung nur mühsam durch weitschweifige Tiraden fort. Das Liebespaar, der Sohn aus dem Vorderhause und die Tochter aus dem Hinterhause, das doch den Konflikt hervorruft, tritt nie zusammen auf, sondern alles baut sich nur auf Klatsch auf.

Und welche soziale Idee hatte der Verfasser? „Es giebt keine Ehre; was wir Ehre nennen, ist nur der Schatten, den wir werfen, wenn uns die Sonne der allgemeinen Achtung bescheint: das Schlimmste ist, daß es ebenso viele Sorten von Ehre giebt, wie es Klassen giebt.“ (Gr. Trast.) Also die Standesehre in ihren verschiedenen Formen, oder eigentlich Karikaturen, führt er uns vor. Kein Problem, keinen Konflikt etwa zwischen der äußeren und inneren Ehre, nein alles ist fix und fertig, selbst Robert und Trast, nur bei Lenore, der Tochter des Kommerzienraths, ist ein Ansatz von Entwickelung.

Ja, Robert, der moralische Held des Stückes, leidet schmählich Fiasko mit seiner Ehre. Als er sich den Revolver einsteckt, um zu dem alten Kommerzienrath zu gehen, und ihn Trast ihm fortnehmen will, giebt er freiwillig sein Ehrenwort, ihn nicht gebrauchen zu wollen. „Soll ein Ehrenwort,“ fragt er, „zwischen uns Ehrlosen keine Geltung haben?“ Trast läßt ihn ihm, und doch, als er von seinem Prinzipal und dessen Sohne durch ein hämisches Verhör auf's äußerste gereizt wird, zieht er, uneingedenk seines Wortes, die Pistole hervor, um sie abzufeuern. Und selbst der moralisierende Graf Trast kommt hernach gar nicht mehr darauf zurück!

Ueberhaupt welche Atmosphäre! Die Heldin ist eine Gefal=
lene, die Nebenfiguren sind solche, die es waren oder werden
könnten. Nicht als Folie für das Gute, nicht um davon den
Fluch der bösen That zu zeigen, führt uns Sudermann diesen
Sumpf von Gemeinheit vor, sondern um das blasierte Publikum
durch den pikanten Hautgout zu reizen. Weder Mitleid, noch
Furcht weckt er in uns, sondern den Eindruck, daß diesen Menschen
in Ihrer Schamlosigkeit ganz wohl ist. Und das ist das Schlimmste
bei der ganzen Dramatik Sudermann's. Solche eklen Zustände
und Gesinnungen, wie uns sein Hinterhaus zeigt, finden und
fanden sich stets in den großen Städten. Aber sie als „deutsches
Volksleben" auszuspielen, ist eine Verhöhnung unserer Nation!

Und wenn der Dichter noch eine Sühne für die Schuld, eine
Strafe für das Laster, ein erhebendes Wort für die bessere Sache
hätte — nein, am Schlusse des Dramas bleibt alles beim Alten.
Trast tröstet seinen Freund, er werde die Seinen doch nicht ändern
— sie haben eben eine andere Ehre als er! Und zuletzt „setzt
sich noch das Laster zu Tisch": sein Vater wird vom Kommer=
zienrath mit Gold überschüttet und triumphiert laut über das
Sündengeld seiner Tochter.

„Sodoms Ende" hat wenigstens den Vorzug, daß die
Schuld einigermaßen am Helden gesühnt wird, indem er an seiner
Verlumptheit zu Grunde geht. Die Verbindung der Scenen
freilich ist ebenso lose, die Sprache ebenso häßlich, wie in der
„Ehre," nur daß sich hier die Gemeinheit fort und fort steigert.
Alles konzentriert sich um den Helden. Willy Janikow
schmachtet in den Rosenketten der Frau eines Börsianers, welche
ihn durch Ankauf seines Bildes „Sodoms Ende" an sich gezogen
hat. Als sie merkt, daß er ihrer überdrüssig ist, macht sie ihm
den Vorschlag, ihre Nichte Kitty, eine Unschuld vom Lande, welche
ihn liebt, zu heirathen, damit sie ihr ehebrecherisches Verhältnis mit
ihm fortsetzen kann. Willy geht nach einigem Zögern darauf ein, denn,
sagt er (S. 28): „Bestien sind wir alle! Es kommt nur darauf an,
daß unser Fell schön gestreift sei; und eine besonders schön gestreifte

Bestie nennt man eine Persönlichkeit!" Noch vor dem Verlobungstage begeht er eine infame Schurkerei, indem er Klärchen, das Pflegekind seiner Eltern, den „Sonnenschein des Hauses", verführt, sie, um die er für seinen Freund, den Schulamtskandidaten Kramer, werben soll. Am Verlobungstage, zu dem auch die Eltern Willy's kommen, obgleich sie von seinem Verhältnis zu Frau Adah gehört haben, erfährt Kitty auch davon und entflieht allein aus dem Hause der Schande. Willy eilt ihr nach: „Man hat mir immer gesagt, ich übe einen Zauber auf die Weiber aus; diesmal werd' ich's erproben (S. 138)!" Er bringt sie in sein Atelier, schwört ihr ewige Liebe und hat sie schon fast umgestimmt — da kommt sein betrogener Freund mit der Leiche Klara's, die sich ertränkt hat. Willy gesteht ihm seine Schurkerei und bittet: „Thu mir noch den einzigen Gefallen und schlag' mich todt!" Doch seine von Lastern unterhöhlte Natur bricht zusammen — ein Blutstrom macht seinem elenden Dasein ein Ende.

Dieser „Held" geht also an seiner eigenen Verlotterung zu Grunde, nicht an der Gesellschaft, wie Sudermann uns glauben machen will. Er, der früher ideale Stoffe gemalt hatte, und von seinen Freunden „Jung Siegfried" genannt wurde, war durch schlechten Umgang immer tiefer gesunken, bis er „Sodoms Ende" in glühenden Farben betäubender Sinnlichkeit schuf. Frecher Egoismus und erlogene Sentimentalität, Schwäche und Schamlosigkeit verbinden sich in diesem Typus einer modernen Klasse von jungen Männern. „Löwen, Löwen!" ruft er aus, „genießet! Warum auch nicht? Ich kann alles, ich darf alles! O Reinheit!" Diese Worte, welche seine Weltanschauung schlagend bezeichnen, spricht Willy, als er halbangetrunken zu Klärchens Schlafzimmer schleicht. Wir kennen wenige Scenen, die so cynisch wären, wie diese. Und erscheint einem dieser schwächliche, nach des Dichters Behauptung, allen Frauen unwiderstehliche Charakter widerlich, so empört sich jedes Gemüth, in welchem noch Scham vorhanden ist, über seine freche Vermuthung betreffs Klärchens: „Ach Gott, sie wird sich nicht wehren, und ich erfülle schließlich nur ihren eigenen unbewußten Wunsch!"   (S. 105).

So etwas darf bei uns in Deutschland dem Publikum, den Frauen und Mädchen, geboten werden!

Die Nebenfiguren des Stückes sind alle mehr oder weniger wurmstichige Menschen. Es ist eine Welt, der nichts heilig. (34) Der Mann von Frau Adah, ein alberner Wüstling; diese selbst ganz Nerven, ganz Eitelkeit, dabei „kalt wie ein Hundeschnäuzchen" (S. 10); Kitty, eine zarte Knospe, die man frühzeitig geöffnet hat (S. 16) und die „gern von verheiratheten Sachen erzählen hört"; Weiße, ein frecher Roué (S. 123). Nur Willy's Freund, Professor Riemann, ist edel, aber schwach (S. 25).

Als drittes Drama hat H. Sudermann am 7. Januar 1893 im „Lessing-Theater" das Schauspiel in 4 Akten „Heimath" zur Aufführung gebracht, welches wieder die verschiedenste Beurtheilung gefunden hat. Die Einen haben es als des Dichters beste Leistung, die Anderen als einen Rückschritt hinter „Die Ehre" bezeichnet. Das Richtige liegt in der Mitte. Das Thema ist ein an sich sehr packendes und der Behandlung würdiges, Sudermann's Auffassung ferner der Sache angemessen, aber die technische Durchführung bleibt hinter des Verfassers eigenen Absichten zurück.

Der ehrenwerthe Oberstlieutenant a. D. Schwartze lebt in einer Provinzialstadt, vielleicht Königsberg, mit Frau und Tochter ein behagliches Dasein. Er hat „das Bischen Mark, das ihm der Thron übrig gelassen," dem Altar gewidmet; denn Thron und Altar sind die einzigen Mächte, die er anerkennt; die modernen Theorien vom Kampf um's Dasein, von der Vererbung und der moderne Individualismus, welcher das „Recht der freien Persönlichkeit" verficht, sind ihm ein Greuel, zumal er ihre Macht an seiner eigenen Familie schmerzlich erfahren hat. Denn vor 12 Jahren ist seine ältere Tochter Magda, als er ihrem Wunsche, zum Theater zu gehen, schroff entgegentrat, auf und davon gegangen, eine Auflehnung, die ihm damals einen Schlaganfall zuzog. In seinen sozialen und religiösen Bestrebungen wird er von seiner Gattin, einer braven, etwas eitlen und beschränkten Dame, und Pfarrer Heffterdingk, dem Berather der Familie, unterstützt;

auch eine altjungferliche, an die Karikatur streifende Tante gehört zu dem Kreise. Endlich steht ihm der Regierungsrath v. Keller nahe, ein Streber, der die Frömmigkeit als Mittel zur Beförderung pflegt.

Magda ist indessen eine berühmte Sängerin geworden, und ihr italienischer Theatername ist auch nach ihrer Heimath gedrungen. Zu einem Musikfest geladen, wird sie von den Honoratioren ge= feiert, das Städtchen ist in hellem Aufruhr. Da meldet der Pfarrer, dessen Hand sie einst ausschlug, dem Oberstlieutenant, daß jene Sängerin sein verlorenes Kind sei; und alsbald beginnt in seinem Gemüth ein heftiger Konflikt zwischen Zorn und Standes= gefühl. Doch willigt er auf des Pfarrers Zureden darin ein, sie in seinem Hause zu sehen.

Im 2. Acte betritt Magda ihr Vaterhaus und wird mit verzeihender, mitleidiger Liebe aufgenommen. Aber ihr stolzer, selbstherrischer Charakter fordert Anderes; sie will nicht bemitleidet, sondern bewundert sein; sie hat äußerlich und innerlich mit ihrer Vergangenheit gebrochen und steht hoch über dem kleinstädtischen, philiströsen Leben der Heimath. So ehrwürdig sie ihr auch ist, so will sie, in richtiger Erkenntnis der Gegensätze, wieder ins Hôtel zurück. Nur auf Heffterdingks Zuspruch bleibt sie. Ist schon zwischen ihm und Magda ein scharfer Gegensatz, so ein noch viel schärferer zwischen ihr und dem Vater. Sie lehnt die Rolle der „Ver= lorenen“ ab; er vermißt an ihr Demuth und Ehrfurcht und fühlt sich durch ihr überlegenes Hätscheln beleidigt. Sie will bei ihm wohnen, stellt aber die Bedingung, daß niemand sie nach ihrem Vorleben frage. „Wäre ich bei Euch geblieben, in eueren alt= väterlichen, einfachen Verhältnissen, so hättet ihr von mir ver= langen können, daß ich ein sittsames Haustöchterchen geblieben wäre, wie meine Schwester; aber da ihr mich hinausgestoßen habt in das Leben, war ich frei der Verpflichtungen der Familie, stand nur allein durch mich und für mich, war mir allein verantwortlich und hatte nicht mehr die Bande und die Einschränkungen zu tragen, die die Angehörigkeit zur Familie mir aufgelegt hätte.“

Der 3. Act zeigt uns den Vater, wie er sich doch nicht über Magda's Vergangenheit beruhigen kann; ohne direct zu forschen, bohrt er doch immer wieder an, und trotz aller Liebenswürdigkeit Magdas wird die Stimmung immer gespannter. Durch einen Zufall erfährt er von ihrem Fall — der Regierungsrath von Keller hat sie, als sie kaum das Elternhaus verlassen, verführt, und gerade als sie dem vor Kompromittierung Zitternden voller Verachtung mittheilt, daß er einen Sohn hat, kommt der Oberstlieutenant hinzu, verlangt von ihm Genugthuung und fordert ihn, als er sie verweigert.

Noch einmal, im 4. Akt, sucht der hülfsbereite Pfarrer den furchtbaren Konflikt zu lösen, indem er eine Ehe zwischen Herrn v. Keller und seiner einst und noch jetzt Geliebten vorschlägt. Nach langem Kampfe mit sich selbst willigt Magda ein, seine Frau zu werden, wenn er um sie anhält. Er thut es; doch als er es als selbstverständlich bezeichnet, daß ihr Kind verleugnet und im Verborgenen erzogen werde, da bricht Magda's ganze Wildheit hervor und empört weist sie ihm die Thür. Der Vater will sie zur Heirath zwingen, statt die ihre Mutterpflicht Erfüllende zu beschützen. Er hat dem Keller sein Ehrenwort dafür verpfändet. Und als er ihr droht, sie und sich zu erschießen, wenn sie Keller's Hand ausschlage, ruft sie: „Wie kannst du es mit deiner Moral vereinigen, mich ihm aufzwingen zu wollen, weißt du denn, ob er der einzige gewesen ist?!“ Da ergreift er jäh die Pistole, um sie zu erschießen, aber er sinkt todt zusammen — ein zweiter Schlaganfall hat seinem Leben ein Ende gemacht.

Das Drama hat vor den beiden früheren Sudermann's die Einheit des Raumes voraus. Aber an Geschlossenheit steht es ihnen entschieden nach. Die Anlage der Handlung: der Gegensatz zweier ethischen Grundanschauungen, ist trefflich und ihre Entwickelung bis zum Ende des 2. Actes gut. Von da ab aber geräth der Dichter in's Schwanken. Das ganze Motiv mit dem Kinde und dem vor jeder Kompromittierung bangen Verführer Keller verschiebt das Problem. Anstatt auf eine Seelenwandlung, steuert das Stück auf einen äußerlichen Theatereffekt los. Ebenso scheint uns die frühere Liebe Heffterdingks und das Spiel mit den Pistolen überflüssig. Und wozu das Ehrenwort des alten Vaters gegenüber dem elenden Verführer? Besonders aber hat die Programmrede, welche Magda bei verschlossenen Thüren über das Recht der alleinstehenden Damen auf freie Liebe hält, nichts mit dem Stücke zu thun. Der letzte Act ist verworren und grausam zugleich; der Athem stockt dem Leser und er fühlt förmlich physischen Schmerz in den Nerven.

Andrerseits hat Sudermann in Magda und ihrem Vater einen an sich vielverbreiteten Gegensatz gezeichnet und in Pfarrer Heffterdingk, der kein Kopfhänger und Heuchler ist, sondern bei aller Frömmigkeit auch für Regungen außerhalb seines Kreises Mitgefühl und Verständnis hat, eine prächtige Figur geschaffen. Freilich, daß Magda sich als Nietzsche-Jüngerin aufspielt, war bei der bekannten Vorliebe unserer Modernen für Zarathustra nicht zu verwundern; eher schon, daß Sudermann in dem Konflikte zwischen den „veralteten Forderungen philisterlicher Sittlichkeit“ und Nietzsche keine Entscheidung trifft. Außerdem ist der Vater einseitig, als Cato aufgefaßt, während ihm die doch ebenso natürlichen Empfindungen der Kindesliebe und des Vaterstolzes fast völlig fehlen. Und Magda’s Anerbieten, ihrer Schwester Glück durch Spendung von 50000 M. zu gründen, ist doch auch etwas! Klugerweise hat ihr Sudermann nur eine Stiefmutter gegeben, eine rechte Mutter würde sich ihre fast barbarische Behandlung durch den alten Haudegen nicht haben gefallen lassen.

~>◁~

Verwandt mit der Muse Sudermann’s ist die von **Felix Philippi**. Während sein Schauspiel „Der Advokat“ (1885) noch gemäßigt ist, zeigen uns „Veritas“ (1888) wie „Daniela“ (1889) schon ziemlich fragwürdige Scenen aus der Gesellschaft, die aber noch etwas verhüllt werden. Aber „Das alte Lied“ (1890) führt uns in ganz dieselben Verhältnisse ein, wie Sudermann’s „Sodoms Ende“; nur daß hier das freche Laster durch eine Frau vertreten wird. Dr. Kornelius ist der Vormund von Anna und Hedwig Nowak, deren Mutter, ein

faules, hab- und genußsüchtiges, ungebildetes Weib, in ihrer
Wohnung Orgien feiern läßt, auf denen sich auch Frau Cornelius
mit dem Banquier Ed. Rahden trifft. Frau Nowak billigt das
liederliche Leben ihrer Tochter Anna, die Balleteuse ist, während
sie die ehrenhafte Werbung des Dr. F. Nicolai um ihre sittsame
Hedwig gar nicht gern sieht. Cornelius überrascht endlich seine
saubere Gattin, wie ihm von Frau Nowak angekündigt worden,
mit ihrem Galan in einem Restaurant; da sie ihm halb ängstlich,
halb dirnenhaft frech entgegentritt, ersticht er sie mit einem Tisch=
messer! — Das soll „das alte Lied" sein!

———><———

Auch Otto Erich Hartleben mit seiner Komödie „An=
gele" gehört hierher. Sie schildert uns die Laufbahn eines
Mädchens, welches aus eigener Neigung und durch die Verhält=
nisse zur Dirne wird. — Karl Brandes, den seine von ihm an=
gebetete Frau betrogen hat, ist zum Wüstling geworden; er lebt
mit Viktor, seinem Sohne, um die Wette. Beide begegnen sich
in der Liebe zu Angele Buchwald, die sich auch gegen beide freund=
lich zeigt; und als Viktor seinen Vater an die Mutter erinnert,
deren Bildnis über seinem Schreibtisch hängt, macht ihn dieser
mit ihrer Untreue bekannt und eröffnet ihm, daß er gar nicht
sein Sohn sei. Indessen hat Angele schon wieder einen Mann
in ihre Netze gelockt, den Predigtamtscandidaten Kerner, der sie,
trotzdem sie ihm von ihrem bisherigen Verhältnis zu Viktor er=
zählt, zur Frau Pastorin machen will. Da schließlich die drei
Getäuschten: Karl, Viktor und Kerner zusammenkommen*) und An=
gele entlarven, geht diese voll Verzweiflung auf die Straße, um
noch tiefer zu sinken. Der Kandidat aber beschließt, sie aus dem
Schmutz zu retten!

Jedenfalls ein feiner Stoff für einen Dramatiker! Die Heldin eine Dirne, die beiden männlichen Hauptfiguren Vater und

______

*) Auch in Hartleben's „Hanna Jagert" treffen zuletzt die drei Lieb-
haber zusammen.

Sohn als Nebenbuhler um sie. Der Konflikt: Der Kampf um eine Dirne! Und die Moral, die der Dichter daraus zieht, ist das Motto seines Dramas: „Verachte das Weib!" Vielleicht sieht er noch ein, daß die Worte seines Rentiers richtig sind: „Die Welt ist gottlob größer und dein Milieu nicht das einzige!"

Eine Art Verschmelzung von Sudermann's „Ehre" und Hauptmann's „Friedensfest" ist „Die Familie Selicke", Drama in drei Aufzügen von Arno Holz und Joh. Schlaf*) (Berlin 1892).

Theodor Fontane begrüßte das Stück nach seiner Aufführung (am 8. April 1890) auf der „Freien Bühne" mit den Worten: „Diese Vorstellung wuchs insoweit über alle vorhergegangenen an Interesse hinaus, als wir hier eigentlichstes Neuland haben. Hier scheiden sich die Wege, hier trennt sich Alt und Neu." Er meint G. Hauptmann und L. Tolstoi haben nur den Muth gehabt, hier und da über die bis dahin traditionell festgehaltene Grenzlinie hinauszugehen, die Frage, sind Stücke denkbar, die von dem bisher Ueblichen vollkommen abweichen, „wurde durch die Schnaps-komödie des einen und die Knackkomödie des andern kaum berührt."

Die Verfasser sagen „in aller Ruhe, bewußt und aus ihrer Ueberzeugung heraus:" „Die Familie Selicke ist das deutscheste Stück, das unsere Litteratur überhaupt besitzt"

Nun, wir hoffen, mit dieser Ansicht stehen die Herren Ver-fasser allein da! Hören wir kurz die Fabel des Stückes.

Zu Frau Selicke, die vergrämt am Bette des 8-jährigen todt-kranken Linchens sitzt, kommt am Weihnachtsabend der alte Quack-salber Kopelke, seines Zeichens Schuster, Winkelkonsulent und Setzer; er macht einige allgemeine Redensarten über die Krank-heit und spricht dem Candidaten Wendt, welcher Selicke's Zimmer-herr und Toni's Liebhaber ist, sein Bedauern aus, daß er „Paster" werden will. Als Toni, mit Mänteln bepackt, die sie während

____

*) Dieselben beiden Autoren haben gemeinsam „Neue Gleise" herausgegeben: „Die papierne Passion. — Krumme Windgasse 20. — Die kleine Emmy. — Ein Abschied. — Papa Hamlet. — Der erste Schultag — Ein Tod. — Die Familie Selicke."

der Festtage ausbessern will, erscheint, theilt ihr Wendt seine Berufung zum Landprediger mit und fragt sie, ob sie ihm als seine Gattin folgen wolle. Sie mag sich aber, so sehr sie sein Antrag erfreut, nicht von ihren Eltern und Geschwistern, namentlich dem kranken Linchen, trennen; er stellt ihr vor, daß sie es in diesem Elend doch nicht mehr aushalten könne: ihr Vater ist ein Trinker, die Mutter zankt immer mit ihm und den Kindern, die beiden Brüder taugen auch nicht viel, Albert ist ein geckenhafter Müßiggänger, Walter ein junger Wildfang. Obgleich sie ihn daran erinnert, daß er ja nicht an Gott glaube, weiß er sie doch schließlich halb und halb zu überreden, daß sie ihm folgen will.

Der 2. Act spielt in der Nacht. Die Familie erwartet angstvoll den Vater. Endlich legen sich die Söhne schlafen. Da erscheint Selicke, wie immer, betrunken, aber mit einem Bäumchen und Tüten bepackt. Seine Frau humpelt voller Furcht aus der Wohnung, Toni allein hält ihm Stand und erduldet seine Brutalitäten. Als er endlich am Tisch eingeschlafen ist, erwachte Linchen und — stirbt. Toni weckt ihn, wirft sich ihm um den Hals und ruft: „Lieber Vater! — Mein lieber Vater!“

Eine Versöhnung mit seiner Frau weist Selicke im 3. Act von sich. Als sie gegangen, um Wendt, der nach Hause fahren will, Kaffee zu bereiten, erklärt ihm Toni, sie könne ihn doch nicht heirathen; denn nun wäre sie hier noch nöthiger als zuvor. Schließlich findet sich der Candidat darein und geht mit den Worten fort: „Ich komme wieder!“

Das ist also unser „deutschestes“ Stück — eine Verbindung, wie gesagt, von Sudermann und Hauptmann. An jenen erinnert die Atmosphäre des Hinterhauses, nur noch abstoßender, an diesen sowohl die Friedlosigkeit der Weihnachtsfeier, wie im „Friedensfest,“ als auch die Stimmung von „College Crampton.“ Auch an Hauptmann's „Vor Sonnenaufgang“ klingt manches an; so die Nachtzeit, der widerliche Charakter des Vaters und der Versuch, die Tochter ihrer trostlosen Heimath zu entreißen.

Aber als Stück betrachtet, fehlt dieser Anreihung trostloser Scenen, deren Lebenswahrheit im Einzelnen wir nicht bestreiten, jede Handlung. Weder die Familie Selicke steht am Ende des Dramas anders, noch Wendt und Antonie. Die Figur des „ollen Kopelke“ ist ganz überflüssig; die beiden Söhne sind nicht individualisiert. Wendt selbst ist höchst unwahrscheinlich, zum Theil auch Toni. Ein so haltloser Bursche, wie der Candidat, der allen Glauben verloren, soll ein armes Mädchen aus solcher Atmosphäre heirathen wollen? Andrerseits Toni soll ihm seine Hand, die sie dem physischen und sittlichen Verderben zu entreißen verspricht, ausschlagen? Vor allem fragen wir: Welchen Sinn hat das Ganze? Welchen Werth diese wortgetreue Wiedergabe einer scheußlichen Existenz?

Und nun die Sprache dieser Leute! Fast alle sprechen das ordinärste Berliner Platt. Und endlich das stete Geschluchze und Gethue der Mutter, des Vaters, der Tochter — es wird einem ganz weh dabei.

—><—

Ganz denselben Ton schlägt die Skizze „Die papierne Passion“ an („Neue Gleise“ I, 1—35). Mutter Abendroth’n bereitet Kartoffelpuffer für sich und ihre Miether, den liederlichen Herrn Röder und den soliden Studiosus Herrn Haase, schilt die 12=jährige Wally fortwährend und giebt auch „olle Kopelke,“ den wir ja schon kennen, von dem leckeren Gericht ab. Der Schmaus wird durch wüstes Geschrei unterbrochen, denn unten im Hause schlägt ein Schlosser seine Frau zu Schanden. Das ist der ganze Inhalt! Der Titel kommt nur insofern zur Geltung, als „olle Kopelke“ die Passion Christi aus Papier auszuschneiden versteht. Mutter Abendroths Redeweise illustrirt folgende Stilprobe (S. 14): „J, na! Wat denn?! Is jo wah! Wirklich! Sie jloob’n janich, wat ick mir mit det infamichte Jöhr ärjern muß! Eben kann ick ihr noch halbdot jehaun hab’n: im neechsten Dogenblick, as wenn nischt jeweesen weer! — Ick sag Ihn’n: abjebrieht is det Fruen= zimmer, abjebricht wie sonn Hund! — Na, ick sag blos! Mit det Meechen! — Jott na! Ick sag ooch! Sonn ollet, jroßet, zwölf=

jährijet Balg nu! Nee! Vor mein'n Fritzen, as der noch lebte,
hatte se wenichstens noch Reschpeckt! Aber icke? — Jott, na!“

Die folgenden drei Skizzen handeln von einer Studenten=
liebe. Heinz besucht („Krumme Windgasse 20“) den langen
Wüstenhäuser, seinen Leibburschen, der ihm die bei den „Modernen“
üblichen Ansichten vom weiblichen Geschlecht vorträgt. „Ueberall
dieselbe Sauce! So oder so! Die Hauptsache ist: Sie zehn alle auf
den Leim! Ich kann das Weib nicht mehr achten!!“ (S. 43).
Und als Heinz fragt: „Es giebt doch auch anständige Weiber?“
erwidert jener: „Anständige? Wie heißt!.... Kind!....“
(S. 44). „No, und dann, — kurz und jut, mein lieber Junge,
du mußt die Weiber eben nicht als Engel ansehen. Beruht eben
allens auf Jejenseitigkeit!“ Empört ruft Heinz aus: „Du bist ein
ganz infamer Saumagen, Wüstenhäuser!“ Der antwortet: „Herr=
jees! Menschenskind! Guck doch mal! Ist's denn nich überall die=
selbe Sauce?! Der Eene macht'n bischen Klimbim mehr, der Andre
weniger. Für den Eenen ist die Liebe ein idealer Traum, für
den Andern 'ne... na!... 'ne Mohrrübe!“ — Ach, du bist,...
du bist ... „Erlaub mal, mein Junge! Nach meiner Definition
ist die Liebe nischt weiter, als die Berührung zweier — —!
Na?“ (S. 56).
Deutlicher, brutaler kann man nicht sprechen.

Nun verliebt sich Heinz in „die kleine Emmi,“ auf die
ihr alter Onkel ein Attentat macht (S. 72—77), er findet Gegen=
liebe, doch muß er auf Wunsch seines Vaters bald von ihr Abschied
nehmen (S. 78—86).
Alles dies ist überaus breit und langweilig berichtet. Natu=
ralistische Züge sind selbstverständlich zahlreich.

Eine Studentengeschichte ist auch „Ein Tod“ (S. 198—217),
worin das Hinsterben eines im Duell Schwerverwundeten überaus
drastisch geschildert wird. Die angstvolle Stille der beiden nacht=
wachenden Commilitonen wird durch einen hereintaumelnden Be=
trunkenen, der fehlgegangen, unterbrochen. Frau Brömme spricht

S. 214 das wahre Wort: „Ach wissen Sie, es ist eine rechte Sünde, das Duellieren!"

„Der erste Schultag" (S. 161—197) erzählt bis in die kleinsten Nichtigkeiten hinein die Abenteuer des Judenbübchens Jonathan bei dem Schultyrannen Borchert, dem Straßenjungen Kotel Thiel und dem eben verstorbenen Großvater Lorenz. Mancher Zug ist dem Leben abgelauscht und zeugt von der scharfen Beobachtung der Verfasser.

Ein würdiges Gegenstück endlich zur „Familie Selicke" ist „Papa Hamlet" (89—160), welches die Verfasser zuerst (1889) für eine Uebersetzung aus des Norwegers Bjarne P. Holmsen Schriften ausgaben. Diese Mystification gelang vortrefflich. Auf S. 94—104 sind eine große Reihe sich widersprechender Kritiken abgedruckt, als deren Schluß A. Holz und Joh. Schlaf die bekannten Worte setzen: „Der Eine betracht's, der Andere beacht's, der Dritte verlacht's — Was macht's?" — Wir wollen nur als bemerkenswerth ein paar Worte citieren. So sagt der Moderne M. G. Conrad: „Eine pessimistische Grundansicht von allem Menschlichen zum Verrücktwerden... Nur Bilder, keine Gedanken. Diese erschreckliche Wirklichkeitsnachbildung in winzigen Ausschnitten, nur am Tragisch-Banalen geübt, macht den Leser auf die Dauer ganz nervös." Und der Realist C. Alberti: „Grade wir haben im höchsten Grade die Pflicht, uns gegen unreife Knaben zu wenden, welche den Realismus discreditieren, indem sie seinen Namen benutzen, um ihre ganz gewöhnliche Unfähigkeit zu bemänteln, die sich hinter Grotesksprüngen à la Hanswurst versteckt. Der Realismus ist eine ernste, heilige Sache, aber keine Löwenhaut, hinter der sich Esel verstecken dürfen!" (S. 163). Die „Vossische Zeitung" dagegen rühmt „die erstaunliche Lebendigkeit der Darstellung, den grandiosen Humor, das scharfe Auge" des Verfassers (Holmsen!).

Nun, der Inhalt von „Papa Hamlet" ist dieser. Niels Thienwiebel, der früher den Hamlet mit Erfolg gespielt, aber lange keine Anstellung gefunden hat, haust mit seiner „süßen

Ophelia“ und dem 3—4 Monate alten Söhnchen, den er Fortin=
bras genannt hat, daß er „ihn und seine Sache den Unbefriedigten
erkläre,“ bei Frau Wachtel, natürlich ohne je die Miethe zu be=
zahlen. Alles ist schon versetzt, er stolziert in Unterhosen und
Schlafrock umher, pathetischen Blödsinn schwatzend. Er ist der
„große Thienwiebel,“ alle andern Stümper! Sein einziger Freund,
der kleine Maler Ole Nissen, malt nur noch Firmenschilder und
brennt schließlich mit seinem Modell Mieze durch. Der „arme
Yorik“ ergiebt sich dagegen dem Trunke, erstickt in sinnlosem
Rausche Fortinbras und wird acht Tage später „erfroren durch
Suff“ (S. 160) aufgefunden! Die Verfasser schließen diesen
Höllenbreughel:

„Es war der große Thienwiebel! Und seine Seele? Seine
Seele, die ein unsterblich Ding war? Lirum, Larum! Das Leben
ist brutal, Amalie! Verlaß dich drauf! Aber — es war ja alles
egal! So oder so!“ — —

Treffend sagt Frau Wachtel (S. 129): „Der alte, alberne
Kerl flözte sich den ganzen Tag auf dem Sopha rum und trieb
Faxen, das faule, schwindsüchtige Frauenzimmer (seine Frau
Amalie) hatte nicht einmal Zeit, seinem Schreisack das bischen
blaue Milch zu geben, zu fressen hatten sie alle drei nichts!“

Die Skizze ist ein Gemisch von „College Crampton“ und
dem Schluß von Holländer's „Jesus und Judas,“ aber ohne einen,
wenn auch noch so kleinen Lichtstrahl, alles grau, widerlich, schmutzig.

Und nach diesen Proben steht S. 309 folgendes Gedicht der
Verfasser „Zum Ausgang“:

> „Noch sproß in den Wäldern kein einziges Reis,
> Noch zählte der Lenz zu den Todten,
> Wir brachen mitten aus Schnee und Eis,
> Die ersten Frühlingsboten!
>
> Noch deckt sie Nebel, Nacht und Dunst,
> Doch die zünden muß, wird zünden,
> Wir wollen die neue deutsche Kunst
> Dem deutschen Volke verkünden!

> Die alte Schuld, wir machten sie glatt,
> Wir zahlten mit Ducaten.
> Wir hatten das Tuten endlich satt
> Und wollten endlich Thaten!"

Eine solcher „Thaten" hat Johannes Schlaf in seinem Drama „Meister Oelze" (Berlin 1892) gethan.

Derselbe schildert in 3 Aufzügen den Tod des schwindsüchtigen Tischlermeisters Franz Oelze mit einer haarsträubenden Realistik. In einem mitteldeutschen Marktflecken wohnt er behäbig mit seiner Frau Rese und dem Sohn Emil, einem recht ungezogenen Tertianer. Vor Jahren ist sein Stiefvater plötzlich gestorben. Pauline, seine Halbschwester, behauptet nun, Oelze habe ihn mit Hilfe seiner Mutter umgebracht, und ist mit ihrem Töchterchen Marieken schon seit Wochen bei ihm zum Besuch, um sein Ende abzuwarten; denn sie hofft, er werde auf dem Todtenbette seine Schuld beichten. Die alte Frau Oelze ist geisteskrank und führt die seltsamsten Reden von Vergiftung u. dgl. m. Beim Beginn der Handlung (wenn man davon sprechen darf) herrscht ein furchtbares Unwetter. Meister Oelze geht, als er seine stumpfe Mutter erblickt, trotz aller Bitten Rese's, in's Wirthshaus. Nach einiger Zeit kehrt er angetrunken heim. Nun erzählt Pauline, um ihn zum Geständnis zu bringen, allerlei Spukgeschichten und veranlaßt ihn dadurch, daß sie seinen Muth bezweifelt, dazu, in Sturm und Regen hinauszugehen. Schreiend vor Furcht, kommt Oelze zurück in's Zimmer, bekommt einen Blutsturz und stirbt. Aber den Mord verräth er nicht mit klaren Worten, wenn auch seine krausen Reden darauf deuten.

Alle Personen sprechen im thüringisch=sächsischen Dialekt. Der Inhalt des Stückes ist ebenso widerlich wie die Charaktere. Man denke sich Meister Oelze, einen frechen Vatermörder, der alles Heilige verhöhnt, seinem Sohne die schlimmsten Lehren giebt, seine Verwandten abscheulich behandelt und auf dem Todtenbette zwischen Angstrufen fade Späße macht; Pauline, sein böser Dämon,

die ihn kaltlächelnd in den Tod jagt und ihn nur verpflegt, um
von seinen Lippen das Geständnis des Mordes zu erhaschen;
Emil, einen verwahrlosten, frechen Burschen; seine verrückte Groß=
mutter: seine Mutter Rese, an der man auch keinen edlen Zug
wahrnimmt; endlich den Trinker Patschke.

Vortrefflich hat Julius Stinde, der bekannte Humorist, solche
Art von Dramen in seinem „naturalistischen Familiendrama“
„Das Torfmoor“ (Berlin 1893) persifliert. Zunächst giebt er
gewissenhaft an: „Ort der Handlung: eine elende Hütte am
Rande eines weiten, mit unergründlichen Morastlöchern durchsetzten
Torfmoores; Zeit: Alltag-Nachmittag, viereinhalb Uhr mittel=
europäischer Uhrenstellung; Witterung: Anfangs trübe, dann auf=
klärend, zuletzt Abendsonnenschein; Temperatur: 18,5° Celsius;
Barometerstand: 762,2; Wind: O.=SO., später rechtsdrehend
O bis O.=NO.“ — Das ist jedenfalls naturalistische Exactheit!

Nun erfährt der Leser, daß Knude seiner Frau Leie mit=
theilt, er wolle seine Schwiegermutter Quärkersen umbringen, denn
sie habe ja die Schwindsucht und lebe ihm zu lange. Er wolle
ihr Bett haben. Er versucht daher die alte Frau zu erwürgen,
spricht aber dann sehr tiefsinnig mit ihr über Lüge und Pflicht.
Als nun Pastor Vaaser kommt, um Knude und Leie zu veran=
lassen, daß sie sich kirchlich trauen lassen, gesteht ihm Frau Quär=
kersen, sie habe alle ihr zur Wartung anvertrauten Kinder um=
gebracht, damit sie sich nicht so lange quälen; auch habe sie ihnen
dann „ein hübsches Särgelchen, Sterbekittelchen und Blümchen“ ge=
geben. Da stürzt Knude herein — er hat aus Versehen die Fliegen=
pilze gegessen, die Leie für ihre Mutter bereitet hatte, und stirbt;
Leie thut vor Schreck dasselbe. Der Pastor verläuft sich und ge=
räth in's Moor, Frau Quärkersen klagt, daß sie kein Karbol hat!

An diese dürftige, mit dem nöthigen Naturalismus vorge=
tragene und mit vielen witzigen Beziehungen durchsetzte Handlung
schließt J. Stinde mehrere „Beiträge“ von nordischen Schrift=

stellern. Im ersten, einem Verhör des Dichters, setzt Einar Drillquist ihm auseinander, daß es mit der deutschen Dichtung überhaupt aus sei. „Worauf wollen Sie stolz sein? (S. 27) Auf Ihre Dichterfürsten? Die haben wir Modernen sammt und sonders für dumme Jungen erklärt. . . . Deutschland läßt sich von allem Fremden hypnotisieren, weil es sein eigenes Herrliches unterschätzt und sich selbst nicht traut. Es hat keinen Herzensstolz. Augenblicklich hypnotisieren wir Nordländer es, und da spuckt es aus vor seinen alten Göttern, und statt Blumen, riecht es an Nesseln, und statt Quellwasser trinkt es verschimmelte Tinte, und statt Wein Spülwasser aus Hospitälern und hält das Kranke für gesund, küßt statt rothfrischen Mund die Pestbeule und schreit Hosiannah dem Scheußlichen! Denn es ist so im Schlafglauben, daß es alles für wahr hält, was wir ihm als Wahrheit aufreden. Wir haben es so weit gebracht, daß es poetische Wahrheit mit Wirklichkeit verwechselt. Nun hält es die Wirklichkeitsabschreiber für Dichter gebracht der Wahrheit, für wahre Dichter. Und für diese Erkenntnis giebt es alle Schätze seines geistigen Lebens; die Edelsteine, die seine Dichter ihm schenkten, verachtet es als werthloses Glas. Und das muß es. Wer Diamanten nicht kennt, dem ist Simili das höchste Wunder.“ — Und S. 29: „Was wir wollen, ist Stärke der Krankheit, kalte Gefühllosigkeit abstrapezierter Nerven, denen das Grausige, Grauenvolle, Gräßliche, Häßliche, Abscheuliche reizvoll ist, wie liebevolles Streicheln; und ohne Humor, immer ernst, so ernst wie Hinrichtung.“

Ein zweiter Beitrag, von **Olr Pagge-Olsen**, setzt die ethische Bedeutung des „Torfmoors“ auseinander. An der Hand von Citaten aus H. Ibsen's „Brand“ wird lustig gezeigt, wie sehr das Stück Stinde's modern ist. Alle möglichen Krankheiten (Rückenmarksdarre, Gehirnerweichung u. a.) sind schon auf die Bühne gebracht — die Tuberkulose noch nicht. Wie sagt Brand S. 123?

> „Hat einer eine kranke Lunge,
> Mag er Verstocktes, böse Krusten
> Dreist bringen über seine Zunge!
> Statt zu ersticken, muß er husten!“

„Das ist groß gedacht, wie ein Walfisch im Eismeer, wahr wie ein trunkener Seehund, dem Leben abgelauscht, wie ein gefülltes Speibecken. Was ist die überlebte, lügenhafte, sogenannte Schönheit der antiken, unmodernen Dichter, dieser abgestandenen Biedermänner, gegen solche Wirklichkeit?" — Die tiefsinnigsten Wahrheiten findet Bagge-Olsen im „Torfmoor," z. B.: „Was der Mensch braucht, muß er haben (Knude hat alles versetzt!); bei erblicher Belastung hilft Karbol nicht — das ist erhaben und niederschlagend zugleich). Genau nach Aristoteles, nur noch viel höher, bedeutsamer, wissen= schaftlicher! Seid vernünftig beim Heirathen! — Iß keine Pilze, welche du nicht kennst! Mensch, gehe stets die Chaussee lang! Mensch ziehe um!"

Im nächsten Beitrag schildert Rasmussine Tasse die Frauen= gestalten des „Torfmoors"; der Beitrag sprudelt von sati= rischen Witzen. Mads Dosmer zeigt sodann Fr. Nietzsche's Philosophie im „Torfmoor"; Gumme Gries endlich stellt die Bühne des Torfmoors dar, nämlich eine Dauerbühne, auf welcher alles ganz wirklich vor sich geht. Auch die Nase verlangt ihren Antheil, also müssen die Kohlköpfe multerig riechen. Leie muß wirklich Krämpfe haben, Frau Quärkersen sterben. Und zuletzt müssen vier Mann von der Sanitätswache kommen und alle Utensilien, allen Torf, alles in's Publikum werfen, damit es bis über die Nase „in Natur" sitzt! „Dann wird es satt von Natür= lichkeit in Kunst und geht nach Hause und reinigt sich."

⤙⤚

Eine andere lustige Satire hat Oscar Wagner gegeben in seinem parodistisch-realistischen Vorgang „Die Trocken= wohner."*) Das Stückchen spielt im Keller. Schuster Kniebel, seine zweite Frau und sein Sohn Esau sind Alkoholiker. Alma, die Tochter, läßt sich vom Schauspieler Armer entführen, weil er ihr ein neues Kleid verspricht. Er bewundert die Natur, und

*) Reclam'sche Universalbibliothek, Nr. 3054. Leipzig. 1893.

um recht realistisch dichten zu können, macht er alle die Zustände
durch, die er in seinen Dramen beschreibt (S. 8). Zum Schluß
liegen alle, den Armer ausgenommen, betrunken auf der Bühne.

Die reizendste Satire gegen den modernen Naturalismus
aber hat E. v. Wildenbruch mit seinem Märchenschwank „Das
heilige Lachen" (Berlin 1892) geliefert.

Die große Apotheke, d. h. die Welt, wird von dem großen
Prinzipal, nachdem er dem Adebar für Animus, Bürgermeister von
Terra, ein Söhnchen übergeben hat, dem Provisor Optimus an-
vertraut. Dieser aber geht aus Mitleid zu Pessimus, der ihm
einen Trunk von seinem schlechten Gebräu aufnöthigt, das er mit
Hülfe von Lüge, Neid, Häßlichkeit und Haß bereitet hat. Auf dem
Tauffest des Herrn Animus und seiner Gattin, der Schönheit,
erscheint Pessimus, jetzt Ole Pessimöff, mit seiner Schaar: Lüge
nennt sich Wahrheit, Neid kritisches Bewußtsein, Häßlichkeit Echt-
heit und Haß Unabhängigkeit. Diese haben versprochen, Pessimus
zum Prinzipal zu machen, wenn er Häßlichkeit heirathe. Sobald er
den Leuten von seinem Wein einschenkt, entsteht Hader und Unzufriedenheit. Traurig verlassen die Schönheit und (echte) Wahrheit
den Animus. Pessimus wird zum Herrscher ausgerufen und
schenkt den Leuten von Terra Knallbonbons mit Schlagworten,
z. B.: „Es giebt keinen Willen! — Der Mensch ist ein Produkt
aus Vererbung und den Verhältnissen. — Wer von Liebe spricht,
lügt. — Feindschaft heißt das Gesetz zwischen Mann und Weib. —
Liebe ist Haß! — Wer lacht, kommt in's Irrenhaus. Der sogenannte
große Prinzipal, das Lachen, die sogenannte Phantasie sind abgeschafft!" — — Die Schönheit muß in eine Höhle flüchten, wohin sie
allein der Lachegott, ihr Sohn, begleitet. Da nun aber Pessimus
die Häßlichkeit verabscheut und sich in die Schönheit verliebt, so
weiß ihm Lachegott, als er sie besucht, seine Tombakkette von
Prinzipien abzuluchsen. Um Häßlichkeit nicht heirathen zu müssen,
erklärt er die Ehe für „ein unsittliches Verhältnis" (S. 125),

eine Lüge, denn Kampf heiße das Geſetz zwiſchen Mann und
Weib. Nun entlarvt ihn Optimus, der ſeinen Beſuch bei Schönheit belauſcht hat. Alle Bewohner von Terra lachen wieder,
Schönheit kehrt zurück, Peſſimus wird in eine Flaſche geſteckt und
Optimus erklärt, er wolle die große Apotheke fortan an Wahrheit
abtreten; auch der Dichter Lamm bekennt, erſt an der lyriſchen
Zuckerkrankheit, dann an der Neigung zu Kanaliſationsarbeiten
gelitten zu haben. Das Stück ſchließt mit dem Chor der Phan-
taſie, Graziella, Amöna und Serena:

> „Thut die Seelen auf,
> Macht die Herzen weit,
> Denn Ihr ſeid vom Leib
> Wieder frei gemacht.
> Wieder heimgebracht
> Iſt die ſel’ge Zeit,
> Welten-Freude, Freudigkeit!“

—>×<—

Wie in ſeiner „Haubenlerche“ nähert ſich E. v. Wildenbruch auch in ſeinem Roman „Eiſernde Liebe“ (Berlin 1893)
in manchen Punkten dem Naturalismus; doch erhebt er ſich durch
die ganze Tendenz und Durchführung hoch über viele moderne Dichter.

Bei Hamburg, in Blankeneſe, bewohnt Herr Etatsrath Pfeiſſen-
berg mit ſeinen Kindern Dorothea und Moritz eine prachtvolle
Villa; die kürzlich neuerbaute Halle will ſeine kluge Tochter, die
er „Miniſterchen“ nennt, mit einem hiſtoriſchen Bilde ſchmücken
laſſen. Herr v. Werner ſchickt ihm dazu den jungen, genialen Maler
Heinrich Verheißer, welcher Tejas Untergang am Veſuv malen will.
Wochenlang malt er emſig an ſeiner Gothenſchlacht. Plötzlich
hapert es — es fehlt ihm an dem Modell für ſeine Gothen-
königin, welche die Kämpfenden durch ihren Geſang begeiſtert. Da
erblickt er zufällig, wie einſt Aktäon Diana, die weiße Dorothea
— im Bade.*) Nun ſingt er ſie an als ſeine Göttin:

---

*) Vgl. eine ähnliche Scene oben S. 157 in Bölſche’s „Mittagsgöttin.“

> „Der höchste Reichthum, wundertief und still,
>   Beut seine Schätze unbewußt und blind —
> Der Mensch bemüht sich, wenn er schenken will,
>   Götter beschenken dadurch, daß sie sind!"

Natürlich fühlt sich Dorothea hierdurch geschmeichelt, sie ladet Heinrich zu einem Festmahl, das zu Ehren von Moriz' Verlobung mit Jenny Brinkmann gegeben wird, und verspricht ihm sein Bild anzusehen und die Gründe für seine bisherige „Verzweiflung" zu hören. Als sie am folgenden Tage kommt, und er ihr entwickelt, wie traurig seine Jugend gewesen ist, kommt es zu einer Liebesscene, bei welcher Heinrich ihr unbegreiflicher Weise sagt, wie er zu ihrem Bilde gekommen ist. Entrüstet fordert sie, daß er sogleich abreise. Als er es aber gethan, erwacht Reue in ihr, sie veranlaßt ihren Vater, ihm 1000 M. zu schicken, und denkt fortwährend an ihn. Als sich nun Fritz Backhof, ein einfältiger Mensch, um sie bewirbt, und sie mehr und mehr erkennt, wie trost- und freudlos ihre Zukunft sein wird, beschließt sie Heinrich aufzusuchen. Sie verläßt, unter dem Vorwande, in Berlin Einkäufe machen zu wollen, ihr Haus, fährt nach München, wo das Bild ausgestellt ist, und folgt dem schwärmenden Maler nach Verona, wo sie ihre Hochzeit feiern. Alsbald faßt sie Reue, Scham und Verzweiflung. Sie bittet ihren Vater telegraphisch um seinen Segen; als dieser ausbleibt, als der Consul sie nicht trauen will, versinkt sie in Schwermuth. Auf Capri bittet sie den Heinrich, er solle, damit sie ferner an ihn glauben könne, etwas Großes malen. Er verspricht es und malt sie selbst als — büßende Magdalena! Beschämt flieht sie von ihm und stürzt sich in's Meer.

Das Problem des Romans ist der Konflikt zwischen Liebe und Schamhaftigkeit. Dorothea, die bisher nur Reichthum und Philiströsität gekannt hat, wird von dem Wesen des genialen Malers begeistert; sie ahnt, daß die Kunst etwas Göttliches ist. Aus Achtung und Bewunderung liebt sie ihn. Als sie aber hört, wie er sich ihr Bild verschafft hat, verabscheut sie ihn; doch die Liebe ist so mächtig in ihr, daß sie ihren guten Vater betrügt,

Heimath und Zukunft im Stiche läßt und Heinrich nacheilt. Auf den kurzen Liebesrausch folgt die Reue. Und als sie sieht, daß „sie sich umsonst fortgeworfen hat" (S. 309), daß er ihr Bild malen will, „in ihrem Jammer, ihrer Verzweiflung, ihrer Schande und Schmach" (319) schreit sie: „Du schändest mich! Du schändest mich!" Sie will davon und stürzt sich von Punta Tragora hinab.

Wildenbruch's Werk hat große Schönheiten. Die Entfaltung des genialen Malers (S. 37, 147 u. ff.), der Seelenkampf der aus Eifersucht liebenden Dorothea (S. 81), der Gegensatz zwischen den selbstgenügsamen Philistern und dem hochstrebenden Künstler, die Natur Hamburgs und Italiens — alles ist vortrefflich geschildert. Doch leidet die Erzählung an einigen groben Unwahrscheinlichkeiten. Daß Heinrich Dorothea im Marmorbade gesehen, daß er es ihr hernach gesagt haben soll, ist kaum glaublich. Ebenso, daß sie, die 28=jährige kluge Patriziertochter, ihm nach München nacheilen, ja ihn nach Italien begleiten soll. Endlich scheint uns der Dichter der poetischen Gerechtigkeit nicht genug zu thun, sofern er den Maler gar nicht zur Rechenschaft zieht. — Besonders rühmen aber möchten wir die einfache, klare Sprache, die sich doch an den passenden Stellen zu schwungvoller Poesie erhebt.

Ueberaus ergreifend hat Karl Bleibtreu die „neuen Men= schen" geschildert in seinem nur 125 S. umfassenden Roman „Die Propaganda der That" (Leipzig 1890).

Stahl, der Korrektor einer hochkonservativen Zeitung, ist vor Jahren als Einjähriger vom Lieutenant v. Ryburg furchtbar miß= handelt worden. Als er hernach vom Militär loskam, hat er seinen Peiniger gefordert, ist aber, da jener ihn denunzierte, mit 3 Jahren Gefängniß bestraft worden. Auf Fürsprache des Anstalts= geistlichen wurde er begnadigt und als Korrektor bei der „Deutschen Reichszeitung" angestellt. Mit Hilfe Olgas v. Bommerang, die Ryburg verführt und schmählich verlassen, hat er ihn eines Tages ermordet. Kein Verdacht ist auf ihn gefallen, vielmehr, da ihn

das Testament eines verschollenen Onkels in Texas zum Millionär
machte, erhielt er die Hand der Blanche v. Aarungen, der Braut
des Ermordeten. Der Staatsanwalt v. Helder, der sich über
Ryburg's Betragen beleidigend geäußert und ein Duell deshalb
abgelehnt hatte, wurde aus dem Offiziercorps gestoßen und nahm
seinen Abschied; nach einiger Zeit reichte er Olga die Hand, einer
radikalen Anarchistin, die sich für ihre Hülfe beim Morde von
Stahl 100.000 Thaler geben ließ. — Nach Jahresfrist treffen sie
in der Schweiz zusammen. Da alle vier dadurch überrascht
werden, spürt Helder dem Morde nach und inquiriert aus Stahl
alles heraus. Er fordert ihn zum amerikanischen Duell, zieht das
Todesloos und erschießt sich. Blanche, die indeß von Olga erfahren,
daß Stahl ein Mörder ist, tödtet sich durch Morphium. Olga und
Stahl gehen zusammen nach Amerika.

Wie gesagt, die Darstellung Bleibtreu's ist überaus packend.
Die Erzählung liest sich wie ein Drama, und wir möchten den
Verfasser bitten, ein Drama daraus zu machen. Nur ein Punkt
scheint uns unwahr: beide, Blanche und Stahl, haben sich ge=
heirathet, ohne sich zu lieben. Von jener wenigstens kann man es
kaum glauben: wie sollte sie, die hochgeborne Schönheit, einen
Proletarier nehmen, wenn sie ihn nicht liebte? Von Stahl macht
es der Verfasser etwas wahrscheinlicher. Er hat (S. 117) sie nie
geliebt. „Mich reizte nur deine Schönheit und dein Rang . . . .
haha, aus Rache habe ich dich an mich gefesselt, an mich, den
Mörder, den Proletarier . . . . der plötzlich ein großer Mann
ward in den Augen eurer jämmerlichen Gesellschaft, weil Gott
Mammon ihn über Nacht vergüldete. — Jawohl, das war meine
Rache . . . . ihr habt mich elend gemacht, jetzt mach' ich euch
elend, euch alle, ihr feinen Herren und Damen . . . . . . in dieser
Königin eurer Salons, die ich durch meine Ehe in den Staub
trete: Euch alle trifft dieser Schlag . . . . ich bin gerächt!"

Wenn es auch etwas kühn ist zu glauben, daß durch seine
Heirath mit Blanche die ganze Gesellschaft in den Staub getreten
sei, so liegt doch Methode in Stahl's Handlungsweise. Er erklärt
dem Helder gegenüber ganz ruhig (S. 109): „Wer hat mich ge=

zwungen, mir selbst mein Recht zu nehmen (durch Ryburg's Ermordung!)? Die Gesellschaft. Ich will nur mein gutes Recht!"
Das ist Propaganda der That; das ist aber auch der von uns
oben (S. 63) abgefertigte Irrthum, daß die Gesellschaft allein
Schuld habe an allen Verbrechen. Olga ist eine würdige Genossin
jenes Mörders. Auch sie sagt: „Nicht die paar Kapitalisten,
sondern der Staat ist der große Kapitalist und Blutsauger, der
uns alle knechtet!" (S. 52). Wir möchten freilich die schüchterne
Frage aufwerfen, ob denn im sozialistischen Utopien keine Staats-
form sein soll? „Wer die Macht hat, macht das Recht" (S. 79):
„die Macht des Stärkern ist die wahre Moral; wird man besiegt,
hat man Unrecht, aber auch nur dann" (S. 70) .... Nun gut,
wozu dann der Lärm? Darnach wäre ja alles in Ordnung.
„Mehr Irrenhäuser und keine Zuchthäuser mehr! (83). Die
meisten Verbrechen fordern unser Mitleid heraus, nicht unsre
Strafe" (84). Aehnlich sagt Bleibtreu in „Letzte Wahrheiten"
(Leipzig 1893) S. 36: „Die Zukunft wird vermuthlich keine
„Richter" mehr kennen, sondern nur Pathologen, unterstützt von
Physiognomikern, die ihr Votum abgeben, ob der Angeklagte als
krank und gemeinschädlich in eine Heilanstalt oder als unheilbar
in ein Arbeitshaus abzuführen sei." — Wir glauben, die Gesellschaft wird immer, wie bisher, nur den einen Gesichtspunkt der
Gemeinschädlichkeit des Verbrechers haben; die Erklärung des
Verbrechens überläßt sie ja schon heute den Philosophen. Folgt
aber daraus, daß Anlage und Vererbung, Erziehung und Verhältnisse die Entwickelung des Menschen bestimmen, die Nothwendigkeit, Schuld und Gewissen zu leugnen, wie K. Bleibtreu
thut („Letzte Wahrheiten" S. 33, 35, 38)? „Reue ist eine Vor-
spiegelung des Großhirns aus Furcht vor Strafe, ein atavistischer
Verfolgungswahn, oder die Krankheit eines überzarten Nerven-
systems" (S. 38). Und wie vage ist das vom Verfasser („Propaganda der That" S. 48) angeführte Wort Hebbels: „Derjenige,
der einen Mord verübte, und derjenige, der ihn des Mordes
wegen zum Tode verdammt, worin sind sie unterschieden, wenn
Gott erkennt, daß jener bei anderer Verkettung der Umstände der

Richter und dieser der Mörder hätte sein können?" Das ist leere Phantasterei, der Leibniz'schen Vorstellung ähnlich von vielen möglichen Welten. Die „Verkettung der Umstände" hängt eben auch von uns ab, und deshalb kann gar nicht B anstatt A der Mörder sein. Der Gedanke Hebbel's ist ebenso thöricht wie die Rede vieler Leute: Wenn ich heute noch einmal jung sein könnte, wie ganz anders würde mein Leben sein.

Daß sich Stahl und Olga, beides Mörder (denn letztere hat ja Blanche in den Tod getrieben!) schließlich zusammenthun, ist gut ausgedacht. Aber was ihnen der Verfasser für Worte in den Mund legt (S. 120 u. ff.), ist doch fast unglaublich: „Wir sind die schwersten Verbrecher, wir begingen die Sünde, die nimmer vergeben wird, die wider die heilige Lüge. Heut thront die Heuchelei als Königin der Welt... Uebrigens, die Welt will betrogen sein, ergo werde sie betrogen. Steh'n wir beide nicht sieghaft und rein, von der blöden Welt geachtet, über den Leichen der Schuldlosen, auf die wir die Schuld gewälzt?" — „Du hast Recht. Das ist eine abgefeimte Rache des Schicksals!" — „Siehst du, das Schicksal will uns wohl, es rächt uns. Wir sind die neuen Menschen, das neue Geschlecht, das dem alten den Garaus macht!" — Wir würden es vom Standpunkt der poetischen und sittlichen Gerechtigkeit besser gefunden haben, wenn Bleibtreu diesen frechen Cynismus durch die Schicksale der Personen ad absurdum geführt hätte, während so der Schein entsteht, als hätten sie Recht uns gegenüber, den „Affen der eigenen Lüste, den selbstverliebten Narren, den Schwachköpfen u. s. w." Und wir hätten lieber gesehen, wenn Bleibtreu den phrasenhaften, egoistischen Mörder, der nichts liebt als sich selbst (S. 116), nicht einen Unglücklichen (S. 124), sondern ein Scheusal genannt hätte!

Ein sozialer Roman ist auch **Karl Bleibtreu's „Größenwahn"** (3 Bde. Leipzig 1888), den der Verfasser einen pathologischen nennt, weil darin der aus Größenwahn erfolgte Selbstmord des Helden Frdr. Leonhard, des Dichterheros, geschildert wird. Das Buch enthält vielerlei. Kathi, ein Modell, war früher einmal Graf X. Krastinik's Geliebte; später wurde sie des Maler Ed. Rother's Modell und Geliebte und zuletzt, nachdem sie noch manchen Geliebten gehabt, Eug. Wolffert's Frau. Rother, von wahnsinniger Liebe geplagt, eilt ihr bis Norwegen nach und töbtet sich, als er sie in Wolffert's Armen findet. „So starb er also für seine Liebe, ein ideologischer Querkopf, und endete, wie sein seelischer Organismus es bedingte, unglücklich und edel bis zum letzten Atemzug!" (III, 425). Von diesem „edlen" Wesen tritt fast nichts hervor.

Besonders interessant ist die Schilderung, die Bleibtreu von dem litterarischen Treiben entwirft. „Das litterarische Leben hinter den Kulissen setzt sich nur aus Bestechung und Händewaschen zusammen" (III, 14). „Aus Klatsch, Nichtigkeit und Jämmerlichkeit besteht ja das unselige Leben des Berufsschriftstellers, und als einzige Rache bleibt ihm nur die böse Zunge. Jedermanns Hand ist wider ihn, darum ist seine Hand wider Jedermann (III, 40). — Das ist auch eine Seite unseres sozialen Lebens! Leonhard, der deutsche Shakespeare, der Dichterdenker, der Dichter überhaupt (III, 352, 399), töbtet sich, weil er die „Kollegen" verachtet, haßt, fürchtet, und weil Krastinik, unter dessen Namen sein Drama „Die Meerbraut" aufgeführt worden, in den Himmel erhoben wird. Bleibtreu geißelt fast alle lebenden Schriftsteller Berlins, die er unter durchsichtiger Maske einführt. Da sind H. Edelmann und Haubitz, die jeden anpumpen, der großmäulige Schmoller, der Halbengländer Francis Henry Annesley, der französierte Theodosius Drollinger, der Kleiderbeschreiber Rudolf Lutsch, der patriotische Dramatiker E. v. Alvers, der Rowdie Schnapphanitzkoi, der ordensüchtige Oberst v. Dondershausen, der Lyriker Max Henkelfrug, der ränkesüchtige Lämmerschreyer, der pathetische Arno Buchsbaum u. s. w. u. s. w. — Köstlich ist auch seine Verspottung des litterarischen Vereins „Drauf" und die „Kritische Schneidemühle" der Gebrüder Haubitz und Edelmann!

Ganz schlecht ist er endlich auf die Jüngsten, die Realisten, zu sprechen. „Viele glauben Realisten zu sein, wenn sie ein paar

Verhältnisse und Ehebrüche auf dem Gewissen haben. Nächstens wird man die Befähigung zum Realismus nicht nach der Beschaffenheit der Hirnsubstanz, sondern nach der Befähigung der Genitalien beurtheilen!" (III, 113). „Diese siegreiche Armee der „Neuen" bildet doch auch nur eine buntscheckige Falstaff=Compagnie! Was segelt nicht heute alles unter der Fahne des Realismus! — Daß Gott erbarm! Kraftmeierei, Salonsäuselei, Formdrechselei!" (III, 140).

Aehnliche Aeußerungen finden sich zahlreich in Bleibtreu's Schrift „Letzte Wahrheiten" (Leipzig 1893). „Aeußerst armselig ist der Ausblick in's Unendliche, den unser neuester Realismus in seiner kindlichen Unreife gewährt. „Vor Schweinereiaufgang," „Langweilige Menschen," gewiß waschechte Meisterwerke der Neuen Kunst, aber völlig belanglos für die intellektuelle Entwickelung. Angenehmer Spieltrieb der Nachahmung, nichts weiter. Die „Moderne" ist eines jener köstlichen Schlagworte, bei dem man unwillkürlich mit spöttischem Mitleid zu trällern sich versucht fühlt: „O Tanneboom, wie grün sind deine Blätter!" Es giebt eben Leute, die durch die Umstände emporgehoben werden, so daß man ihr wahres Größenmaß nicht mehr erkennt, und [so auch] „Ideale" von Tagesströmungen, die ja ebenso rasch vergehen, wie denn heut schon einige Grünlinge von einem Neu=Idealismus phantasieren! (a. a. O. S. 68). „Planschen im Kleinen und Gemeinen, wie die Ente in ihrer Pfütze — das ist die ganze Herrlichkeit!" (S. 69) .... „Der nasse Familienjammer mit lüsternem Durchblick in's Sexuelle" (S. 71). „Nicht das Politische, das heute alles überfluthet, nicht die Vererbung sozialer Uebel interessiert diese verlotterten Franctireurs der Moderne, sondern das Herumfuchteln mit der Ehelüge. (S. 71). Der moderne Realismus wird nächstens, mit falsch verstandener Naturwissenschaftlerei, auch die Mathematik als Vorkursus für die Poesie empfehlen." (S. 101).

So viel Richtiges in dieser Polemik Bleibtreu's liegt, so bedauernswerth scheint es uns, daß er selbst sich nicht von den gerügten Fehlern der „Grünlinge" frei hält. In dem Roman „Größenwahn," wie auch in „Schlechte Gesellschaft" finden sich viele recht abstoßende Stellen („Größenwahn" I, 74, 101, 133, 135, 238, 267, 272, II, 17, 20, 51, 95).*)

Uebrigens wollen wir nicht unterlassen, die packende, geradezu dramatische Darstellung der Schlacht von Sedan rühmend hervorzuheben, welche Bleibtreu in „Dies Irae" einem französischen Offizier in den Mund legt (Leipzig 1882).

——►◄——

Auch Julius Hart, dessen Feuerseele uns auch aus dem gährenden „Sansara" entgegenleuchtet, hat in seinem sozialen Drama „Sumpf" (1886) ein ähnliches Problem wie Sudermann in „Sodoms Ende" behandelt. Auch hier geräth ein talentvoller Maler in die buhlerischen Netze eines Vollblutweibes; er opfert Tugend, Jugendgeliebte und Vater, seine Künstlerschaft und sein Charakter leiden Schiffbruch, er läßt sich von seiner Geliebten ernähren, und als sie sich, seiner überdrüssig, von ihm abwendet, giebt er ihr und sich den Tod. — Anstatt uns zu zeigen, wie ein tüchtiger Mensch in den Sumpf der Großstadt gerathen kann oder, noch besser, wie er sich tapfer daraus emporgearbeitet, schildert er uns den erfolglosen Kampf einer schwachen Seele. Nicht anders als viele jüngstdeutsche Dramen, beginnt dieses sozusagen mit dem 5. Acte, es fehlt fast vollständig an psychologischer Entwickelung. Wie in Blumenthal's „Großstadtluft," fühlt sich der Held von der Kleinstädterei angeekelt; die Tugend ist langweilig, das Laster mindestens aufregend. Wie bei Sudermann fragt er seine tugendhafte Braut: „Was ist Ehre? Was ist Schwur? Lieben will ich, ich will verbrennen in Liebe. Mädchen, sag', ob du mich so liebst? Weißt

*) Ad. Fröhlich nennt in seinem Artikel über Karl Bleibtreu (Pfälzische Presse vom 2/3. Dzbr. 1892) den Roman Größenwahn „das bedeutendste dichterische Erzeugnis im letzten Viertel dieses Jahrhunderts!" Vgl. „Gesellschaft." IX. Jahrg. Hft. 4. 1893.

du, was Liebe ist? Wenn du mich so ansiehst mit deinen todtkalten Augen, daß es mich anweht wie Frost, fühlst du da Liebe für mich? Ist das die Liebe der Keuschheit, so sag' es mir. Ich kenne sie nicht!" — Warum? Weil diesen Helden, wie oben (S. 81) gezeigt wurde, die Nachtseiten des Lebens interessanter sind als die großen sittlichen Fragen und Aufgaben, welche das helle Tageslicht geordneter Verhältnisse an uns heranbringen; weil sie unter „Gesellschaft" ein Abstraktum der Schlechtigkeit verstehen, wie es gar nicht existiert; weil sie die Liebe in der zwar auch natürlichen, aber offenbar niedrigsten Bedeutung der Geschlechts-befriedigung fassen. **Wilhelm Bölsche** spricht es in anerkennens-werther Offenheit aus: „Es gilt die Welt wieder an den Gedanken zu gewöhnen, den sie durch Metaphysik, Sentimentalität und Katzenjammer (?) so vielfach verloren: daß die Liebe weder etwas überirdisch Göttliches, noch etwas Verrücktes und Teuflisches, daß sie weder ein Traum, noch eine Gemeinheit sei, sondern diejenige Erscheinung des menschlichen Geisteslebens darstelle, die den Men-schen mit Bewußtsein zu der folgenreichsten und tiefsten phy-sischen Funktion hinleitet, zum Zeugungsacte."

Nicht einen modernen Charakter, sondern einen grüblerischen Menschen à la Hamlet in modernen Verhältnissen führt uns **Wolfgang Kirchbach** in dem Drama „Waiblinger" (1886) vor. Aus Rache, Habgier oder Verzweiflung (der eigentliche Grund wird nicht klar) ermordet ein mittellos in die Heimath zurückgekehrter Ingenieur einen reichen Gebirgsbauern. Der Ver-dacht gegen ihn regt sich, kann aber nicht bewiesen werden. Der als Untersuchungsrichter fungierende frühere Geliebte von Adeline redet ihm in's Gewissen und will ihn für unschuldig halten, wenn er das edle Mädchen zu heirathen wage. Waiblinger thut es; sein Hochzeitstag fällt mit der Eröffnung der von ihm gebauten Bahn zusammen. Da zwingt ihn sein Gewissen zum Geständnis — seine Braut wird wahnsinnig, er selbst stürzt sich in den Ab-grund. Das Moderne an dem Stücke sind die Beschäftigungen: Afrikaforschung, Bahnbau, Minenlegen, Bergesprengen, sonst wenig. Wirkungsvoll hat der Verfasser die Gegensätzlichkeit der deutschen Stämme nach Geist und Dialekt darzustellen versucht.*)

Als einen feinen Seelenkenner zeigt sich **Wilhelm Walloth** in seinem Roman „Der Dämon des Neides“ (Leipzig 1888). Er führt uns darin die furchtbaren Verwüstungen vor, die der Neid in einer Künstlerseele hervorrufen kann.

Rudolf und Karl, zwei junge Maler, bewerben sich um denselben Preis; jener malt realistisch, aber stümperhaft einen Bettler, dieser genial einen idealistisch gehaltenen Othello. Je mehr sich Karl's Bild der Vollendung nähert, desto heftiger wird Rudolf's Neid, so daß er zuletzt beschließt, seinen Freund, den er bald nicht allein beneidet, sondern auch haßt, umzubringen. — Zunächst stiftet er Karoline, Karl's Modell und frühere Geliebte, an, ihn bei seiner Braut Ottilie anzuschwärzen, ja diese selbst zu beschimpfen. Auf einem Balle des verschuldeten Professor Näser geschieht das auch, nachdem Rudolf schon der Ottilie ihren Bräutigam lächerlich gemacht hat. Nach dem Balle gibt sich Emilie, die Tochter des Professors, einem Studenten Alfred hin, eine ganz unwahrscheinliche Scene (S. 137—140). Ebenso unwahrscheinlich ist hernach die faszinierende Wirkung, welche Rudolf im Museum auf Ottilien ausüben soll (S. 227 u. ff.). Karl geht zum Zahnarzt, wohin ihn Karoline verfolgt; und als er das Haus mit ihr verläßt, kommt es mit seiner durch Rudolf genügend bearbeiteten Braut zum Bruche. Als ihn Karoline hoffnungsvoll in sein Atelier verfolgt, jagt Karl sie hinweg und sucht Trost in seiner Kunst. Ottilie verhindert die in ihrer Schande von Alfred verlassene Emilie am Selbstmord; Rudolf hetzt Karoline zur Rache gegen seinen Freund auf. Und als dieser sein Bild vollendet und dies durch einen Schmaus mit seinen Genossen und ihren „Krähen,“ d. h. Modellen, gefeiert hat, schleicht sich Rudolf, der ein Schreiben von der Akademie erhalten, daß er wegen Talentlosigkeit aus-

---

*) Im Jahre 1887 hat Kirchbach dasselbe Drama in Versen erscheinen lassen, um es „in die Sphäre einer reinen dichterischen Erschütterung zu rücken.“

gewiesen sei, in dessen Atelier, um das Bild zu zerschneiden und den Schöpfer zu tödten. Karl kommt angetrunken herein, wird von Rudolf gegen den Ofen geschleudert, fällt auf den Holzkasten und scheint todt zu sein. Von Gewissensbissen gepeinigt, obgleich er Karoline hat in's Atelier schleichen sehen, die deshalb auch des Attentats verdächtigt wird, macht Rudolf allerlei Andeutungen; als er hört, daß Karl nicht todt ist, dankt er Gott und arbeitet rastlos, um dessen Pflege zu unterstützen. Ottilie, sobald sie von Karl's Unglück hört, eilt herbei und pflegt ihn auf's Beste. Sie ahnt den Thäter und behandelt Rudolf kalt und hart, so daß dieser schon daran denkt, auch sie aus dem Wege zu räumen. Doch die Angst macht ihn fast wahnsinnig; er beschließt mit Emilien, deren Leid ihm Schadenfreude verursacht, zu sterben und erschießt sich, nachdem ihm ein Besuch bei Karl die traurigen Verwüstungen gezeigt, die jener Fall bei ihm angerichtet hat.

Wie gesagt, der allmählich wachsende Neid Rudolfs, das Emporkommen seines Hasses, das Gemisch seiner Eitelkeit und Selbstverachtung, sein Ekel vor sich selbst und seine Selbstvergötterung, ferner die Macht des Gewissens und die Trübung seines Selbstbewußtseins sind vortrefflich geschildert. Wir heben nur eine Stelle hervor, um dies zu beweisen. S. 336 heißt es: „Während seine Gedanken wirr durcheinander schossen und seine ganze Natur sozusagen außer Rand und Band gerieth, blieb jedoch, was ihm selbst auffiel, ein Punkt in ihm völlig gleichgültig, ja spielte den hämischen Aufpasser all seines Thuns und Denkens. Immer noch stierte er nach jener finstern Stelle, an der Karl liegen mußte, ohne sich zu regen. Dabei war es ihm, als wimmerte es in seinem Herzen laut auf, klagte, schrie entsetzt über seine That, aber das war Täuschung, er stand völlig stumm, wie an Gliedern und Geist gelähmt. Er sah sich selbst in der Phantasie die Hände ringen, weinen; sich die Haare raufen, sich verfluchen, that aber in Wirklichkeit nichts dergleichen und empfand mit seinem Phantasiebild Mitleid. Dazwischen lallte immer jener eine neutrale Punkt in ihm ganz kalt und gleichgültig: „Sonderbar, jetzt ist er todt!" u. s. w.

Viele Stellen zeugen von W. Walloth's psychologischer Beobachtungsgabe, so die beiden Ichs in Rudolf S. 329, seine Schadenfreude S. 394, die Scene im Schlachthause S. 188, sein Traum S. 195, seine Neigung sich zu verrathen S. 343 und S. 373, die Scene zwischen Karoline und Ottilie S. 116 u. ff., Rudolf's erstes Attentat mit der Papierscheere S. 168 u. ff.

Auch das erkennen wir gern an dem Roman an, daß der Dämon des Neides als etwas Scheußliches, Verhängnisvolles geschildert, daß die Schuld Rudolf's, Emilien's und auch Karl's als Ursache von Unglück und Strafe aufgefaßt wird. Leider aber wird das Buch durch einige Stellen arg entstellt, welche leicht zu vermeiden waren und noch auszumerzen sind, ohne dem Ganzen zu schaden. Wir meinen jene widerliche Situation, in der Rudolf die betrunkene Karoline trifft (S. 198), die Nachtscene bei Emilie (S. 137), das Lob des Dirnenthums (S. 209), die Schilderung der männlichen Ausschweifung (391) und mancher häßliche Ausdruck (S. 20, 22, 59, 131, 207, 340). — Wozu das? Ist das Kunst oder Natur?

Eine spezielle Seite der sozialen Frage hat Jos. Wiener zu lösen unternommen: „Trude Schneider" (1891) ist ein Roman, der sich der verkannten Kellnerinnen annimmt, um zu zeigen, daß diese Heben meistentheils Engel sind. Trude wird, nachdem sie mit einem Kommis ein nicht ganz unzweideutiges Verhältnis angefangen, aus Noth Kellnerin; ihretwegen provoziert dann ein Referendar ein Pistolenduell. Das Ganze ist unwahrscheinlich nach Voraussetzung, Entwickelung und Lösung, wird aber durch erotische Scenen pikant gemacht, die durch ihren Naturalismus an H. Conradi und W. Arent erinnern. — Daß die Werke der Jüngstdeutschen sich viel mit Kellnerinnen beschäftigen, haben wir schon gesehen; wir wollen hier nur an R. Bleibtreu's „Schlechte Gesellschaft" (1886), und Conradi's „Adam Mensch," erinnern.

Uebrigens fordert die Billigkeit, daß wir M. G. Conrad in mancher Beziehung von den argen Uebertreibungen der Gründeutschen freisprechen. Sein Münchener Roman „Die klugen

Jungfrauen" (3 Bde. Lpz. 1889), ein Theil seines Münchener Romancyklus „Was die Isar rauscht," führt uns die lächerliche Aufregung vor, welche in dieser Kunststadt durch den von dem „seligen," einst sehr liederlichen Guggemoos testamentarisch erlassenen Preisbewerb um das beste Bild „Die klugen Jungfrauen" losbricht. Sämmtliche Maler sind in Aufregung, denn der große Preis lockt; aber auch der Professor der Ästhetik Hirneis, Prof. Schnürle und vor allem die „tugendhaften" Kreise der Hauptstadt Baierns. Zwar finden sich auch viele stark-naturalistische Ausdrücke und Stellen: die Scene im 2. Bande, wo die Baronin Kleebach-Kilpo ihre Nebenbuhlerin Monika völlig entkleidet und mißhandelt, ist geradezu scheußlich; überhaupt stößt die Charakteristik jener sauberen Dame, die neben zahlreichen Männern auch ein Mädchen lesbisch liebt, auf's höchste ab. Aber auch das Zusammensein Johanns mit seiner dicken Pepi ist unschön. Ausdrücke, welche jedem feineren Gefühl hohnsprechen, sind nicht selten, so Bd. I, S. 101, 171, 265; III, 27, 28, 199, 203 u. a. Oder auch Sätze, wie: „Die Ehe ist das große Feigenblatt dieser heuchlerischen Schweinewelt," noch dazu im Munde eines jungen Mädchens, sind uns unerträglich.

Andrerseits erkennen wir gern an, daß die Tendenz des Romans eine gute, löbliche ist. Conrad will uns im Architekten Zwerger und Dr. Hammer, dem Redakteur, zwei Freunde zeigen, deren offene, mannhafte Natur Front macht gegen das abscheuliche Scheinwesen, wie es sich in Gesellschaft, Verwaltung, Kunstschwärmerei, Freimaurerthum u. s. w. geltend macht. Ganz vorzüglich getroffen sind manche Typen: so der schwächliche Dr. Flinsler, der Meister vom Stuhl Rohleder, der Großkaufmann Schwarz und der Jobber Nordhäuser, wie auch einige Damen, z. B. Frl. Schwinghals, Frau Dietelinde, während die schon genannte Baronin und Flora Kuglmaier offenbar stark übertrieben sind. Im ganzen müssen wir dem Verfasser scharfe Beobachtungsgabe und plastische Darstellung nachrühmen.

Ein sozialer Roman, welcher den Kampf zwischen der alten und neuen Zeit auf praktischem Gebiete schildert, ist **Max Kretzer's** „**Meister Timpe**" (1888). In kleinem Rahmen wird uns der unversöhnliche Gegensatz zwischen Handwerk und Fabrik zur Anschauung gebracht, wobei als treibende Kräfte die Liebe, resp. Genußsucht nachgewiesen werden.

Johannes Timpe, ein tüchtiger Drechslermeister, wohnt im eigenen Häuschen mit Weib und Kind in der Köpenickerstraße; sein alter blinder Vater Gottfried hat ihn schon oft davor gewarnt, gegen seinen einzigen Sohn Franz zu nachsichtig zu sein. Doch Meister Timpe wünscht, daß sich dieser einmal nicht so quäle wie er selbst, er läßt ihn daher Kaufmann werden; bald genießt er das Zutrauen seines Chefs Urban, nimmt aber auch die Manieren reicher junger Kaufleute an. Dadurch, daß Herr Urban die Witwe Kirchberg, deren Gehöst an das Meister Timpe's stößt, heirathet, und dort alsbald eine Fabrik zu errichten beginnt, wird die Ruhe des Braven gestört. Mit ungewissem Bangen sieht er die rothen Gebäude neben sich emporwachsen. Weil er Urban's Angebot, ihm sein Grundstück abzukaufen, ausschlägt, zürnt ihm dieser. Aber noch mehr: er entfremdet ihm allmählich ganz seinen Sohn, so daß dieser immer seltener nach Hause kommt, sich mit Emma Urban verlobt, ohne seine Eltern davon zu benachrichtigen, ja sogar Vater Timpe einige werthvolle Modelle stiehlt!

Mit Hülfe dieser, durch sein Kapital und seine Fabrik lockt Urban ihm nach und nach alle Kunden fort, so daß Timpe immer weniger Gesellen beschäftigen kann. Als Franz, angelockt von der ihm nahe in Aussicht gestellten Hochzeit, ihm nochmals Modelle — diesmal bei Nacht — entwendet, hört ihn der blinde Großvater und stirbt am Schlagfluß. Meister Timpe ahnt auch den Thäter, verheimlicht es aber, um seine Familie vor der Schande zu bewahren. Trotzdem es mit ihm immer mehr bergab geht, sucht er den Schein des wohlsituierten Mannes zu bewahren, da ihn alle Leute für reich halten. Den Versuchungen seines braven Altgesellen Bayer, der sogar ohne Lohn bei ihm fortarbeitet und ihn für die Sozialdemokratie gewinnen will, setzt er tapferen Widerstand entgegen. Er lebt nur still für sich hin, menschenscheu und — dem Schnaps ergeben. Als aber auch sein treues Weib gestorben und er an den Bettelstab gekommen ist, als er vergeblich für sein durch die Stadtbahn entwerthetes Häuschen Miether sucht — da läßt er sich von Bayer in eine sozialdemokratische Wahlversammlung führen. Die Schilderungen des Arbeiter-Elends, der lange aufgesammelte Haß und der plötzliche Anblick seines mißrathenen Sohnes veranlassen ihn zu einer ergreifenden Rede, welche mit der Aufforderung endet, die Fabriken dem Erdboden gleichzumachen! Halb ohnmächtig und fiebernd wird er nach Hause gebracht. Als er sich von einer Krankheit, in der ihn Bayer und dessen Schwester verpflegt haben, erholt hat, treibt er seine Wohlthäter aus dem Hause und, da morgen die Gläubiger ihm alles abpfänden wollen, er selbst aber wegen seiner Rede zur Verantwortung gezogen werden soll, so verbarrikadiert er sich und sucht den Tod in den Trümmern seines alten Häuschens!

Man wird durch die Lektüre dieses Buches, welches eine Seite der sozialen Frage mit Ernst und Einsicht behandelt, tief ergriffen. Der Gegensatz zwischen alter und neuer Zeit, zwischen Handwerk und Fabrik, Arbeit und Kapital, Arbeitgeber und Nehmer ist anschaulich geschildert. Man muß den Ausführungen, welche Kretzer durch den Mund Timpe's und Bayer's thut, im ganzen Recht geben: Das Fabrikwesen ist der Untergang des guten Handwerks und des Mittelstandes. Tragisch verschärft wird jener Konflikt noch durch die Schlechtigkeit von Franz Timpe, der Eltern und Großvater verachtet und, geblendet von der Aussicht auf Reichthum, sich als einen Undankbaren, Liederjahn und Hausdieb erweist. Am besten ist die Charakteristik Meister Timpe's gelungen: Aus Affenliebe verzeiht er seinem Sohn, aus kindlicher Liebe zum blinden Vater will er sein Grundstück nie und nimmer verkaufen; aus Trotz und Stolz verschmäht er jeden Trost, jede Hülfe, jedes zweifelhafte Mittel. Nur im Uebermaße seines Schmerzes hat er wie ein Sozialdemokrat gesprochen, die Lehre der Partei ist ihm „Mumpitz," im Herzen ist er treu monarchisch geblieben, hat er sterbend an die feuchte Kellerwand gekritzelt:

„Hoch lebe der Kaiser!" — Auch die andern Personen machen zum Theil den Eindruck großer Lebenswahrheit; wenn auch Frau Timpe, Emma Urban und ihre Mutter etwas verschwommen sind, so wirken der blinde Großvater, der Gesell Bayer und der Nachtwächter und Schuster Krusemayer desto packender. Die Sprache ist angemessen und selbst in den sozialistischen Partien maßvoll. Wir halten „Meister Timpe" für Kretzer's beste Arbeit.

Dasselbe Thema, den Kampf zwischen Fabrik und Handwerk, hat E. v. Wildenbruch in „Meister Balzer" (1892) dargestellt (in Berlin aufgeführt am 2. November 1892). *) Meister Balzer ist ein ehrsamer Uhrmacher in Rathenow, welcher aus Verzweiflung darüber, daß eine Fabrik in Rosengarten billigere Uhren anfertigt, als er sie liefern kann, sich mit seiner Tochter Lotte ertränken will, dies jedoch aufgibt, als sein Geselle Otto ernstlich um dieselbe anhält. Leider hat der Dichter den Kampf und die Katastrophe nicht, wie Kretzer, in die Familie verlegt, sondern führt uns Balzer in aussichtslosem Streite gegen eine Abstraktion vor. Es fehlt dem Stück an dramatischem Leben; denn Balzer ist kein tragischer Held, sondern ein Narr, der die alte Wanduhr für vernünftiger hält, als die „Zweibeinigen" (d. h. Menschen), der der Fabrik „an den schändlichen, kupplerischen Leib" möchte, ohne es doch zu können, der nicht Schläge austheilt, sondern nur empfängt und allerlei hochtönende Phrasen sinnlosen Wüthens macht. Daß er nicht ein gewöhnlicher Handwerker, sondern ein Künstler, ein Nachkomme „der großen Uhrmacher" ist, macht seine Sache nicht besser. Denn dann könnte er ja eben etwas, was die Fabrik nicht leisten kann, und sein Schelten wäre überflüssig; kann er aber nichts Besonderes, so ist er kein Künstler, dann ist es purer Eigensinn von ihm, die ihm angebotene Werkmeisterstelle in der Fabrik nicht anzunehmen und lieber mit Weib und Kind zu verhungern. Sein Standpunkt tritt darin in seiner ganzen Ver-

---

*) Max Kretzer hat übrigens in der „Zukunft" (December 1892) diese Ähnlichkeit nicht ohne Schärfe betont.

kehrtheit hervor, daß er der Welt, die eben lieber billigere Uhren kauft, als theure, zuruft, sie verstehe ihn nicht. Richtiger urtheilt vielmehr der Hausknecht Wilhelm: „Der Olle ist jejen den Fortschritt!" Daß die Fabrik, wie er sagt, Pfuscherarbeit macht, ist doch, meint Otto, erst noch zu beweisen.

Wie die Voraussetzung des Dramas verfehlt ist, so krankt Meister Balzer selbst an Unwahrscheinlichkeit. Für einen Rathenower Uhrmacher führt er viel zu pomphafte Reden; er verflucht alle, die den Namen der Fabrik nur erwähnen; er will sie mit einer Uhr à la Thomas in die Luft sprengen; er will sich an seiner Wanduhr aufhängen oder mit seiner Tochter in's Wasser gehen — und plötzlich? Als der aus dem Hause gejagte Geselle Otto, dessen Liebe zu Lotte von der ersten Scene an uns und dem Meister bekannt ist, kommt, von dunkler Ahnung getrieben (?), daß Lotte in's Wasser gehen will — da ist er plötzlich umgewandelt; er nimmt die Werkmeisterstelle an, und das Stück schließt mit einem Lobe auf die neue Zeit, die Fabriken und die Arbeiterschutzgesetzgebung!

In anderer Hinsicht gehört Hermann Bahr's Drama „Die große Sünde" (1889) hierher; denn wie Sudermann nachweist, daß die Ehre im Grunde nichts ist, so sucht uns Bahr zu zeigen, daß alles Parteigetriebe eitel Humbug ist. Wir haben hier also fast dasselbe Thema wie in Ibsen's „Volksfeind." Heyden, ein blonder Träumer, ein ehrlicher Idealist, wird von dem politischen Verein „Opposition" eingefangen und, ohne daß er es weiß und will, zum Haupte gemacht. Doch als er von leeren Phrasen zu Thaten übergehen will, macht er die Entdeckung, daß alle Vorstandsmitglieder, die er bisher als Volksfreunde hochgeschätzt hat, hohle Zungendrescher sind, und er wandert wegen Volksaufreizung in's Gefängnis. Als er wieder nach Hause kommt, erklärt ihm seine Frau kaltblütig, wenn auch mit einem rohen Auflodern sinnlicher Regung (S. 102), daß sie ihn aus Rücksicht auf ihre Familie verlassen müsse. Hierüber wird er so wüthend, daß er sie zu Boden wirft, mißhandelt und endlich erdrosselt. Irrsinnig geworden, stürmt er davon, um (im 5. Akte) in die Orgie zu gerathen, welche seine betrunkenen Freunde vom Vorstande mit frechen Dirnen feiern, und hier in gespenstischem Tone von der „großen Sünde" zu faseln.

Was ist nun aber diese? Aus dem Stücke, das dem Großmeister des modernen Dramas, Henrik Ibsen, „in ehrfürchtiger Liebe" gewidmet ist, erkennt man es nicht. So anerkennenswerth Bahr's Talent in der Vorführung von Massenscenen ist, die freilich meist in greulichen Tumult und ausgelassenstes Wesen übergehen, so fehlt ihm doch sowohl die richtige Aufstellung des Problems wie dessen Lösung.*)

⟶>⟵

Mit Vorliebe behandeln die Jüngstdeutschen „fehlgetretene" Mädchen, welche ihrem arglosen Gatten meist nichts mit in die Ehe bringen, als einen geheimen Fehltritt, und deren Gewissen sie später dazu treibt, ihm diesen dunklen Punkt in ihrem Leben möglichst geschickt beizubringen.

So z. B. Conrad Alberti (Pseudonym für K. Sittenfeld) in seinem Drama „Ein Vorurtheil" (1892). Emma Halberts hat in Paris, ihrer kranken Mutter zu Liebe, gesündigt. Als sie sich später in einem photographischen Atelier ehrlich ihr Brot verdient, verliebt sich der Reg.-Assessor v. Beck in sie und heirathet sie. Wie in „Helga", im „Besuch" u. a. Stücken, erscheint ihr Verführer, Robert Sellmann, verlangt die Fortsetzung ihres ehemaligen Verhältnisses, und als Emma ihn entrüstet abweist, rächt er sich durch gemeine Indiskretionen — ein Pistolenduell, Selbstdemüthigung und Vergebung führen zum guten Ende. Das „Vor-

---

*) Sein jüngst (8. Juni 1892) im Berliner Lessing-Theater aufgeführtes Stück „Eine häusliche Frau," ein abstoßendes Gemisch von Naivetät und Cynismus, fand allgemeine Ablehnung; selbst die naturalistischen Heißsporne konnten diese mit naturalistischem Schmutz verbrämte Benediriade nicht loben!

urtheil", welches Alberti bekämpft, ist die Ansicht, daß ein bescholtenes Mädchen für immer verloren sein soll; vielmehr steigt in seinen Augen ein Mädchen, das seine Liebe in Leidenschaft frei verschenkt! — Wir sehen von den mancherlei Ungeschicklichkeiten in der Technik ab, besonders der Unwahrscheinlichkeit der drei Hauptpersonen: Beck's, Emma's und Sellmann's; wir fragen nur: wohin sollte die Gesellschaft kommen, wenn des Verfassers Ansicht allgemein würde?

Auch **Richard Voß**, der Dichter von „Alexandra," „Brigitta" und „Eva," hat in dem Volksstück „Der Väter Erbe" (1891) dem sozialistischen Naturalismus seinen Tribut gezahlt. Entstanden unter dem Eindruck der erschreckenden Berliner Bankbrüche, wollte das Stück wohl den Antisemitismus bekämpfen. M. Weber, der Pächter einer großen Ökonomie, ist ein äußerlich rechtlicher, aber selbstsüchtiger und harter Mensch; so zeigt er sich gegen den alten Jakob, dessen Tochter von seinem Sohne Fritz geliebt wird; so auch gegen den Besitzer seiner Pachtung, der Bankrott macht, und dem Weber kaltblütig das Pistol zum Selbstmord überreicht. Doch der Unglückliche will sich noch einmal emporzuarbeiten versuchen. Ein Holzhändler Müller erregt nun in Fritz die Lust zum Spekulieren und die Gier nach Geld; der Vater übergiebt ihm die Pachtung, die jetzt sein Eigenthum geworden ist; Fritz wird ein Verschwender, verläßt Jakob's Tochter, Grete, um die Tochter des reichen Zimmermeisters als Braut zu erhaschen, ja fälscht, damit er seine Besitzung als schuldenfrei hinstellen könne, die Unterschrift seines Vaters! Um die Familie vor dem Schlimmsten zu bewahren, erkennt der alte Weber sie an. Die Tochter Jakob's, welche sich Mutter fühlt, wird von Fritz in's Wasser gestoßen, und der alte Weber, der von Jakob den Sachverhalt erfährt, tödtet seinen Sohn durch eine Eiche, die er auf ihn fallen läßt! — Das Stück ist arg naturalistisch. Beide, Vater und Sohn, sind ganz unwahrscheinlich, ebenso der alte Jakob und seine Tochter Grete. Auch der Titel entspricht nur äußerlich dem Inhalte; höchstens wird er durch die Unterhaltung zwischen Martin Weber

und dem Juden Heimann angedeutet, worin der jüdischen Erwerbs-
fähigkeit ein Kompliment gemacht wird.

Wie mächtig der Zug des Realismus in unserer Zeit ist,
dafür ist nicht nur der eben angeführte R. Voß, sondern auch
Ernst v. Wildenbruch Zeuge, dessen „Haubenlerche“ (1890)
vielfach naturalistische Anklänge hat.

Schon in seinen Novellen hat er sich als scharfer Beobachter
des großstädtischen Lebens gezeigt, und so war zu erwarten, daß er,
vom Mittelalter zur neueren deutschen und preußischen Geschichte
vorschreitend, auch die Gegenwart in den Kreis seiner Darstellung
ziehen würde.

Die Haubenlerche ist Lene Schmalenbach, die Tochter
der Wittwe eines Fabrikarbeiters, die sich durch ihr stets heiteres
Wesen, ihre Liedchen und ihr sauberes Häubchen jenen Namen bei
den Arbeitern einer Papierfabrik verdient hat. Paul Ilefeld, der
1. Büttgesell, bringt ihr eine bescheidene Neigung entgegen, welche
von Lene hoffend erwidert wird. In seinem Gegensatz zu diesem
fleißigen, ordentlichen Menschen ist Ale Schmalenbach gebracht,
ein Schwager von Lenens Mutter, ein sozialdemokratischer, doch
wegen seiner Unklarheit und Gutmüthigkeit unschädlicher Krakehler.

Den Arbeitern stehen der Fabrikbesitzer Aug. Langenthal,
sein bummeliger Stiefbruder Hermann und ihre Cousine
Juliane gegenüber. Herr August, ein edeldenkender Idealist,
will das Wohl seiner Arbeiter. Er läßt sich zu ihnen herab,
ohne sie jedoch zu heben. Denn die sogenannte Bildung führt, meint
er, zur Verstellung, Seichtheit und Unsittlichkeit. Ebenso ver-
fährt er auch gegen seinen Bruder eigenmächtig, indem er ihn wider
dessen Willen in der Fabrik festhält. Den Gegensatz zwischen beiden
Brüdern bezeichnet Hermann scharf durch „Moralaßke,“ womit
er seinen Bruder meint. Ueberhaupt hat Wildenbruch hier den
Berliner Jargon angewandt; aber wenn er auch die ein-

sachen Leute etwas verschieden sprechen läßt, so stößt doch die
Derbheit, ja Roheit ihrer Sprache ab.

Noch mehr der Verlauf des Stückes.

Herr A. Langenthal wirbt um Lene bei der Mutter, ohne das
Mädchen zu fragen. Lene willigt, nach einigem Zögern ein, weil
ihre Mutter dadurch eine Badereise bekommen soll — obgleich sie
doch mit dem tüchtigen Ilefeld so gut wie verlobt ist. Sie geht
in das Haus des Herrn August, wo sie sich so ungeschickt benimmt
und bald so unglücklich fühlt, daß sie dem Verführer Hermann
folgt, der ihr vorschlägt, bei Nacht aus dem Hause zu fliehen, bis
zum Morgen aber auf seinem Zimmer zu bleiben — ganz unwahrscheinliche peinliche Scenen, echt naturalistisch. Das Ganze endigt in
einer sentimentalen Liebesgeschichte, anstatt in einer sozialen Lösung.

Die beiden Vertreter der durch Geburt, Erziehung, Anschauungen und wirthschaftlichen Stellung getrennten Klassen:
Herr August und Lene, sind in sich widerspruchsvoll gezeichnet.
Jener, der wohlwollende Fabrikherr, der Gleichheitsapostel, fragt
nicht einmal diese, ob sie ihn will. Und Lene, das gesundheits-
strotzende Mädel aus dem Volke, wagt nicht ihre Liebe zu Paul
Ilefeld zu bekennen, quält sich in falscher Seelenpein herum und
verliert schließlich so jede Ueberlegung, daß sie die Schliche des
sauberen Stiefbruders nicht durchschaut. Die peinliche Verfüh-
rungsscene, welche an „Vor Sonnen-Aufgang" erinnert, war nicht
einmal nöthig!

—→←—

Aehnlich dem Wildenbruch'schen Drama, nur kräftiger, ist
L. Fulda's „Verlorenes Paradies" (1890).

Das Paradies der Unschuld, des reinen Empfindens und
Genießens, ist verloren. Als Ersatz sucht der Mensch heute Be-
friedigung entweder in aufregenden Zerstreuungen, wie Dr.
Heideck, der „Eindrücke sammelt", oder in aufreibender Arbeit:
der Techniker Arndt, der für seinen Brotherrn rastlos arbeitet.
Dieser führt dessen völlig blasierte Tochter Edith in eine neue

Welt. Sie soll eben einem Herrn „Von," dem hohlen Sohn eines berühmten Gelehrten, verlobt werden; ihr Vater will, um sein Erziehungswerk zu krönen, ein Drittel, ja die Hälfte seiner Einkünfte diesem schneidigen Hohlkopf geben, der als sein Sozius gegen Arndt und die Arbeiter hochfahrend auftritt. Der Streik bricht aus, alle Räder stehen still, und Edith, die diesem furchtbaren Auftritt beigewohnt hat, löst ihre Verlobung auf, um dem Vater die Mittel zu dessen Beilegung zu gewähren. Ob sie später Arndt, dem sie diese edlere Lebensauffassung verdankt, die Hand reichen wird, läßt der Dichter unentschieden. Man kann es aber erwarten.

Vortrefflich hat hier L. Fulda einen ganz modernen Gedanken durchgeführt. Gewiß, das Paradies ist uns Kulturmenschen, wenigstens auf den ersten Blick, verloren. Weder das stete Genießen, welches blasiert macht, noch das rastlose Schaffen, welches abstumpft, noch das mühelose und zwecklose Lungern (Dr. Heideck und der Bräutigam Edith's) macht glücklich. Und doch zeigt uns der Schluß des Dramas das verlorene Paradies als ein wiederzugewinnendes: es liegt in der auf Achtung und Gemeinsamkeit der Interessen beruhenden Liebe! Dahin gelangen Arndt und Edith. Als Folie für die Liebesgeschichte dient der Streik, ähnlich wie in R. Voß' „Der Väter Erbe" oder in M. Kretzer's „Meister Timpe." Aber wie maßvoll und doch ergreifend ist die Vorführung des Streiks! Besonders das Auftreten des alten, ehrlichen Mühlberger, der zwar ein Gegner ist von allem Rebellieren, sich aber doch, seiner kranken Tochter zu Liebe, nicht vom Streik ausschließen mag.

Sind auch hier bisweilen recht starke Töne angeschlagen, so wiegt doch, wie bei Wildenbruch, der ideale Zug vor.*)

Mit viel grelleren Farben hingegen malt Karl Böttcher in seinem Volksschauspiel „Streik" (1890). Nicht der Mangel

____

*) In seinem reizenden Schauspiel „Der Talisman" (1893) hat L. Fulda gezeigt, daß auch die moderne Dichtung ideal und packend zugleich sein kann.

an exakt wissenschaftlichem Studium, sondern an künstlerischer Vertiefung schadet diesem Stück, das nicht durch den Schwulst der Rhetorik, durch sensationelle Reden über Wasser gehalten werden kann.

Armin von Hellmuth hat wegen sozialistischer Umtriebe mehrere Jahre im Zuchthause gesessen (vgl. oben S. 121 Loth!); jetzt kommt er in die Fabrikstadt zurück, um zwischen Robert Gerlach und seinen Arbeitern zu vermitteln. Aber Adele Gerlach ist die einzige, welche in seinen Phrasen Edelmuth zu entdecken vermag, während ihr Bruder und seine Freunde ihn verhöhnen. Drei Arbeiter beschließen in einer Art von Rütli-Scene den Ausstand, ohne daß man in ihrer Lage und Charakteristik eine genügende Nöthigung dazu sähe. Die tumultuarische Volksversammlung löst der Gensdarm unter sehr unglaubwürdigem Vorwand auf, und der Streik gewinnt ein plötzliches Ende dadurch, daß Arbeiter und Fabrikant von selbst zur Einsicht gelangen, sie müßten beide nachgeben! Herr von Hellmuth, der noch kürzlich den Arbeitern seine 10000 M. zur Verfügung gestellt hatte, heirathet Fräulein Gerlach und ihr Bruder die zur Gouvernante erzogene Enkelin eines Arbeiters, die er in einem früheren Act hatte verführen wollen. Der Held des Stückes beginnt und beschließt die Handlung mit der Phrase: „Im Namen der Humanität!"

Die Anlage des Stückes erinnert theils an Sudermann's „Ehre," theils an Fulda's „Verlorenes Paradies." Weder der naive Sozialismus, noch die Figuren mit ihren langathmigen Reden sind dem wirklichen Leben nachgebildet, so daß das Drama eigentlich nicht auf die Bezeichnung eines realistischen Anspruch hat.

Auch Franz Held (eigentlich Herzfeld) zeichnet in dem 1892 auf der „Fresko-Bühne" aufgeführten Stück „Manometer auf 99" die soziale Gefahr des Streiks. *)

—⤚⤙—

*) Ganz reizend klingt übrigens seine Ansprache an das Publikum am Schlusse seiner Gedichtsammlung „Groß-Natur": „So, nun fliege vor die Füße der eilig goldsuchenden Passanten, du Handvoll Goldkörner, zu

Wieder eine andere soziale Frage behandelt R. Voß in: „Schuldig!“ (1890). Am 26. Februar 1891 am Deutschen Volkstheater in Wien aufgeführt, behandelt es ein echt jüngstdeutsches Problem, nämlich: inwieweit kann von Schuld des Individuums die Rede sein, wenn es durch Vererbung belastet und durch die Gesellschaft zum Verbrecher gemacht wird?

Thomas Lehr, ein braver, etwas leidenschaftlicher Mensch, ist vor 20 Jahren wegen Mordes verurtheilt, zu lebenslänglichem Zuchthaus begnadigt worden. Vergebens hat er seine Unschuld betheuert, der Schein war gegen ihn: man fand ihn blutbefleckt neben dem erschossenen Prinzipal, Geld in seinen Taschen, ein rauchendes Pistol an der Erde. Sein eigener Freund Wilhelm Schmidt, der hinzugeeilt war, mußte gegen ihn aussagen. Er wurde von seiner schönen, blühenden Frau und seinen beiden Kinderchen getrennt. Einige Jahre schrieb jene noch an ihn, dann hörte er nichts mehr von ihr. Plötzlich kommt seine Unschuld an's Licht: Schmidt berichtet sterbend einem Geistlichen und dann dem Staatsanwalt, daß er damals den Prinzipal erschossen, aber den Verdacht auf den zufällig eingetretenen Lehr gelenkt, um sich an Martha, die seine Bewerbungen zurückgewiesen habe, zu rächen. Zwar legt er sich wieder auf's Leugnen, doch, als ihm Lehr plötzlich gegenübertritt, bricht er mit dem Schrei: „Ja, ich hab's gethan!“ todt zusammen. Der Staatsanwalt erklärt nun Lehr für unschuldig und frei. Dieser aber fürchtet sich in die ihm völlig fremdgewordene Welt zurückzukehren —: „Schicken Sie mich nicht fort, stoßen Sie mich nicht aus, lassen Sie mich mit meinem

---

erproben, ob man noch Poesie Gold von schriftstellerischem Messing zu unterscheiden versteht. Vielleicht gebt ihr winzigen Kügelchen denen, die sich nach euch bücken, eine Ahnung von dem Reichthum an hochgehäuften Goldbarren und Krösusgeschmeiden, die ich in meinen Schatzkammern berge! Da es denn doch zu grausam wäre, dies Schatzhaus bis nach meinem Tode versperrt zu halten, so bitte ich die 500 kunstsinnigsten Sprößlinge des Volkes der Dichter und Denker, einen Monat lang je 10 Seidel Pschorr weniger zu trinken und von dem so Erdarbten auf meine Gedichte zu subskribieren. Vielleicht giebt's doch einen Rausch.“

tobten Herzen nicht wieder in die lebendige Welt!" (In höchster Erregung seine Hände hebend): „Lassen Sie mich bleiben!" Doch die Hoffnung, seine Frau, welche damals allein an seine Unschuld geglaubt hat, wiederzusehen, beschwichtigt ihn.

Der 2. Aufzug macht uns mit Lehr's Familie bekannt. Verlassen, verachtet und verstoßen von allen, ist Martha mit ihren Kindern in die Hände eines teuflischen Menschen gefallen, des Schnapsbudikers Kramer, der durch seine Brutalität sie um jede Energie, ihre Kinder Karl und Julie um allen sittlichen Halt gebracht hat. Karl, welcher in der Lehre ist, hat sich dem Trunke ergeben, Julie besucht gern zweifelhafte Tanzböden. Jener hat einen tiefen Haß auf Kramer geworfen, weil er in ihm die Ursache ihres Elends erkennt. Es ist rührend zu sehen, wie das bessere Ich in beiden Kindern mit ihrer durch Gewohnheit dem Laster fast anheimgefallenen Natur kämpft. Julie hofft auf den „Rechten," mit ihm will sie ein neues, besseres Leben anfangen; Karl ist fleißig und bei seinem Meister beliebt, beide lieben ihre elende, schwache Mutter, obgleich sie ihr zürnen, daß sie aus Scham den Vater nicht besucht, nicht mehr an ihn geschrieben hat. Da bringt Kramer einen Geschäftsfreund, Berger, um an ihn Julie zu ver-schachern; aber angezogen von ihrem eigenartigen Wesen, verliebt er sich in sie und macht ihr einen reellen Antrag. Vergebens macht inzwischen Karl einen Versuch, seine Mutter aus Kramer's Klauen loszureißen — sie ist zu tief gesunken, sie mag ihm nicht in ein lichteres Dasein folgen. Deshalb beschließt er, des Lebens müde, ihn zu tödten. Da tritt Lehr in Begleitung des Assessors ein und bittet diesen ihn allein zu lassen. Umsonst warnt ihn der menschenfreundliche Mann, er muß gehen.

Im letzten Aufzug ist Lehr zunächst Zeuge der jubelnden Erzäh-lung Juliens von Berger's Liebeserklärung, die er auch aufrecht erhal-ten hat, als sie ihn mit ihren Familienverhältnissen bekannt machte.

Martha (heftig): Was sagte er über deinen Vater?

Julie (zaudernd): Gräßlich wär's. Aber so lange her. Er käme ja auch nie wieder, und wir hätten uns zum Glück von ihm losgesagt.

Martha (mit verhaltenem Jammer): Für diese und jene Welt.

Lehr (erstickt im Stöhnen, sinkt zurück).

Nun folgt eine ergreifende Scene zwischen Lehr und seinem Sohne Karl, der sich durch starken Branntweingenuß Muth trinken will zur Ermordung Kramer's. Er wird immer wilder, „blutrünstiger,“ je mehr ihn Lehr zu mäßigen sucht. Auf Karl's Frage, wer er sei, antwortet er (S. 61): „Kein Mörder. Aber ein Mensch, der solche Stunden kennt, wie sie heute über Ihre arme junge Seele gekommen: nachtschwarz, mit flammenden Blitzen, heulendem Sturm. Von Gott und Welt verlassen lag ich und war wie ein Mensch in letzter Noth und schrie den Himmel an: Gethan hab ich's nicht, aber ich könnte es thun — jetzt könnte ich's thun. Herr, Herr, führe mich nicht in Versuchung!“ — Durch seine herzlichen, eindringlichen Vorstellungen erreicht er es denn auch, daß Karl das Beil, das er schon zu sich gesteckt hatte, hinter sich wirft und hinauseilt, um sich zu sammeln, zu beruhigen. Da kommt Martha — Lehr will entfliehen, kann aber nicht — sie erkennt ihn. Als sie erfahren, daß er frei, daß er unschuldig ist, will sie hin, um seine ungerechten Richter öffentlich anzuklagen. Doch auf seine Frage, ob sie nicht vergeben konnte, bittet sie ihn selbst um Verzeihung, daß sie aus Scham sich nicht mehr um ihn bekümmert habe. Ihre Andeutung des unwürdigen Verhältnisses zu Kramer bringt Lehr in Wuth. Und als nun jener draußen pocht, endlich eingelassen wird und Martha verhöhnt, beschimpft, ja sie zu schlagen droht, da ergreift Lehr, seiner nicht mehr mächtig, das Beil, das Karl von sich geworfen, und tödtet den Schurken. Julie stürzt halbangekleidet aus dem Schlafgemach und schreit „Mord, Mord!“ Karl bricht sich durch die Menge Bahn und ruft entsetzt: „Laßt ihn fliehen, gebt ihn frei, rettet ihn! Er that, wovor er mich bewahrte!“ Der Assessor erscheint und Lehr spricht: „Gerade zur rechten Zeit, Herr Assessor! Sie können mich gleich wieder dahin bringen, woher wir heute gekommen!“

Assessor (außer sich): Sie ein Mörder? Das ist unmöglich!

Lehr: Sehen Sie dorthin: ob es unmöglich ist!" (Hoch auf=
gerichtet, gewaltig): Und dieses Mal — (schlägt sich mit beiden ge=
ballten Händen an die Brust) — schuldig, schuldig, schuldig! Eure
unfehlbare Gerechtigkeit und der Himmel wissen, wo durch."

Wir haben hier eine Tragödie im großen Stil vor uns.
Die Geschichte von Enoch Arden ist mit der des Ödipus verbunden.
Wie jener, kehrt auch Thomas Lehr zurück, aber nicht unglücklich
allein, sondern belastet mit dem Fluche der Schande, mit dem
Fluche einer ungerecht erlittenen Strafe. Wie Ödipus ist er ein
Spielball des Schicksals. Der „frische, fröhliche Mensch" (S. 25),
der glückliche Gatte und Vater wird ganz ohne sein Zuthun des
Mordes beschuldigt, wird verurtheilt und verbringt 20 Jahre voll
Zorn, Wuth, Rachsucht, Demüthigung und Selbstzerfleischung im
Zuchthause. Wider Willen freigekommen, eilt er zu seiner Frau,
findet sie als „Destille-Verkäuferin", hört, daß seine Familie nichts
mehr von ihm wissen will, und daß er durch sein Erscheinen alle
unglücklich machen würde, am meisten seine Tochter. Schon will
er sich fortschleichen, da erkennt ihn sein geliebtes Weib, das die
Freude verschönt. Aber sein Schicksal hat ihm kein Glück be=
schieden; der satanische Schurke Kramer, der sie so viele Jahre
mit boshafter Absicht gequält hat, erscheint und mißhandelt sie —
da erwacht in Lehr die alte Leidenschaft — er schlägt ihn nieder
und wird nun wirklich, wofür man ihn 20 Jahre lang gehalten
hat — ein Mörder! Ist er schuldig? Gewiß! Nach antiker An=
schauung zwar nicht. Sophokles bezeichnet mehrfach Ödipus als
unschuldig (Ödip. V. 1300—1302, 1345): „Phöbos hat all sein
Leid hervorgebracht, ein feindseliges Schicksal, weil er den Göttern
so tief verhaßt war!" Und doch — blickt man tiefer, so liegt seine
Schuld in dem Jähzorn, in welchem er des Laios, der ihm im Eng=
paß begegnete, Jähzorn vergalt. So auch der Held unseres Dramas:
auch er ist unschuldig scheinbar, aber seine Leidenschaftlichkeit, welche
ihn schon vor 20 Jahren verdächtig machte, führt ihn auch jetzt
in wirkliche Schuld. Freilich — eine Ungerechtigkeit, eine Art
von Justizmord war es, und daß Lehr nun ergraut, verbittert,
stumpf geworden, ist Schuld — der Gesellschaft. Ebenso auch,

daß Martha, Karl und Julie so tief gesunken sind. Und doch
wie bei ihrem Vater, so läßt sich auch an ihnen die persönliche
Schuld nachweisen, die sie zum Theil fühlen und aussprechen.
Freilich wird sie, bei den Kindern wenigstens, durch die Vererbung
etwas gemildert; noch mehr durch ihre verfehlte Erziehung. Und
doch, gerade durch Vererbung hatten sie ja, da sie vor Lehr's
Verhaftung geboren wurden, keine ethische Belastung, und die Erziehung ihrer Mutter, die sich mehrfach beklagt, daß sie keine Gewalt über sie habe, schließt Selbstentscheidung keineswegs aus.
Jedenfalls glauben wir nicht zu irren, wenn wir den bedeutenden
Psychologen R. Voß von dem Vorwurfe freisprechen, etwa die
jüngstdeutsche — Zola-Theorie stützen zu wollen. Und so realistisch das Stück ist, so hält es sich doch von dem Schlamme
mancher naturalistischen Leistungen fern!

Den Vergleich mit Rich. Voß fordert geradezu Wilh. Meyer
heraus mit seinem Drama „Unsichtbare Ketten," in welchem
uns auch die Geschichte eines Zuchthäuslers geboten wird.
Der Arzt Albrecht Schall hat 5 Jahre im Zuchthaus verbüßt
unter dem Verdacht, einen Verehrer seiner Braut ermordet zu
haben. Seine Unschuld kommt an den Tag und er wird frei.
Aber die Philister in seinem Städtchen ziehen sich von ihm zurück,
er kann keine Praxis gewinnen, selbst seine Familie wird ge-
mieden. Trotzdem ihm nun die ganze Welt offen steht, bleibt er
und verbeißt sich in den Kampf gegen Vorurtheil und Bosheit;
ja er sucht die Bürgerschaft absichtlich zu ärgern, indem er zwei-
deutigen Umgang pflegt. Ein Zuchthausgenosse, ein entlassener Verbrecher, sucht ihn nämlich auf und zieht ihn mehr und mehr in
ein Schlemmerleben hinab. Mit sich und der Welt zerfallen, erhebt
Albrecht schließlich die Mordwaffe gegen seine Gattin!
Diese hatte zuerst Jahrelang um ihn getrauert. Als aber
endlich Bernhard, sein Bruder, sich eifrig um sie bemühte, will
sie sein Weib werden. Nun kommt Albrecht und sie wird aus
Mitleid seine Gattin. Als er jedoch immer tiefer sinkt und in
Noth und Elend seine Liebe verleugnet, will sie seiner Aufforderung,

die Stadt mit ihm zu verlassen, nicht folgen. Aus Eifersucht auf Bernhard will er sie erschießen. Da stürzt sie ihm zu Füßen — der Liebe Macht ergreift sie und sie verspricht ihm zu folgen!

Unsichtbare Mächte sollen also Albrecht an die Verbrecher= welt ketten, meint W. Meyer; die Charakteristik des in Leben, Licht und Luft zurückkehrenden Sträflings ist wohl gelungen, das Dämonische hingegen, das ihn zum Verbrechen treibt, nicht. Luise, die Gattin, deren wechselnde Stimmungen unklar und unwahr= scheinlich sind, ist wahrscheinlich eine Nachahmung von Ibsens Nora; überhaupt merkt man dieses nordischen Dichters Vorbild an der ganzen Scenerie, sowie an der satirischen Behandlung kleinbürger= licher Verhältnisse. Im Ganzen nimmt sich Meyer's Arbeit neben derjenigen Voß' aus wie ein schülerhafter Versuch neben einem Meisterwerk.

Die sozialistischen Bestrebungen der Gegenwart im historischen Gewande vorzuführen und dadurch in idealerem Lichte erscheinen zu lassen, versucht C. Alberti (Sittenfeld) in seinem Drama „Brot" (1888), welches am 30. Nov. 1890 auf der „Deutschen Bühne" im Thomas=Theater in Berlin aufgeführt wurde. Wie in P. Heyse's „Merlin" der Held Georg durch seinen „Spartacus" die Gegen= wart zu beeinflussen sucht, so will Alberti gleichsam durch die Blume der Geschichte unserer Zeit predigen. Der Bauernkrieg von 1525 bietet dem Verfasser in der That Parallelen genug. Wir hören daher aus dem Munde des Thomas Münzer und seiner Freunde dieselben Schlagwörter: Gleiches Recht für Alle, Gemein= schaft der Güter u. a. Aber wenn auch in den drei ersten Acten manches Packendes ist, besonders die Scene, wo der Sozialist den Reformator Luther für seine Sache zu gewinnen versucht, so krankt das Stück doch an der Verzeichnung gerade des Haupthelden. Dieser soll nach den Worten des Dichters „ein moderner, junger, genial angelegter sozialer Agitator" sein — aber was hat er aus ihm gemacht? Einen verliebten Seladon, der seine Freunde um einer jungen Gräfin willen verräth, also einen sozialen Renom= misten, von dem sein Mitstreiter Hermann Pfeifer sagen muß, sein bisheriges Leben sei nur „ein schlechter Witz" gewesen, und von dessen

Volksbeglückung Gerlind sagt, sie sei nur „ein Wahn" und „ein todter, blinder Götze!" Wir können es ihm daher nicht zugeben, wenn er das Volk für das Mißlingen der Erhebung verantwortlich macht, er selbst, seine sophistische Selbstsucht, ist am meisten Schuld daran.

Wie am Helden, so stößt uns auch sonst ein Übermaß unwahrer Sentimentalität ab, so z. B. an der geschwätzigen Amme, die als Liebesbotin der vom eigenen Vater in's Burgverließ geworfenen Gerlind in's Lager der Bauern kommt. Auch gestattet Alberti dem Zufall zu großen Spielraum, so bei Blinte's Verwundung durch Münzer, bei dessen Verrath und dem Überfall und bei Gerlind's Fortgang aus dem Bauernlager.

Die Sprache ist bisweilen kräftig und poetisch, aber auch reich an geschmacklosen Wendungen. Dahin gehören die vielen, dem Thierreich entnommenen Schimpfwörter, die meist komisch wirken, die zahlreichen alttestamentlichen Bilder, zu denen Münzer's und Pfeifer's gotteslästerliche Reden einen seltsamen Kontrast bilden; die Schlußtiraden, in denen der Dichter „mit der dröhnenden Stimme des Zeitgeistes" den Herren der Erde gute Lehren giebt.

—→><←—

Noch schärfer in's Zeug geht **Hermann Bahr** mit seinem Tendenzstück: „**Die Neuen Menschen**" (1887). Künstlerisch, dramatisch ganz unbedeutend, ist es kulturhistorisch wichtig.

Georg, Anna, Hedwig (Familiennamen giebt es nicht in der neuen Welt!) sind Idealmenschen, **Georg** ist „geistig bedeutend," er hat sich um die Durchführung des Zukunftsstaates entschiedene Verdienste erworben. **Anna**, seine Frau, die sich ihm nicht kraft der Ehe, sondern der natürlichen Zuchtwahl hingegeben hat, kämpft für die Idee, „in den alten" Verhältnissen neue Menschen hervorzubringen. Beide lesen Zeitungen und halten Reden, schreiben Bücher und Leitartikel. Bei ihnen lebt wie eine Rose **Hedwig**, freilich etwas entblättert, denn sie war früher einmal verführt worden und hatte sich herumgetrieben, aber **Georg** hatte sie gerettet. Nun ist sie wieder ganz unschuldig und schmückt ihm am Anfang des Stückes einen Weihnachtsbaum — zum Aerger Anna's. Sie liebt ihn nämlich — und nun beginnt ein abstoßender Kampf der beiden Frauenzimmer um „ihren" Georg. Diese Liebe ist die soziale Idee des Stückes. Aber sie ist nicht die Liebe der alten Menschen, idealistisch, geistig, veredelnd — nein, es ist die fleischlich-sinnliche der natürlichen Zuchtwahl. In Georg kommt es daher auch zu gar keinem moralischen Kampf oder Konflikt, für ihn ist die Frage ganz einfach: zu wem zieht es mich mehr, zu welcher habe ich mehr Lust, zur verblühten Anna, die freilich mein Wort hat, oder zur Rose Hedwig? Es ist daher ein Rückfall Bahr's in die Vorurtheile der alten Menschen, daß er Georg überhaupt fragen, zweifeln, zögern läßt. Hedwig offenbart sich alsbald als Messaline, „indem sie mit leidenschaftlicher Geberde an ihm emporfährt, als wollte sie ihn vergewaltigen und ihn nach einigem Ringen zwingt, sie sofort zu genießen!" Er läßt seine Anna zurück, nachdem er ihr den Revolver aus der Hand gezwungen hat.

Diese scheußliche Scene übrigens, welche das Prinzip der naturalistischen Jüngstdeutschen, „die freie Liebe ist das einzige Recht," in seiner frechen Nacktheit vorführt, fand am 18. Januar 1891 im „Thomas-Theater" in Berlin entschiedene Ablehnung — ein gutes Zeichen für den Sinn unseres Publikums.

Nach $1\frac{1}{2}$ Jahren finden wir Georg und Hedwig am Gardasee wieder. Er ist alt und müde geworden, denn er hat gemerkt, daß Hedwig ihr „Recht auf freie Liebe" einem jungen Schlosser gegenüber geltend gemacht hat. Während sie mit diesem auf den See hinausfährt, philosophiert er am Strande über die Vergänglichkeit des irdischen Glücks. Er will sich „zufällig" ertränken, um Hedwig kein Hindernis zu sein. Da erscheint Anna, auch „recht alt und müde," erkennt, daß es mit der Idee nichts ist, daß sie beide doch nur aus Egoismus gehandelt haben — „wir werden nie neue Menschen!"

Besser hätte Bahr sich selbst und seine Schule nicht persiflieren können — aber weit gefehlt, daß er das einsieht — er folgert vielmehr, die „neuen Menschen" sind Hedwig und der

Schlosser. Alles, was besteht, ist werth, daß es zu Grunde geht. Nicht daß Georg und Anna zur Einsicht in ihre Thorheit und Unsittlichkeit gelangten, vielmehr klügeln sie sich eine neue, noch absurdere Theorie aus.

Hier hat sich die ganze Richtung köstlich blamiert: Diese Nihilisten mit ihren hohlen Phrasen und frechen Thaten, charakterlos, gedanken- und gefühlsarm, die sich jeder Wallung des Fleisches ohne sittlichen Kampf hingeben — die sollen die Menschen einer besseren Zukunft sein? Das Stück ist eine Verherrlichung der großen gesellschaftlichen Lüge unserer Zeit, des Materialismus mit seinen Schlagworten „Freiheit, Gleichheit, Brüderlichkeit."

Aber es ist das Verdienst Bahr's, wenn auch durch unfreiwillige Selbstironie, die Karten seiner Gesinnungsgenossen offenherzig aufgedeckt zu haben.

Nachdem wir die wichtigsten sozialen Dichtungen „Gründeutschlands" betrachtet haben, glauben wir nicht zu übertreiben, wenn wir behaupten, daß gerade diese Kost für unser deutsches Volk mehr oder weniger ganz ungeeignet ist. Der Gedanke Bruno Wille's, den Arbeitern, kleinen Handwerkern und Subalternbeamten künstlerische Genüsse zu sehr billigen Preisen zu bieten und dadurch zu ihrer geistigen und sittlichen Erziehung beizutragen, ist an sich nur zu loben. Aber wenn die zu dem Zweck begründete „Freie Volksbühne" dadurch „die wahre Poesie dem Volke zugänglich machen" will, daß sie „Stützen der Gesellschaft," „Vor Sonnenaufgang" und „Ein Volksfeind" aufführte, so befindet sie sich in einem Irrthum. Freilich, schon in der konstituierenden Versammlung wurde gesagt, es sollten nur solche Stücke gegeben werden, „die eine Kritik der bestehenden Verhältnisse enthalten und einen Kampf gegen veraltete Vorurtheile führen;" und Jul. Türk, der Schriftführer des Vereins, bekannte, „daß die künstlerischen Prinzipien des Vereins mit den Bestrebungen der Sozialdemokratie parallel gehen" sollten *) — aber man sollte bedenken, daß die Kunst, wenn sie zur Magd der Agitation erniedrigt wird, die Massen nicht veredelt, sondern verroht. Das bewies auch ein litterarischer Abend der „Freien Volksbühne" in Berlin, wo nach einer Besprechung von G. Hauptmann's „Vor Sonnenaufgang" die verkehrtesten Wünsche aus dem Publikum laut wurden. Und wenn an einem andern Vorlesungs-Abend fast nur Gedichte zum Vortrag kamen, welche die Massen verwirren und aufreizen, wie Freiligrath's „Revolution," B. Wille's „Die kommende Sonne," R. Dehmel's „Die Magd," Henkell's „Statistik," Giusti's „Congreß der Spitzel", — so scheint uns das Unternehmen von seinem schönen Ziele „eine echte Bildungsstätte des Volkes" zu sein, noch sehr weit entfernt! Unsere oben ausgesprochene Behauptung, daß die Schriften Gründeutschlands für unser deutsches Vol wenig wahrhaft erziehlichen Werth haben, ist wohl bewiesen.

---

*) Vgl. „Das Zwanzigste Jahrhundert" 1890, Heft 4, S. 447.

V.

Prinzipien der neuen Richtung.

Aus dem Überblick haben wir die Tendenz der Jüngstdeut=
schen genügend erkannt. Sie ist aber auch in verschie=
denen Schriften aus ihrem eigenen Lager charakterisiert worden.*)
Eugen Wolff hat das Programm der Partei in folgende drei
Punkte zusammengefaßt:

1. Krankhafte Ziererei ist das Flüchten in die Antike; das
wahre Muster aus vergangener Zeit ist Shakespeare.

---

*) K. Bleibtreu, „Revolution der Litteratur“, Leipzig 1886. Der=
selbe, „Der Kampf um's Dasein der Litteratur“, Leipzig 1889. Conrad
Alberti, „Der moderne Realismus in der deutschen Litteratur“, Hamburg
1889. „Kritisches Jahrbuch“ v. H. und Jul. Hart. Hamburg 1889. Be=
sonders der 1. Aufsatz von H. Hart, „Die realistische Bewegung.“ E. Mauer=
hof, in der „Gesellschaft“ 1890, H. 2. P. Fritsche, „Moderne Lyriker-
Revolution“ 1889. Wilh. Bölsche, „Die naturwissenschaftlichen Grund=
lagen der Poesie 1887. „Bahn frei,“ anonymes Gedicht gegen W. Jordan's
„Deutsche Hiebe.“ Lpz. 1891. H. Merian, „Die sog. Jungdeutschen.“
Lpz. 1888. E. Steiger, „Der Kampf um die neue Dichtung.“ Lpz.
1889. H. Mensch, „Neuland.“ Stuttg. 1892.

2. Die neue Poesie besteht in Verschmelzung von Realismus und Romantik unter Bevorzugung der prosaischen Dichtung; vornehmstes Muster ist Zola.

3. Die soziale Frage und der Gegensatz der Nationalitäten sind die zwei großen Thaten der Zukunftspoesie.*)

Anton Schmid**) fügt hinzu: 4. Widerspiegelung des realen Lebens, insbesondere auch in der Kleinschilderei; die Wahrheit und Wirklichkeit hat mit photographischer Treue und ohne idealistische Zuthat zur Geltung zu kommen.

Und der Verfasser dieser Abhandlung möchte noch folgende Punkte anschließen:

5. Der moderne Naturalismus versteht Naturwahrheit nicht in ästhetischem, sondern in physiologisch-pathologischem Sinne.

6. Er fordert, daß in Leben und Dichtung das Sinnliche, Gemeine herrsche, besonders auch in der Liebe.

7. Er wendet die naturwissenschaftliche Betrachtung auf die Poesie an und leugnet demnach die Ethik, d. h. sittliche Ideale, Freiheit und Gewissen.

8. Seine Schilderungen der Gesellschaft, die er einseitig für alle Laster und Verbrechen verantwortlich machen will, sind falsch.

9. Die soziale Frage mißversteht er daher und trägt nicht zu ihrer friedlichen Lösung, sondern zur Verschärfung der Gegensätze bei.

———

Interessant ist die souveräne Verachtung, mit der diese Stürmer und Dränger alles bisher auf dem deutschen Parnaß Geleistete behandeln.

Schon die „Kritischen Waffengänge" der Gebrüder Hart hatten H. Kruse, P. Lindau, H. Bürger, A. Träger, L'Arronge, Graf Schack und Fr. Spielhagen scharf mitgenommen. Auch die oben

----

*) Eug. Wolff, „Die jüngste Litteraturströmung und das Prinzip der Moderne." Berlin 1888. S. 17.

**) Anton Schmid, „Die deutsch. Litt. in d. Klemme." Weimar 1890.

besprochenen Einleitungen zu den „Modernen Dichtercharakteren" hatten manches schroffe Verwerfungsurtheil gefällt. Noch schärfer geht aber Bleibtreu vor. Er hält Goethes „Wilhelm Meister" und „Wahlverwandtschaften" für Salonromane, Grillparzer ist „ein einseitiger Ausbauer Kleistischer Tendenzen," Hebbel „eine krankhafte Mißgeburt aus Lenz und Grabbe," Geibel und Scheffel haben miteinander unsere Litteratur „gründlich heruntergebracht." G. Freytag zeigt sich in seinen Romanen „als echtdeutschen Humoristen", hat aber „vom großen, gewaltigen Schicksal" keine Ahnung; F. Dahn erscheint Herrn Bleibtreu „theatralisch und balletartig in seiner Vortragsweise, zerfahren in der Komposition, historisch unwahr in jeder Beziehung". P. Heyse wird ein „dichterischer Clauren", Spielhagen ein „parfumduftender Salonromancier und Leibautor der Berliner Fortschrittspartei" genannt! Bleibtreu eifert gegen die scheußliche Goethomanie, „welche den Sinn für Realismus, für das Moderne, für das Historische und, rund herausgesagt, überhaupt für das Große vergiftet!"

„Ja, wann werden wir „Junges Deutschland" an die Reihe kommen? (ruft Bleibtreu in „Schlechte Gesellschaft", S. 374 ff. aus). Wenn man bedenkt, daß lauter alte und junge Weiber beiderlei Geschlechts unsere Litteratur beherrschen, so sollte man an jeder Zukunft der Litteratur verzweifeln! Da ist ein Ebers, ein — Wie ich höre, soll es mehrere vielgelesene Kolportageschriftsteller geben, als da sind: Schmierinsky, Quietscher, Frl. Marlitt, Frl. Bürstenbinder (E. Werner), Frl. Kürschner (Schubin), Hr. v. Kleisterer, Hans der Salontiroler, der müde Mann (dessen Werke eine einzige Scherbe vorstellen), Dr. Scheerenschleifer, Possenfabrikant Aaron, Possengrosverkäufer Jacobson, Hop-hop-hop-lala, Pikbube, Theaterindustrieller Lubliner, Sudelmann, Saulus Lindauer, spitzfindiger Rabbiner, Paul Heyse, der ausgeklügelte Probleme docierend vom Katheder vorträgt, und viele andere. Da ich aber weder Zeitungen lese, noch in Leihbibliotheken abonniert noch verlobt bin, so kenne ich diese Autoren nur dem Namen nach. Ja —— schloß Erdmann mit großartiger Unbekümmertheit — ich lese überhaupt nur Zola. Alles

Andere ist ja doch Lüge und Humbug. Und was erst die
Lyrik anbelangt, mein Gott, ich verdaue ja nicht mal den Ko-
lonial-Annoncen-Dichter Freiligrath, noch das Versgestürme, das
nach innerem Sturm und Drang aussehen soll, der Jungdeutschen,
noch das wohlschmeckende Brechpulver für Backfische, Emanuel
Geibel, noch die kleinen Minnesänger in der Westentasche, noch
die geschraubte, mit Schopenhauerei untermalte Makarterei Ha-
merlings, noch das verlogene Drauflosgejuchze der Fahrenden
Sänger, noch die Münchener Wortdrechselei.

„Eh bien, ich möchte aber doch wissen," wandte Holbach ein,
„wen der Erdmann eigentlich anerkennt. Schiller und Lessing
sind ihm auch keine Dichter — was bleibt denn da?"

„Oho! Faust und Werther! Heinrich v. Kleist, Grabbe.
„Der Hofmeister" von Lenz. Willibald Alexis. Novalis, Lenau,
die Balladen von Uhland, der ganze Heinrich Heine, einiges von
Platen — damit ist meine Liste geschlossen, aber das ist schon
überflüssig genug. Ich verlange nicht mehr."

„Wen es aber nach noch Höherem gelüstet," fiel Ernst hier
mit leidenschaftlicher Wärme ein, „der lese den Heliand und das
Nibelungenlied und die mittelhochdeutschen Lyriker, außer „Frauen-
lob", dem Salonpoeten. Die ritterlichen Herren W. v. Eschenbach
und Hartmann v. Aue sind auch nicht zu verachten. Und erst
der Meister Gottfried v. Straßburg!"

Das also ist K. Bleibtreu's Urtheil über die deutsche Poesie!

Bleibtreu's Definition vom Wesen seiner eigenen Richtung ist
dabei dunkel und verworren genug. „Die neue Poesie," sagt er,
„wird darin bestehen, Realismus und Romantik derartig zu verschmelzen, daß die naturalistische Wahrheit der trockenen und aus-
druckslosen Photographie sich mit der künstlerischen Lebendigkeit
idealer Komposition verbindet. Das Haupterfordernis des Realismus ist die Wahrhaftigkeit des Lokaltones, der Erdgeruch der
Selbstbeobachtung, die dralle Gegenständlichkeit des Ausdrucks."

Noch schärfer als Bleibtreu geht E. Mauerhof*) mit un-

*) In der „Gesellschaft", 1890, Heft 2. — Mauerhof hat 1887 auch
geschrieben: „Vom Wahren in der Kunst."

jerer Litteratur in's Gericht. Vor Allem mit dem populärsten
Dichter, Friedrich Schiller. Für den Naturalisten bleibt von ihm
nichts übrig, als ein paar elegische Gedichte und höchstens noch
die sog. schöne Sprache. Als Dramatiker ist er ein Pfuscher,
seine Figuren, weit davon entfernt, ideale, d. h. im letzten Sinne
dramatische Personen zu sein, sind „schönphrasige Maulhelden".
Die Leidenschaft ist die Seele einer jeden Kunst, und Schiller war
ohne die erstere; da er aber, durch seine großen äußeren Mittel
verführt, den Anspruch auf Dichterthum nicht aufgeben wollte, so
ersetzte er flugs das seelische Wesen durch das sinnliche und
war sicher, in letzterem allen Ansprüchen genügen zu können. Die
Seele mochte immerhin leer ausgehen, wenn nur dafür die Sinne
schwelgen durften. Darum verlangte er auch nach Musik und
Tanz. . . . . Schiller verfolgte aus ganz gleichen Gründen genau
dasselbe Ziel, für das 50 Jahre später Richard Wagner alle seine
Kräfte einsetzte. Beide heben freilich von dem Boden verschiedener
Künste an, aber beiden gemeinsam ist die seelische Schwäche; der
Mangel an Leidenschaft und eine ungemessene Sinn-
lichkeit!. . . . . „Schiller ist nur ein fragmentarischer Dichter.
Man wird vergeblich in seinem Wesen nach Eigenschaften einer
idealen Menschlichkeit suchen; er besaß deren keine, nicht eine!
Seine Persönlichkeit ist durchaus gesellschaftlicher Art, in
etwas durch eine unstillbare Sehnsucht nach der reinen, ihm jedoch
unerreichbaren Natur geadelt, und wo dieser Drang dichterisch zum
Ausbruche kommt, ist er auch als Dichter groß und bezwingend.
Die Elegie ist sein eigenstes Gebiet. Geschwätzige Gedankenlosigkeit
oder bewußter Schwindel haben gerade diesen Dichter zu einem
Schöpfer der Ideale ausgeschrien. Nichts ist so falsch als dies.
Sein seelisches Wesen ist in Wahrheit fast durchgehends nur
Ohnmacht und Lüge, und an dem prunkvollen Mahle, das er
seinen Gästen zugerichtet, sitzen einzig und schwelgerisch die Sinne
und die Empfindsamkeit."

Wenn so unser geliebter Nationaldichter heruntergerissen wird,
so kann man sich nicht wundern, die Epigonen noch schlimmer
behandelt zu sehen. Auch Grillparzer gehört natürlich zu den

Lügnern in der Dichtung und Paul Heyse ist nach Conr. Alberti „ein Schandmal der deutschen Litteratur.“ Denn, sagt er, „die Sinnlichkeit einer gesunden und großen Natur ist offen und ehr= lich; sie posiert nicht, sie geht am hellen Tage auf ihr Ziel in kräftiger, schöner Nacktheit los .... Die Sinnlichkeit steht nackt da, wie eine antike Göttin, die Lüsternheit trägt Pariser Corsets und Cüls.“ Die Forderungen der Ethik gelten nichts mehr. „Das einzige Gebot,“ ruft Hermann Bahr aus, „in dem sich alle Ethik zusammenfaßt, lautet: modern zu sein. Aber nicht blos einmal modern zu sein, sondern immer modern zu bleiben, und das heißt zu jeder Zeit revolutionär zu sein!“

Jene abfälligen Urtheile über Schiller finden zum Theil ihre Stütze in Nietzsche's „Götzendämmerung,“ der den Dichter mit dem ungerechten und geschmacklosen Titel abthut: „Moraltrompeter von Säkkingen.“ Überhaupt scheint es uns unleugbar, daß die philosophische Strömung des Pessimismus, wie er uns in Schopen= hauer, v. Hartmann, F. Nietzsche entgegentritt, von großem Einfluß auf die Entstehung des Jüngsten Deutschlands gewesen sei. Nicht minder einflußreich ist ferner der Materialismus, der wieder eine Folge des Aufschwunges der Naturwissenschaft ist; denn wir sahen ja oben, daß der Naturalismus irrthümlich vom Dichter die exakte Methode des Naturforschers verlangt, und daß viele Vertreter der neuen Richtung dem praktischen Materialismus huldigen.

Aber diese wissenschaftlichen Gründe können ihn nicht allein hervorgerufen haben; innere, im Entwickelungsgange der Litteratur selbst müssen hinzugekommen sein. Sie sind es in der That, und hierin finden wir eine gewisse Entschuldigung des tumultuarischen Treibens der Stürmer. Zunächst erkennen wir gern an, daß ihr überschäumender Drang nach Selbstständigkeit und freier, moderner Entwickelung, ihre Abneigung gegen Autoritätskultus und Namendienst große Berechtigung hat. Unsere Klassiker haben auch ihre Schranke: ihre einseitige Vorliebe für die Antike, ihre Abwendung vom Nationalen, Volksthümlichen, ihren Kosmopolitis= mus und Aristokratismus wollen wir durchaus nicht vertheidigen.

Manche ihrer Werke sind, auch das wollen wir zugeben, dem Geschmack und Verständnis des deutschen Volkes fremd geworden. Besonders stellt die Aufrichtung des Deutschen Reiches an die Schriftsteller neue, bisher fast unbekannte Aufgaben, vornehmlich auf ethisch-sozialem Gebiet. Unsere zeitgenössischen Dichter, die sich an Schiller und Goethe anlehnen, wie Jensen, Kruse, Voß, E. v. Wildenbruch u. a. lassen gewiß auch manches in Rücksicht auf Kraft, Naturwahrheit und Leidenschaft ihrer Darstellung vermissen.

Trotz alledem scheint uns die „Revolution der Litteratur," welche die Jüngstdeutschen in Scene gesetzt — zu haben glauben, weder nöthig noch nützlich. Sie ist nicht nöthig: denn, wie zu allen Zeiten, hat sich auch in der unsrigen eine Umgestaltung der Poesie in Form und Inhalt ganz allmählich vollzogen. Realisten besitzen wir seit lange, wir wollen nur an G. Freytag, O. Ludwig, Anzengruber, F. Reuter, G. Keller u. a. erinnern. — Schädlich aber ist die Stürmerei der Jüngstdeutschen, weil sie, von einigen, oben angedeuteten Prinzipien geleitet, in's Extrem gerathen sind. Sie verwechseln Naturwahrheit mit Naturwissenschaft, Ästhetik mit Ethik, Alltäglichkeit mit Wirklichkeit, Anarchismus mit Sozialismus.

Dennoch wird auch diese „Richtung" Nutzen stiften, ja wir glauben, sie hat es schon gethan. Abgesehen von den wirklich trefflichen Werken, die sie der Nation geschenkt hat, verdanken wir ihr die Anregung, über die alten, immer neuen Probleme der Ästhetik und Ethik uns wiederum besonnen und hoffentlich tiefere Einsicht gewonnen zu haben. Jede Zeit hat eine neue Fragestellung und sucht nach einer neuen Antwort. — Sodann betrachten wir den Naturalismus als eine nothwendige Reaktion gegen den extremen Idealismus sowie gegen die sentimentale Süßlichkeit mancher Schriftsteller oder die französelnde Pikanterie anderer. Freilich schießt eine Reaktion meist in's Extrem und ruft ihrerseits selbst eine Reaktion hervor. Diese ist schon im Anzuge. Die Einsichtigen unter den Modernen wenden sich von den brutalen Übertreibungen mancher Naturalisten bereits ab. Und wenn wir auch Unternehmungen, wie die von **Paul Scheerbart** 1892 in's Leben gerufene Firma: „Verlag deutscher Phantasten" wieder als ein Extrem oder einen Scherz betrachten, so beweist sie doch, daß man im Ganzen des Naturalismus überdrüssig ist. Das beabsichtigte „Wunderfabelbuch" enthält u. a. folgendes: Die dummen Kinder (Mythische Burleske). Die neue Tänzerin (Tragische Pantomime). Moderne Götter (Telepathisches Capriccio). Die feine Haut (Sensible Waldgeschichte). Der heilige Hain (Asketensage). Der klare Kopf (Rosette). Eigensinn (Moralische Erzählung). Damit stimmt, was H. Bahr selbst in Wien sagte, als der dortige „Verein für modernes Leben" Maeterlinck's „Einschleicher" aufführte. „Die Quintessenz unserer Zeit," sagt Bahr, „ist ein heftiger, ungestümer Trieb zum Wunderbaren, Räthselhaften und Geheimnis aus der derben und gemeinen Wirklichkeit der hellen Straße in den heimlichen und trüben Dunst verworrner Träume!" Eine bessere Selbstwiderlegung des Naturalismus giebt es nicht.   Man besinnt sich auf die eigentlichen Ziele und Mittel echter Poesie und auf die Kräfte eines wahren Dichters. — Aber noch einen Vortheil hat uns jene Richtung gebracht: die tüchtigen Idealisten haben von ihr gelernt; sie haben in ihren idealen Schöpfungen der Wirklichkeit mehr Rechnung getragen und so, was ihre Gegner Richtiges forderten, erfüllt. Das ließe sich leicht an Wildenbruch, Fulda, Fontane, Heyse u. a. zeigen.

So wird uns denn diese Schaar der Stürmer und Dränger an ihrem Theile dazu helfen, die köstlichen idealen Güter, welche wir in unserer Geschichte, Litteratur und Kunst, überhaupt in unserem Nationalcharakter besitzen, hochzuhalten. Und so stimmen wir K. Bleibtreu bei, wenn er sagt („Schlechte Gesellschaft" Einleitung):

<blockquote>
„Realismus und Romantik — Worte sind nur, Worte sie,
Doch ihr Sinn schmilzt in einander in der neuen Poesie!"
</blockquote>

Von demselben Verfasser sind bisher u. a. erschienen:

Friedrich Kirchner, Leibniz, sein Leben und Denken. Köthen 1876.

— Geschichte der Philosophie. Leipzig 1877. 2. Aufl. 1884.

— — Gedichte. 1875. 2. Aufl. Köthen 1878.

— — Logik. Leipzig 1880. 2. Aufl. 1890.

— — Psychologie. Leipzig 1882.

— — Diätetik des Geistes. Eine Anleitung zur Selbsterziehung. Berlin 1881. 2. Aufl. 1886.

— — Synchronismus zur deutschen National-Litteratur. Berlin 1885.

— — Wörterbuch der philosophischen Grundbegriffe. Heidelberg 1886. 2. Aufl. 1890.

— — Ueber Gemüthsbildung. Hamburg 1888.

Helden des Glaubens. Gedichte. Bremen 1890.

— — Buch der Freundschaft. Halle 1891.

— — Pädagogik. Leipzig 1891.

— — Die deutsche National Litteratur des 19. Jahrhunderts. Heidelberg 1893.